全球最昂贵的
用餐礼仪课

三千多家企业火热团购

百名"午餐导师"联袂推荐

章岩 / 著

台海出版社

图书在版编目(CIP)数据

全球最昂贵的用餐礼仪课 / 章岩著.––北京：
台海出版社,2014.6

ISBN 978-7-5168-0377-6

Ⅰ.①全… Ⅱ.①章… Ⅲ.①饮食–礼仪 Ⅳ.
①K891.25

中国版本图书馆 CIP 数据核字(2014)第 153265号

全球最昂贵的用餐礼仪课

著　　者:章　岩

责任编辑:姜　航

装帧设计:吴小敏　　　　　版式设计:通联图文

责任校对:罗　金　　　　　责任印制:蔡　旭

出版发行:台海出版社

地　址:北京市朝阳区劲松南路 1 号，　邮政编码：100021

电　话:010-64041652(发行,邮购)

传　真:010-84045799(总编室)

网　址:www.taimeng.org.cn/thcbs/default.htm

E-mail:thcbs@126.com

经　销:全国各地新华书店

印　刷:北京柯蓝博泰印务有限公司

本书如有破损、缺页、装订错误,请与本社联系调换

开　本:710×1000　　　　1/16

字　数:190 千字　　　　　印　张:16

版　次:2014 年 9 月第 1 版　　印　次:2014 年 9 月第 1 次印刷

书　号:ISBN 978-7-5168-0377-6

定　价:35.00 元

前　言

设计饭局,设计人脉

在中国人的交往中,饭局是关系的重头戏,而共同出游、健身、打牌、K歌等活动,是饭局的外延。

从世俗人情讲,饭局是情感的加油站;从官场生态讲,饭局是结交权贵、趋炎附势的名利场;从社交处世讲,饭局是交流思想、增进共识的联络办;从工作应酬讲,饭局是凝聚人心、加深印象的联欢会。

(一)

有些人认为吃饭是在浪费彼此的时间,实际上这是一个错误的观点。社会上那些朋友众多、受人欢迎的人,其实并没有掌握什么了不起的秘诀或者特殊技巧,因为用真情加上主动,就足以融化人与人之间的隔膜,建立良好的人际关系。

人们在饭局上花的时间大体不会白花。

诺罢·拉文做每周工作计划时总是先确定他要同哪些人碰面,然后每个礼拜安排四个早餐、四个午餐和两个晚餐来跟与他个人或业务目标有关的人士聚餐。他们可能是客户,可能是朋友,可能是某些有影响力的人,也有可能是潜在客户或其他人。因此他一个星期无论多繁忙,仍然有十次访谈机会,在很愉悦的时间里加深顾客对他的印象。

这是极简单却非常有效的方式,毕竟,自己吃饭也需要时间。另外,在饭局上人的情绪大都会非常好,更容易让彼此结下深厚的友谊。拜访十位客户需要花费许多时间,可是运用饭局拜访客户,能在还没展开正式工作之前,就让你见了十位客户了。像这样的吃饭机会,不但可以进一步加强你与客户现有的关系,还能让你得到某些很有价值的回报。

如果你每年有七百次的机会和一些可以为你生活带来正面效果的人一起吃饭,可以想象你在个人和事业两方面,一定会有所成长。

当你人脉的资源足够多的时候,财运就自然而然地来了。

(二)

饭局是手段,不是目的。

如何赢得饭局,赢得人脉,赢得财运?

你可以将与自己的生活有直接关系和间接关系的人画成一张"联络图",然后对这些人进行分析,让自己了解哪些人是最重要的,哪些人是比较重要的,哪些人是次重要的。就像打牌一样,你要对手中的牌了然于胸,才能组合出最有力量的牌型。生活中我们所遇到的问题,往往会涉及很多方面,你需要多方面的资源,不可能只从某一方面获得帮助。有了这样一张图,你就拥有了一张有效的关系网,这时候你可以使用和借助的力量将成倍增加。

(三)

总之,饭局更像是一局棋,对弈者明争暗斗目标明确,区别只在于下的究竟是围棋、象棋、跳棋、斗兽棋还是飞行棋。每个人心中都有一张棋盘,而饭桌上的每一个人都会被放在一个恰如其分的位置上。

本书结合了《中国式饭局人脉学》和《中国式饭局读心术》的精华,以给读者提供最实用的饭局应酬秘籍,最透彻的处世做事规则。作者在前两本书的基础上,全面归纳、详细介绍了请客吃饭的技巧和餐桌礼仪规则,并有针对性地分析、解答了请客吃饭中经常遇到的各种问题。不论你是一位刚踏入社会的职场新手,还是一位已经站稳脚跟的行家,亦或是官场商界的精英,这本书都可以助你在餐桌上游刃有余,在事业上一帆风顺!

目 录 CONTENTS

【A篇】
舌尖上的人脉——去吃饭

对于请客吃饭的社交功能,钱钟书曾著文写道:"吃饭还有许多社交的功用,譬如联络感情、谈生意经等等,那就是'请吃饭'了。社交的吃饭种类虽然复杂,性质极为简单。把饭给自己有饭吃的人吃,那是请饭;自己有饭可吃而去吃人家的饭,那是赏面子。交际的微妙不外乎此。"

餐桌是应酬交际的重要媒介,更是广交朋友的好地方,它不仅能快速缩短宾主之间的距离,消除误解摩擦,还可以扩大视野和圈子。

所以说,无论你愿意不愿意,设计一场好饭局,已经成了现代人生存的必备攻略。

小到请托办事,联络感情,大到商场搏杀,权钱交易,可以说,凡有人处,就有饭局!请客吃饭背后的故事有很多,我们绝不可小觑饭桌的作用,而应多花心思,参透其中奥妙,使其成为我们成功办事的一张王牌!

第二章 邀约有道,让你的饭局高朋满座 ············· **34**

请客吃饭不是一件易事,如何邀请他人才肯赴约更是重中之重。所以,巧妙的邀约方法,成了我们必学的功课之一。

【B 篇】
舌尖上的学问——吃什么

民以食为天——中国人向来把吃饭这回事看得重大。大家普遍认为，餐桌是最能体现一个人素质与修养的地方，是应酬交际的重要媒介。

餐桌如战场，餐饮无小事，宴请中的任何一个细节都不容忽视。怎么点菜？怎么吃？吃相如何？怎么巧妙拒酒又不得罪人……

这些听起来仿佛是有意识的选择，但是这些选择其实早就根植在你的个性中了。

饭不是好吃的，毕竟出席的众人，有不同的饮食习惯、饮食禁忌、饮食偏好等，可谓众口难调，你需要顾及桌旁的每个人。点菜也是一门均衡舌头、面子和钱包的艺术，什么时候铺张，什么时候节俭，什么时候奢侈都有讲究。

【C篇】
舌尖上的应酬——和谁吃

中国最有名的基金经理开出天价,只为和股神巴菲特共餐,获得匪浅的教诲……和谁一起吃午餐,如今似乎已经成了某种象征。

吃饭在中国是门学问,跟谁吃饭更是有讲究。跟谁一起吃饭,决定了你会成为哪种人。所以千万别独自用餐!

第一章　职场篇——跟谁一起吃饭,决定了你可能要成为哪种人142

看一个人在单位混得怎样,要看他都跟谁一起吃午饭。跟领导一起吃饭,升迁的机会多;跟同事吃饭,人缘好,年底评先进的票数多;一个人吃饭,基本会被划在圈子外,成为没前途的办公室隐形人……

想要自己的职业生涯有所突破,就要学会选择跟谁一起吃饭。千万别独自用餐!

第二章　生活篇——有"局"方有情,懂得拉什么人上你的餐桌　171

> 从世俗人情讲,饭局是情感的加油站;从官场生态讲,饭局是结交权贵、趋炎附势的名利场;从社交处世讲,饭局是交流思想、增进共识的联络办;从工作应酬讲,饭局是凝聚人心、加深印象的联欢会。
>
> 当你人脉的资源足够多的时候,财运会自然而然地跟来。

【D 篇】
舌尖上的设计——吃成事

如今,愈来愈多的公务、商务人士开始相信,餐桌是一个绝佳的交流平台,以餐会或酒会来款待同业、政界要人、名人及重要客户是个获得信息的好方法。宴会上,食物留存在口齿间的美妙感觉会使人情绪愉悦、放松。如此,陌生人可以由不熟悉变成熟悉,一直心怀戒备的人可以与你变成知己。

即使是简单的一顿餐,有时也能让你收到事半功倍的效果!

> 饭局不是关键,关键的是饭局背后隐藏在心底深处的欲望表达。说得俗一点,就是通过这个饭局,你想要达到何种目的?如何赢得人脉,赢得财富?

【A 篇】

舌尖上的人脉——去吃饭

对于请客吃饭的社交功能，钱钟书曾著文写道："吃饭还有许多社交的功用，譬如联络感情、谈生意经等等，那就是'请吃饭'了。社交的吃饭种类虽然复杂，性质极为简单。把饭给自己有饭吃的人吃，那是请饭；自己有饭可吃而去吃人家的饭，那是赏面子。交际的微妙不外乎此。"

餐桌是应酬交际的重要媒介，更是广交朋友的好地方，它不仅能快速缩短宾主之间的距离，消除误解摩擦，还可以扩大视野和圈子。

所以说，无论你愿意不愿意，设计一场好饭局，已经成了现代人生存的必备攻略。

第一章

饭局社交
——设计一场饭局是人生必备攻略

人活于世,必然免不了要吃饭,在现代社会,物质文化生活水平不断提高,请客吃饭,已经被时代赋予了新的含义——最常见、最有深意的交际形式。

小到请托办事,联络感情,大到商场搏杀,权钱交易,可以说,凡有人处,就有饭局!请客吃饭背后的故事有很多,我们绝不可小觑饭桌的作用,而应多花心思,参透其中奥妙,使其成为我们成功办事的一张王牌!

用饭局拓展人脉

在中国人的交往中,饭局是关系的重头戏,而共同出游、健身、打牌、K歌等活动,是饭局的外延。

社会上那些朋友众多、受人欢迎的人,其实并没有掌握什么了不起的秘诀或者特殊技巧,因为用真情加上主动,就足以融化人与人之间的隔膜,建立良好的人际关系。

当你的人脉资源足够多的时候,财运就自然而然地来了。

1.请客吃饭是最常见、最有深意的交际形式

请客吃饭是最常见、最有深意的交际形式,在交际中的作用有以下几个。

(1)拉近与陌生人间的距离

饭桌是一个中介,通过饭桌社交的洗礼,曾经的陌生人可以变成熟人、朋友。一般来说,三杯水酒下肚,在座之人自然就会由生变熟,这是饭桌社交最强大的功能。

在中国,似乎少有单纯意义上的业务关系,多如牛毛的饭桌社交早已给业务关系掺入了友情甚至是类似亲情的感情。尽管这种关系很可能只维持一段时间,但对于为了种种目的必须要打交道的陌生人来说,通过饭局进行的情感洗礼必不可少。

(2)交流信息

诚然,当今社会,随着信息技术和大众传媒的发展,信息传播的方式已经日趋多样化和现代化,但尽管如此,它们依然不能代替饭桌上所交流的信息的普遍性和重要性。而且,在餐桌上交流的信息往往更生动、给人的印象更深刻、更富有启发性。比如,近代四川茶馆首先强调了"交流信息"的作用。川人进茶馆,不仅为了饮茶,更为了获得精神上的满足,客人会把自己的新闻告诉别人,并从他人那里获得更多的新闻与信息。四川茶馆的第一功能是"摆龙门阵",一个大茶馆便是个小社会。可见,请客吃饭能够扩大视野和圈子。

(3)协调人际关系

餐桌是人际关系的润滑剂和调节器。由于餐饮礼仪的基本原则是敬人律己、真诚友善,因而它能联络人们之间的感情,架设友谊的桥梁,协调各种人际关系,营造和谐友善的社交氛围,这有助于建立和发展人与人之间相互尊重和友好合作的新型关系。在餐桌上,如果人与人之间发生了某

种不快，只要说一句礼貌用语、做一个道歉动作，便能化干戈为玉帛，获得对方的理解和尊重。

（4）有利于塑造良好形象

社交中的"形象"，指的是参与交往的主客双方在对方心目中的总体评价和基本印象。在社交活动中，人们常常根据对方的外貌、举止、谈吐和服饰等表面特征，给对方作出初步的评价和形成某种印象，即第一印象。这种人际认知的第一印象虽然具有表面性和片面性，但一旦形成，便会使人产生某种心理定势，对人际交往和人际关系起着重要作用。

我们赴宴时，可能是以个人的身份出席，也可能是代表某个公司或者组织，甚至是代表某个国家出席。对于最后一种情况，我们个人的言谈举止会被外界视为一个民族、一个国家的形象。

不管以什么身份赴宴，你都要具有良好的餐饮礼仪。应对进退，表现不俗，塑造出良好的个人形象或组织形象。

总之，请客吃饭是一种重要的交际方式，有利于人与人之间传达思想、表达感情和交流信息，能帮助我们达到一定的交际目的。

2.若想抓住某些机遇，"吃一顿"是简单且有效的方式

人生在世，并非闲云野鹤，应酬在所难免。应酬，最惯常的方式是通过请客吃饭，获得物质利益或达到情感目的。我们都知道，在中国，饭局从来就不是简单的进餐活动，各种各样的目的和功能暗藏其中。一句客气的寒暄背后，可能是商场上一单已经谈了很久的生意，也可能是一个"过五关、斩六将"获得审批的方案……

吃饭成了中国人无往不胜的"攻坚"利器。一个平常的饭局往往潜藏着诸多机遇，因此，我们绝不可小觑饭桌的作用。

陈超是某公司销售小组的组长，他所在的小组，总是全公司销售业绩最好的，公司很多同事都不明白陈超是怎么做到的。

其实，陈超并没有什么特殊的技巧，他只是懂得哄住周围人的胃。每

全球最昂贵的用餐礼仪课

周做工作计划的时候，他总会事先确定要同哪些人见面，然后有条理地安排时间，与跟他有来往的人士聚餐，这些人可能是客户、朋友、某些有影响力的人，或者一些潜在客户等。在愉悦的就餐过程中，他会与对方加深对彼此的印象。事实上，他每次安排的饭局都是有用的：他总是能找到有利于自己销售的契机。

有一次，他请一位客户吃饭，而这位客户早已经把陈超当成朋友。饭桌上，两人聊着最近发生的一些事。客户无意中说道："最近，我的一个朋友要开一家结婚会馆，可是目前，最头疼的问题是客户。"

陈超听后，思考了一下，发现自己的很多客户都还是单身，在为自己的终身大事烦恼，何不介绍这些客户去这家会馆呢？他将这一想法告诉了这位客户，客户听后，也觉得可行。

于是，这位客户很快约出了自己的朋友，把这个想法告诉了对方。不久后，陈超成了这家会馆的股东。如今，陈超已经成为了一位成功人士。

这个例子中，我们发现，陈超从一名销售员顺利成为一位成功人士的转折是一次饭局。假如他没有请那位客户吃饭，就不会得到助他成功的信息。

可见，我们若想抓住某些机遇，"吃一顿"是简单且有效的方式，因为我们中国人尤其喜欢在饭桌上处理和解决事情。当我们要把一种陌生的关系转化成一种熟悉的关系时，请客吃饭无可厚非地是一种最佳方式！几个人点上一桌菜一起吃，所有人的筷子都伸向同一道菜，所有人的勺子都伸向同一碗汤，表示我们获得了同一种食物，意味着我们获得了同样的生命源泉。

让我们来看看那些巧妙运用饭局的人是怎么看待饭局的。

(1)抓住升职时机

设局者：鲁卫强　25岁公司职员

感言："饭局是笼络人心的法宝。"

卫强最近两周连续奔波于饭局之中，积极筹划，请公司各级主管、经理参加由他安排的各项饭局。他这样做的原因很简单："年后可能要从部门中提拔一个副经理。"卫强认为，这样轻松的交流方式，能体现职员的交往能力、应变能力,而且饭局上,很多事情容易谈得开,自己可以借机聊聊对工作的想法,让领导多了解自己,给其留下深刻印象。

上一周,卫强宴请了总监,当谈到公司的发展时,他抓住时机,把自己的想法和提前想的策划告诉了总监,没想到总监对其新颖的创意和拓展市场的思路大为称赞。卫强对年后的升职有了九成的把握。

攻略:年底向来是职场中变动最大的时期,人心思变很多情况下是以饭局的形式在心照不宣地默默进行着。

(2)培养潜在人脉

设局者:王伟 28岁部门经理

感言:"饭局是发展友谊的润滑剂。"

作为部门经理,除了年终参加朋友的各种派对活动外,王伟还是部门聚餐的组织者。他领导的部门由于业绩突出,年终被评为先进部室,王伟认为这与部门所有职员的努力分不开,更何况工作能够顺利开展,多亏了部门各职员的支持。于是每到年关,他都会组织部门聚会,既是犒劳大家一年的辛苦工作,也彰显一下自己的领导风范。他认为饭局可以加强团队凝聚力,潜移默化地增进与下属间的感情。

去年王伟与一位职员关系相处得很不融洽,在年底的部门聚会上,王伟对他表示了歉意,请他多多体谅。这位职员听后,自感惭愧,表示今后会更加努力,支持他的工作。经过年底的聚会,一年来的矛盾在欢笑声中化解。

攻略:年终饭局是公司必不可少的聚会,既是犒劳,也是衡量公司是否体谅职员的一种形式。很多恩怨情仇会随之一饮而尽。

(3)保持合作

设局者:赵华 33岁业务经理

感言:"饭局是加强联系、巩固关系必不可少的工具。"

临近年关,赵华总会想尽办法感谢客户的支持,同时为下一年继续合作打基础。当然,与客户联络感情首选的社交方式自然是答谢宴了。

通过饭局,我们可以洞悉客户的兴趣和爱好。饭局营造的和谐气氛,让自己多方面了解客户的想法,为续约打下良好的基础。旧的人脉需要维系,而新的人脉还需打造。通过客户圈,我们会惊喜地发现"新大陆",结识更多的客户。

赵华的一位客户是他的铁杆支持者,已经与他连续合作了3年。在去年的"答谢宴"上,这位客户特意带来了他的同行朋友参加。朋友听了赵华的下一年策划及市场分析后,毫不犹豫地决定与他签约,因此第二年,赵华的业务量增加了一倍。

攻略:要与客户续签订单,继续合作,就要维系好关系,良好关系的打造自然离不开每年的答谢宴会。商务谈判以用餐的方式解决,可以起到事半功倍的效果。

现实生活中,很多人并没有认识到饭局的重要性,他们认为,应酬吃饭是件苦差事,所以,在无法拒绝的情况下,会敷衍了事。一场酒水轰炸后,他们毫无收获。

而实际上,饭局在我们制造财富的过程中,起到了不可替代的作用。

如果要拜访10位客户,需要花费许多时间。但是如果运用饭局拜访客户,那么在还没展开正式工作之前,你就已经见到了10位客户。一般情况下,这样的吃饭机会,不但可以加强你与客户的关系,还能让你得到某些很有价值的回报!

3.通过饭局形成"圈子",打理好自己的人脉大树

中国式饭局,包含关系融合之道。"饭局社交"中,有组织,有派系,有阴谋,有利益,人们互通信息,互相依存,通过饭局形成一个又一个形形色色的"圈子",而这些"圈子"将在你最需要的时候发挥巨大的作用。

饭局,这个词汇,起源于距今1000多年前的宋代。"局"字是来源于下棋中的术语,而后引出"情势"和"处境"的含义。"饭"与"局"的结合,就是通过吃饭的形式达到某种改变情势的目的。这一词汇可以说是宋代文人们对汉语言作出的一大贡献。

但实际上,在"饭局"这一词汇真正出现之前,中国就已将"吃饭"和"工

作"紧密地结合在一起了。早在春秋时期，齐相晏子便在饭局上"二桃杀三士"，蔺相如渑池会上屈秦王，开赵国数十年之太平……此外，"鸿门宴"、"青梅煮酒论英雄"、"杯酒释兵权"、"火烧庆功楼"等历代著名饭局更是耳熟能详、妇孺皆知。

可见，在中国，饭局从来就不是简单的解决温饱的进餐活动，其中包括了各种各样的目的和功能。

那么，饭局何以和社交有着如此紧密的联系？换句话说，是谁将吃饭变成了工作？这一问题涉及中国独特的文化和心理问题。

中国人历来重视熟人关系的搭建和沟通，一方面熟人关系有一种工具主义倾向，从中我们可以获得更多的信息与利益，另外它也是人们心理上的安全阀，可以为个人内心提供安全的社会支持。

通过"饭局"我们可以不断延伸关系网络，可以获得新关系，巩固老关系。以至于在今天的生活中，"改天请你吃饭"变成了一种寒暄，成为人际关系中的常用语，其势头甚至可以和"你好"并驾了。

另外一个要提及的问题是，在这样一个重关系的社会中，为何只有"饭局"这种社交方式承载了情感的传达和功能的完成呢？为什么是"吃饭"，而不是"唱歌"或者"垂钓"？

这是因为，"吃"是人类最大的"公约数"，人们对其他活动的普遍认同性比较小，有的人爱看戏，有的人爱听歌，有的爱旅游，有的爱运动，众口难调，但每个人都要"吃"，所以在这一点上人类是没有差异的。而且这种活动还不怕重复，人类每天都有此需要，今天完成明天还可以继续，今日的需要满足后明日的需求仍然会出现。

从互动性上考虑，关系的达成需要高交往性，而"饭局"恰恰满足了这一需求，让人从觥筹交错之间，传达了情谊，沟通了思想。饭桌的氛围是相对轻松的，人们可以聊及的话题又无所不包，言语间的你来我往常常能在最短暂时间内让彼此相互了解和熟识。

民以食为天，饭是天天要吃的。请人吃饭是基于一种很深厚的友谊，而接受他人宴请，则是基于受了很大的尊重。这一来一往间，人情也做了，感情也交流透了。

从一个人的饭局,可以看出一个人的社交圈子。有些人不排斥"饭局社交",但和他坐在同一张桌子上的,多是同行、同事等"自然社会关系",而不是其奋力开拓的人脉关系,这种圈子就有些窄了,遇到圈外的事,他就不知该从哪里下手。

知识不是一天能学得完的,同样你的人脉网也不是一天就能搭建起来的。每当你结识到一个新面孔,一定要努力地将他或她变为你人脉大树上的一片叶子,这种逐渐的累积能在你用得到的时候给你一个满意的结果。

每个人都可能会遇到一些突发的状况,而当你拿起求救电话的时候,对方是否能够及时地"拉你一把",取决于你平时的积累。

下面这些人,你是否一一和他们吃过饭了?

(1)医生

你一定要结识几个专家级别、有着丰富临床经验的医生,因为他们给你的意见和建议关乎着你的生命健康。人在生病时候的第一选择就是听医生的话,吃药、打针、住院等都离不开医生的建议。若是小病倒也无关紧要,但是万一有一天你不得不开刀做手术呢?此时,若没有一个值得信赖的医生,那就真的是拿自己的生命去"赌博"!

所以,医生应成为你的"一号人脉健身教练"。为了防患于未然,你最好去认识几位医生朋友,这样就不会让人觉得你是在拿自己的生命"开玩笑"了。

(2)律师

"律师?别开玩笑了,我可是个奉公守法的公民啊!"的确,很多人看到律师这两个字,都会联想到犯罪。现在改改这个古老而陈旧的观念吧!每个人都会或多或少地碰到有关财产、民事侵权、房地产、合同、劳动关系、公司、税务等一系列的问题,即便现在你还没有被这些事情所困扰,但也要懂得未雨绸缪。

还有一点你需要注意,人无完人,几乎没有一位律师能够胜任所有类型的案子,也没有哪个律师可以精通所有的法律,所以多认识几位律师是绝对不可缺少的。

(3)公务员

几乎每一件事：填平路上的坑洞，运走垃圾，修建人行道，修剪树木，减低税赋，子女就学，规范社区商业行为，监管空气、水以及噪音品质，你新买的车子被偷了，你家的门被小偷不请而入……都需要当地公务人员的帮助。

你的身边是否有几个公务员朋友呢？如果没有的话，从今天开始你要尽量找机会去结识他们。很多时候，有些会令你焦头烂额的事情，在他们的眼里却如同吃饭睡觉一般简单。公务员并不是遥不可及的，只要你多花费一些时间和心思，也许一顿便饭之后，他们就会成为你的人脉资源中的一份子。

(4)保险专家

经常关注新闻动态的人，不难看到这样的情况：爱车出现了意外的事故，维修花费的数字着实令人心疼，拿着保险单希望得到理赔，可是跑来跑去，就是跑不出个说法来。碰到类似的情况时，诸如人身意外、工作意外伤害等，你是否开始后悔当初没有听保险专家的话，执意买了自己还没有看明白的险种呢？所以，结识一位优秀的保险专家，也是你生活中不可或缺的。不要再把卖保险的人拒之门外了。其实，他们在从你身上挣到钱的同时，为你的生活送去了更多的便利和安全。

(5)维修人员

结交一位优秀又诚实的维修人员是很重要的。你的汽车坏了，你家的下水道堵了，你家的锁打不开了……事情紧急，你知道谁可以在最短的时间以最快的速度和最低的费用帮你处理吗？技术差且不诚实的修理工将使你损失惨重。

(6)银行工作人员

难道你还没有发觉，银行在你的生命中起着越来越重要的作用？你的投资理财需要银行这个现代商业社会中最重要的角色。有了银行工作人员这个人脉，当自己的资金运作出现问题时，你就知道该打电话给谁。

(7)就业顾问，猎头

除非需要一份工作，大部分的人不会和职业介绍所的人主动攀谈。其实,这是没必要的。即使你现在工作非常稳定,也不妨与他们建立良好的关系,口渴之前先掘井永远是正确的。

下次当就业顾问公司打电话来时,不管你多么满意目前的工作,都不要挂断电话。你可以这样说:"我真的没有兴趣,但是你的电话令我受宠若惊。事实上,将来我可能会需要你的帮忙,或者找一份好工作,或者是寻找合适的人选。你可以留下你的联络电话,也许在这一两个月里,我们可以吃顿饭,彼此认识认识。"

用饭局"成事"

新加坡国立大学东亚研究所所长王赓武教授接受记者采访时说:"中国人谈事情的过程看上去费时费事,但是中国人的做法着重于人际间的相互投入。交流起来虽多费工夫,但更富人情味。即使交易最终没成,以后相互关照,自不在话下。"这大概就是中国人总把陌生人往饭桌上拉的原因。

1.有求于人的时候,用饭局做加深感情的铺垫

吴婷是某公司的一个小领导,官不大却掌管着公司员工的考勤情况,公司员工要请假,都要得到她的批准。

最近,吴婷要过生日了。自从结婚后,丈夫便把她的生日忘得一干二净,这让吴婷很是不快。不过,吴婷也理解,丈夫每年大部分的日子都在外面出差,哪有时间记起这事?但奇怪的是,今年生日这天,她却收到了一张邀请卡,上面写道:"晚上七点,畅海园,不见不散。"

怀着好奇心,晚上七点,吴婷准时到了相约的地点,但等待她的并不

是丈夫，而是单位的小陈，这着实让吴婷很惊讶。

"你怎么知道今天是我的生日？"

"关于吴姐的一切，我都了解得非常清楚，我听说今晚您没有约会，同事们也没说给您庆祝，我就自作主张，给您庆祝一下。"听完小陈的一番话，吴婷差点儿感动得哭了。这几年来，还有谁留意过自己的生日？

于是，吴婷借着酒劲儿，很快与小陈聊了起来。一个小时很快过去了。酒过三巡，突然有人敲门，来者手拎一盒蛋糕，说是送外卖的，有人叮嘱送给这里的寿星。这时吴婷更感动了，已经湿了眼眶。那天，二人谈到深夜，分开时依依不舍，并以姐妹相称。临走时，吴婷坦言道："小陈啊，以后在单位有什么事，一定要来找我，我能帮得上忙的，一定不会袖手旁观。"

不出一个星期，小陈就找到吴婷，称其要请一个星期假，吴婷二话不说，便给她批了假。

我们不难看出，小陈请吴婷吃饭，并不是毫无目的的。这次饭局中，吴婷之所以和小陈成为姐妹，不仅仅是因为一顿饭，而是因为饭桌上小陈的一番感人话语。酒过三巡之时的一盒蛋糕更是给足了吴婷惊喜。可见，饭局意义并不在吃，而在于言谈深入带来的感情。

对中国人来说，饮食之道，也是人情融合之道。易中天说："中国人喜欢请客吃饭，并不是中国人好吃，而是中国文化的思想内核——群体意识使然。"所以，看一个人经常混迹于何种饭局，便可以洞悉其兴趣、爱好、财富、身份、地位。饭局在中国，是一个人社会身份的认同体系。

那么，在饭桌上，我们该如何通过谈话加深彼此间的感情呢？这要视不同的饭局而定。和二三好友一起吃饭，口无遮拦，爽声大笑，从容轻松，是一种快乐。和领导吃饭就难多了。"领导敬酒你不喝，领导夹菜你转桌，领导讲话你啰唆"是谓"八大糗事"之一。操办"公宴"，对主人的社交能力更是严峻的考验。

如何选择档次合适的酒店，门口是否有停车位，怎么排座位，如何点菜，你都要煞费苦心；酒席中，如何把握气氛、调动来宾情绪，男女客人之间的交流、主客之间的沟通，你都要殚精竭虑。宾客尽兴而归，主人才能长呼一口气。

以上这些在后面的章节中会一一说到。

总之,吃饭既是一门人际关系的学问,也是生存打拼的智慧。通晓饭局交谈的奥秘,你才能真正领略到吃饭的精髓所在,才能在任何饭局中游刃有余,无往不胜!

2.人际关系紧张的时候,用饭局"一笑泯恩仇"

我们可以发现,中国人无论办什么事,都离不开饭桌:谈情说爱请客吃饭,结婚生子请客吃饭,加官晋爵请客吃饭,转行跳槽请客吃饭,乔迁新居请客吃饭……但凡涉及社交都能归结到请客吃饭上。

袁岳对《中国企业家》说:"中国人做事情得有场,最好的场就是饭局,喝开了说开了才好办事。人家答应你吃饭,事情就成了一半。"

我们在求人办事遭拒、人际关系紧张或遭遇生意瓶颈的时候,不妨换一种解决方法,那就是请客吃饭。

因为"吃饭"是特别亲和、让人放松的形式:三杯水酒下肚,便能化干戈为玉帛;饭桌上我们表现得体,就可以改变对方对我们的坏印象;只要对方答应我们的邀约,求人办事就成功了一半……

小李是刚到单位不久的实习生,有一次,他因为一件小事,与单位的老员工周师傅起了冲突。自从那件事后,小李便与周师傅有了间隙,即使碰面,也不打招呼。看到两人关系紧张,好心的同事王姐对小李说:"你这孩子怎么这么不懂事啊!人家毕竟是前辈,你应该主动和好,不然以后低头不见抬头见,你怎么办?你还有很多事要请教他呢!"

虽然王姐说得对,但小李是束手无策,不知道怎么去改善与老周的关系,于是他问王姐:"我该怎么做呢?"

"很简单,请他吃饭啊,只要他愿意去,你们间的矛盾也就化解了。"

"是啊,我怎么没想到呢?"小李高兴地说。

后来,小李给周师傅发了一封邮件:"今天我刚从老家回来,带了一些家乡特产腊肉,晚上我妈要做顿家乡菜,听说您也喜欢吃腊肉,您今晚愿意来我家吃顿家常便饭吗？"

周师傅恍然想起，半年前两人一起喝酒时，小李曾说过："我们家乡的腊肉，味道棒极了！"而周师傅当时开玩笑说："既然这样，等你回老家探亲的时候带了腊肉，也做顿给我吃吧。"实际上，这只是他的一句玩笑话，说完也就忘了。现在，小李这样郑重其事地邀请自己，周师傅自然感动得不得了。

当天晚上，小李和周师傅两人借着酒劲儿，把心里的疙瘩都解开了，两人间的心理距离随即大大缩短了。

小李和周师傅之间关系的改善，得益于这次饭局。小李是聪明的，他请客吃饭，找了个很好的理由，也就是半年前周师傅的一次无心之语。而正因他记得这句无心之语，才更让对方感动。

从现在开始，如果你想改善现状，就请客吃饭吧！

当然，请客吃饭，还需要我们掌握很多细节问题，才能起到应有的改善现状的作用。

（1）招待周到

请客吃饭有不同的目的，对这种为了让事态有所转机的目的，我们必须引起重视，因为一旦招待不周，你不但不能缓和现状，还会事与愿违，恶化现状。

（2）注意饭桌礼仪，让对方感觉受到重视

饭桌社交离不开饭桌。有人说，中国的饭局是世界上最繁缛的饭局。饭桌上，我们的一句话、一个动作，甚至一个眼神都可能被对方尽收眼底，记在心底，然后转换成为一条评价。

因此，要想让别人喜欢自己，让自己赢得人心，你就必须注意一些礼仪问题，比如"排座次"。凡是饭局都有主座，主座是指正对门口的中央位置。主座一定是主人来坐的。主座对面坐的是邀请人的"主陪"。主宾和副宾分别坐在邀请人左右两侧。让邀请人和客人面对而坐，或让客人坐在主座都算失礼。通过分配座位，可暗示谁对自己最重要。座位的安排是社会关系的一种影射。

关于饭局的社交礼仪，后面的章节中会一一说到。在这里，你只要记住：在社交中，我们要看到请客吃饭的力量，只要你在饭桌上表现得体，不管原先状况如何，都可以得到补救！

3.成为陪客的时候，巧借他人饭局获取信息

不可否认，在以关系为本位的中国社会，解决求职、升官、争取权力等方面的问题时，完全不利用关系几乎是不可能的。可以说，任何一个成熟的社会人都和"饭局"有着不解之缘。"饭"关系着你的生存质量，而"局"决定了你的发展前景。易中天在《闲话中国人》中说："政治既然即吃饭，则会不会吃、懂不懂吃、善不善于处理饮食问题，就关系到会不会做人，会不会做官，会不会打仗，甚至能不能得天下。"

但有时候，我们吃饭，不一定是有求于人，也不一定是被人求，而是为了以中间人的身份帮助吃饭的各方建立一种亲密的关系。此时，你可能会认为自己只不过是个配角，可有可无。而实际上，此时的你既然出席饭局，就应该加以重视，因为你可以借他人所设饭局获取更多信息，从而达到交际目的。

做社区工作的庄副主任，有过这样一段耐人寻味的经历。

街道要引进一批新的运动器材，需要两百多万元资金，庄副主任曾多次向上级领导钟主任打报告，却一直没有结果。但在一次偶然的机会中，他却找到了解决问题的渠道。

那次，庄副主任和几位领导去酒店吃饭。席间，喝了几杯酒，他不经意地提到了自己的心事："各位，你们说钟主任为什么不批呢？"几个主管领导先是哼哼哈哈，不作回应。酒过三巡后，领导们的脸红了，声音也大了，话也多了起来。庄副主任见状，又提了一次这件事。其中一位领导听了，粗着脖子说："我们在喝酒，你谈什么买器材！这样吧，你要是把这瓶白酒给干了，我保证帮你摆平钟主任，我们是好哥儿们。"庄副主任本是有些酒量的，见领导放话，一咬牙把瓶里剩下的酒全喝干了。

领导一见，大声说："够意思，实在够意思！"酒桌上的气氛达到了高潮。

庄副主任那晚醉得一塌糊涂，但莫名其妙的是，购买器材的事居然不久后就批下来了。原来，当时让他喝完一瓶白酒的领导正是钟主任的顶头上司，购买器材，只要他发话，钟主任便不敢违抗。

庄副主任历尽千辛万苦都没有办成的事情，居然因为无意中吃的一顿饭，喝的一瓶酒，就办成了，可谓"有心栽花花不开，无心插柳柳成荫"。有些事情，办不办与主管者本身并没有多大的利害关系，但是他们手中的资源，也不是随随便便就可以给人的。是否符合政策法规是前提，饭桌上的应酬到不到家，气氛到不到位，却是极为关键的催化剂。

有时候，虽然饭局并不是我们所设，但同样要引起我们的重视，因为我们可以借此机会获取更多的信息，以帮助自己达到应酬目的。具体来说，我们可以这样做：

(1)把结识社会名流当成一种任务

在旧时代，那些"走江湖"的人讲究每到一地，首先去"拜山头"，即备好礼物，再说一番谦恭礼让的话，把当地黑白两道有分量的人都打点到。如此不管是要打把式卖艺还是做生意，都有人能够庇护一二。

"江湖"上是这样，官场也是如此。

东晋被封为长沙郡公的陶侃，父亲早死，是靠母亲拉扯大的，家境十分贫寒。为了生活，陶侃小小的年纪便不得不到县里谋了个小吏的差使。

魏晋以来最重家世，以门第出身，将人分为上、中、下三品，陶氏家族在当时只能算是下品。出身在这种人家，要想进入上层统治集团是十分困难的。但是陶侃剑走偏锋，靠结交当时的名流，为自己争得了出头之日。

一次，地方上一位名门大户的子弟范逵路过陶侃家时，陶侃居然穷得没有可以招待客人的东西。他的母亲看出这是一次难得的机会，当机立断，剪下自己的头发，换来了酒菜款待客人，还将床上的草席剁碎给客人喂马。他们的诚意，使范逵及其仆人都十分感动。

范逵离去后，陶侃又追上去送行，直到百里之外。范逵明白了他的心意，问："足下愿意到郡里任职吗？"陶侃说："当然愿意，可是没有门路呀！"

于是，范逵向庐江太守张夔推荐了他。一次，张夔的妻子病了，要到数百里之外去请医生，大家都感到为难。

陶侃说："长官夫人如同我们的母亲一样,母亲有病,我们怎么能不尽心呢?"便主动揽下了这件苦差使。这样的人,能得不到上司的赏识吗?于是,张夔推荐他到京师洛阳任职。

那些某一个地区或者某一个领域里的名流,他们存在的本身就是一种力量。他们轻轻的一句话,可能给你或是你手中的产品打开一扇意外之门,这远比你磕磕绊绊地自己探路有效得多。

曾有一个笑话说几位商界大亨在一次聚会上想评出谁是世界上最厉害的推销员,没想到大家一致认为政府首脑是世界上最厉害的推销员。

的确,政府首脑一旦介入商业活动,其威力可谓是无坚不摧。美国前总统克林顿有一次与沙特王子会晤,谈笑之间就为波音航空公司争得一份金额颇大的飞机订购合同,而欧洲空中客车公司只能眼睁睁看着煮熟的鸭子从自己的锅里飞到别人的餐桌上。

如果说政府首脑是世界上最厉害的推销员的话,那么,能让政府首脑们为自己推销商品的,恐怕就是世界上最厉害的老板了!只要是人在社会上打拼,即使你不经商,也要处理好和"名流"、"贵人"的关系,这样你无论做什么,都会左右逢源、得心应手。

结交有分量的大人物,首先要从自己狭小的一亩三分地里走出去。

饭局,就是展现你的社交才能的好时机,在这种半正式的场合中,你若能够恰到好处地将娱乐与工作联系起来,那么你的人脉网将往外拓宽一层,如此就是另外一番境界了。那些成功的"社交动物"总是穿梭在会场中和各色人等安排的会面中,把握机会去认识可以改变自己一生的人。

(2)打入聚会主办人的圈子

社交聚会,往往需要兼顾许多细节,若发生混乱你则应伸出援手帮忙,进而成为主办人中的一员。一旦你成为聚会的局内人,便可以知道谁会参与以及聚会中精彩活动的内容。

如何让自己参与进去?这其实并不难。首先,你得查阅资料,登陆主办方的网站,找出统筹会议的主要负责人,并打电话联系这个人。他们通常工作繁重、饱受压力,你可以在聚会开始前几周便打电话说:"我很期待你

17

所主办的这次聚会,很想帮忙让它更精彩,我希望能贡献一些资源,不论是时间、创意或人脉关系都可以,好让聚会能一炮而红,不知道是否有我能效劳的地方。"

(3)和饭局中的重要人物套交情

如果你认识饭局中那位认得所有在场人士的人,可以跟着他穿梭全场,会见场内其他重要的人物。聚会的主办人、主客都可算是重要人物。

你要实现找出这些关键人物的愿望,就应在他们之前到场,站在主要出入口或签到处附近,上前自我介绍或跟在后面找机会上前认识他们。

和对方套上交情后,让自己变成"资讯核心",是成为优秀人脉专家的关键。如何才能办到?你必须找出周围人想知道的资讯,有备而来。这些资讯可能包括业界的八卦、当地最棒的餐厅、私人派对等。你要让大家知道这些关键资讯,让其他人知道如何取得这些资讯。当你成为资讯来源时,便成了值得他人认识的对象。

(4)创造让人惊喜的"偶遇"

这要求你在饭桌上偶然撞见目标对象时,在两三分钟内,邀请对方稍后再碰面聚聚。这种招数需要简洁有力,让人觉得又快又有意义。

偶遇是你很快和对方认识,并搭起足够的关系,以方便下次再聚,之后又继续各自活动的一种方式。你参加社交聚会,当然是在有限的时间内认识愈多人愈好。记住,你并不是要在此结交挚友,而是要认识足够多的朋友,以方便后续追踪。

人要建立关系,需要有某种程度的亲切感。在偶遇的2分钟内,用心倾听,询问商业以外的问题,并透露一些个人资讯,让彼此在互动中流露出些许感悟,有助于营造两人之间的诚挚关系。

TIPS:制作你的关系网

你可以选择任何一种适合你的方法。当你建立了详细的人员记录,尔后会发现,有多少人正在等你的帮助。下次当你遇到困难时,检索你的信息记录,你会发现,它会在你手足无措的时候提醒你:可以提供帮助的人就在身边。

1. 找张纸并在中间写上你的名字。这张纸代表了以你为中心的生活圈,里面所有你认识的人,又是各自生活圈的中心。你会发现这样的人脉网很有意思。

2. 找个安静的角落坐下,做几次深呼吸,并对自己说:"这样会很有趣的,接下来发生的事会顺理成章。"

3. 找出你对一个认识的人的感觉——任何人都行。把名字写在你的名字周围。

4. 用其他颜色的笔写出呈现在你脑海中一切与这个人有关的信息,诸如"丈夫做出版工作"、"擅长校对"、"了解自然"、"儿子是设计师"、"父亲是水管工"、"深谙汽车维修",等等,把它们全部写下来。完成后,再考虑其他人。一旦开始这个行动,会有无数名字涌入你的脑海。也许一张纸都写不下这些信息。

5. 把你的记录放在显而易见的地方。若喜欢的话你可以装饰一下。现在这张纸就是一个活生生的、系统的有机整体。随着你接触的人的增多,你的信息量会逐渐扩大。

用饭局"吃透人心"

谁都明白,饭局社交中,没有人是为了吃饭而吃饭,大家都是以吃饭为桥梁,以达到成功办事的目的。我们在饭桌上的一言一行可能直接影响到对方对我们的评价,所以要在饭桌上做到深入人心,你要不仅满足对方的胃,还应收买对方的心。

1.谈话要贴心——成为受人喜欢的"自己人"

饭局的意义之一在于将圈子内不同背景的人们聚拢在一起。饭局上常有这么一种情况,在主客双方相对陌生的情况下,主人怕冷场,便邀请一些陪客入席。一些本身并没有多大能力的陪同者,是以其幽默开朗的好人缘获得高层次酒席的准入证的。他们精于酒宴之道,是冷场的救星,有了这样的人,不管多么不咸不淡的酒宴,都有"爆棚"的效果。为客人提升兴致,为主人解开难题是他们的独门功夫。

我们能请到这些"陪客"固然很好,但是更重要的是要向这些"陪客"学习。心理学上有个术语叫"自己人效应",所谓"自己人",是指对方把你与他归于同一类型的人。"自己人效应"是指人们对"自己人"所说的话更信赖、更容易接受。

刘晓是个生意人,起步晚,资本也不是很雄厚,但是他长于社交,和三教九流的人处得都很不错,这样一盘棋就走活了。

有一次他应一个老同学之邀,参加一个私人饭局。老同学的客人是一对没上没下的父子。

"朋友交情,喝酒越喝越厚,赌钱越赌越薄。"张老板骂儿子,"你就是喜欢赌,我到赌场里去,十次倒有九次遇见你。"

"你也不要说人,"小张反唇相讥,"你去十次,九次遇见我,总还比你少一次!"

"你看看,你看看!"张老板气得拍桌子,"这么大了还没个规矩,强词夺理。他们这一代的孩子,从小被宠惯了,都是他妈惯的,让刘老板见笑。"

刘晓笑着说:"说哪里话!我年轻的时候也是这样,和我爸爸没大没小的,没少挨骂。"小张听了很是高兴。刘晓说了几个自己小时候的趣事后,又对老张说:"我倒看这位小老弟,实在、能干、帅气,是经得了大场面的社交人才。"

这一句话说到了张老板得意的地方,他正正经经答道:"刘兄,玉不琢不成器，我这个孩子，鬼聪明是有的，不过要好好跟人去磨炼。回头我们细谈，先喝酒，喝酒。"

通过这次饭局，刘晓和张老板一家都交上了朋友，从张老板那里得到了不少生意上的帮助。

要与他人搞好人际关系，就不能不强化"自己人效应"。从这个角度而言，你要使他人确定你是他们的"自己人"。

多年前，林肯引用一句古老的格言，说过一段颇为精采的话，他说："一滴蜜比一加仑胆汁能够捕到更多的苍蝇，人心也是如此。假如你要别人同意你的原则，就先使他相信：你是他的忠实朋友即'自己人'。用一滴蜜去赢得他的心，你就能使他走在理智的大道上。"

要酿成这"自己人"的"一滴蜜"，关键在于你自己——在于你如何把"态度与价值观的类似性"和"情感上的相悦性"具体化，在于你怎样从各个方面去采集可供酿蜜的"花粉"。

(1)找出与对方的"共同点"

任何人都有"求同"心理，会不知不觉地因同族或同伴意识而亲密地连结在一起，同乡会、校友会之类的组织便应运而生。如果你能找出与对方拥有的某种"共同点"，即使是初次见面，也会在无形中让对方产生亲切感，一旦心理上的距离缩小了，双方便容易推心置腹了。

英国首相丘吉尔在第二次世界大战期间在美国做圣诞演说时这样讲道："我今天虽然远离家庭和祖国，在这里过节，但我一点也没有异乡的感觉。我不知道，这是由于本人的母亲血统和你们相同，抑或是由于本人多年来在此所得的友谊……在美国的中心和最高权力的所在地，我根本不觉得自己是个外来者，我们的人民讲着共同的语言，有着同样的宗教信仰，还在很大程度上追求着同样的理想。我所能感觉到的是一种和谐的兄弟间亲密无间的气氛……"

丘吉尔从友谊、情感等角度导出了"我们"、"本人的母亲血统和你们相同"、"一种和谐的兄弟间亲密无间的气氛"，使演讲产生了异乎寻常的"自己人效应"，激发了听众的强烈共鸣，获得极大的成功，他的这次演说也成了千古绝唱。

如果你能用心了解与利用对方的兴趣、爱好,就能缩短双方的距离,加深对方的好感。例如,和中老年人谈健康长寿,和少妇谈孩子和减肥,和孩子谈灰太狼、喜羊羊等。和自己不甚了解的人,你可以谈谈新闻、书籍等话题,这能在短时间内使对方喜欢上你。

另外,在谈话过程中频频称呼对方的姓名,一来可以加强自己对对方的印象;二来可以使对方认为你很重视他,从而对你产生亲切感,乐于与你交谈。

(2)引导对方谈得意之事

任何人都有自觉得意的事情,但是,再得意、再值得骄傲和自豪的事情,如果没有他人的询问,自己便不能主动提及。这时,你若能适时而恰到好处地将它提出来作为话题,对方一定会欣喜万分,并敞开心扉畅所欲言。适当地给人以机会,你们的关系会更加融洽。

(3)恰如其分地"附和"对方

"附和"是表示专心倾听对方说话的最简单信号,能体现谈话双方的情感交流。你若真正用心听他人谈话,总会发现谈话中有自己不懂的、有趣的或令人拍案叫绝的地方。如果你能够将听时的感想积极地表达出来,并随声附和,在谈话中加入"真是这样吗?""你说的是……""为什么?"之类的话,定能使对方的谈话兴趣倍增,乐于与你交谈。

(4)若不知道说什么,就保持沉默

保持沉默,会使对方猜不透你内心的想法,把注意力转移到揣测你到底藏有什么王牌上。

(5)培养自己的幽默感

在酒场上,一张嘴不仅仅是用来喝酒的,还要"口吐莲花",调动起同席者兴致。

你在平日可以多搜集一些适合酒场的"段子",以幽默的谈吐来增强交际的生动性和亲切感。

你所要做的只是找到一两本笑话全集,或者是点击一两个笑话网站,然后把你认为特别经典的笑话背下来,在适合的场合说出来就可以了。

《爱的能力》作者艾伦·弗罗说："如果你希望有所成就,希望引人注目,希望社交成功,那么你就应该学会来点儿幽默,让大家一起笑。"

2.请客要细心——开场与收尾要做好功课

我们在请客吃饭的时候,要在开场与收尾做好功课,因为开场与收尾给被请之人的印象最为深刻。好的开始是成功的一半,收尾与开头同等重要,秉承这两个原则,我们才能真正达到请客吃饭的目的!

王印服务于一家软件公司,是老板眼里的红人。他的专业水平很不错,在为人处世上,也有自己的一套。平时,同事们很难请得动老板,他却轻松地做到了。而且,每次他都能轻而易举地让老板接受他在工作上的建议。

这天,他对老板说:"艾总,这份文献不错吧? 昨天我在一家专业网站上看到了一份更加权威的文献! 只是昨晚太晚了,没来得及及时下载……这样吧,我现在就回家下载那份文献,晚上我们一起吃饭,然后我把那文献交给您! "面对这么诚恳的邀请,谁会拒绝? 于是,老板欣然前往。

来到餐厅后,王印很细心。平时在公司,他会注意老板和其他同事的喜好,比如每个人在喝咖啡时有什么特殊偏好。点咖啡的时候,王印特意对服务员说多拿一份糖和一份奶, 这让老板很感动:"这么一个小小的细节,他都会注意到,真是不容易啊! "

在饭桌上, 老板对王印提出的新策划案很感兴趣, 也觉得很有可行性。时间过得很快,一顿饭吃了两个小时。结束时,王印对老板说:"艾总,我觉得您的观点对极了,我真是对您佩服得五体投地! 也很感谢您对我的新策划提出了宝贵意见,您看这时间,也不早了,这样吧,我晚上回去再将这份策划案修改修改,给您发过去。"

简单的几句话,让老板对这个小伙子很欣赏,一个时刻不忘工作的员工才是公司需要的人才!

第二天,当王印敲开老板办公室的门时,老板已经给这份策划案签了字。连王印自己都没想到,这件事情会完成得这么容易。

这一案例中,为什么老板对员工王印印象这么好?为什么王印的策划案这么轻易地就被同意了?这得益于王印在饭桌上的良好表现。

首先,能记住老板小习惯的员工能打动老板,一个以工作为缘由的饭局,老板也不会拒绝。

再者,饭局结束时,王印依然谈到工作,让老板看清了他的工作态度,这自然更能得到老板的认可。

老板和下属是通过工作关系联系到一起的,当老板的人,无不关心公司的成长和个人的工作业绩。请老板吃饭,你应当把重点放在有益于工作的事情上,这样,不但能引起老板的兴趣,还可能获得额外的赏识。

饭桌上,如何开场与收尾,直接关系到我们是否能成事,对此,我们需要做到以下几点。

(1)开场时,不可急功近利、直接道明请客目的

请客吃饭不是一件容易的事,没人会平白无故地请人吃饭。当然受邀者也明白,自己并不是去单纯地享受一顿美食,而是接受一场应酬。所以一般来说,他们会有以下顾虑:

①邀请者的身份、地位,与自己的关系如何,要不要与对方建立联系;

②邀请者是否会看眼色、懂分寸,会不会在对酒当歌之际,向自己提出实质性问题;

③这个邀请和自己的其他大事有没有冲突。

即使对方答应了我们的邀请,有些顾虑仍会存在。对此,我们要把动机弄得简单些,理由说得动听些,这样一来,对方的顾虑就会小得多。至于"局"外之意,感情联络好了,才有发挥的余地。以后的时间还很长,交往还有很多,你完全没必要刚一接触就直奔主题。

(2)注意一些开场细节

对于可以面对面坐的圆桌,主人必须注意,不可叫客人坐在受服务员上菜影响的座位,必须等到所有人都到齐才可以点菜——即使有人迟到也要等。大家都就位后,主人才可以做开场白。

(3)在收尾上尽显大方之态

全球最昂贵的用餐礼仪课

饭局结束时,请客方会松了口气。但此时,你依然不可松懈,因为你若稍有怠慢,会让对方持有的关于你的好印象顷刻间化为乌有。为此,在饭局结束时,你依然要兼顾各方面,包括说好结束语、送走宾客等。

3.埋单要"读心"——该出手时就出手,不该你抢莫出头

人类一切的基础是经济活动,饭局上的经济活动自然是埋单。有人说,埋单的时候最能看出一个人的人品,这有其道理。不肯埋单只想蹭饭的人自然不会受欢迎,但反过来,抢着埋单的人也未必全部都有好人品。

商务宴请里的埋单态度,是彰显作为东家的你,身体力行的教养和所传递给客户的舒适感是否一流的机会。很多时候,看似一个简单的结账细节,往往蕴涵着微妙的学问。

诸如说该谁请?遇上抢单怎么办?如何抢单?如何埋单做得漂亮——让埋单的人心里舒服,吃的人没有疙瘩?

首先,让我们来看一些不当的埋单案例,总结一下,如何为自己的埋单赢得最大性价比?

案例一:预算不足遭抢单

为了很好地完成一个项目,姚乐邀请几位资深前辈喝下午茶,并邀好伙伴阿孟请几个行内好友前来助阵。朋友们仗义到场。喝下午茶的地方是阿孟挑的,高级、幽静,相当符合姚乐的要求。

地方很好,茶很正,大家谈得也很愉快,客户不仅有意把项目签给姚乐,还赞赏这次聚会令他们受益匪浅。账单拿上来的那一刻,姚乐变了脸,价格明显超过了自己的预算。她一慌,对阿孟说:"帮忙分分……"声音虽小,但客户和前来助阵的朋友全听见了。

阿孟不太高兴,但还是解围:"我来好了。"此时客户起身说由他来,姚乐想要阻止,但已经来不及了。

解围:姚乐这次出状况的最大问题在于事先准备不够充分,在做东之

前,她应该先告知帮忙订地方的朋友自己的预算,并准备足够的现金,或者准备一张有足够透支额度的信用卡。

有时客户抢单未必是因为觉得你囊中羞涩,在商务工作上,基本是谁邀约吃饭就由谁埋单。如果对方是长辈,或对方表示自己该尽地主之谊去付账,应该向对方表示谢意,并表示下次相约一同进餐将由自己请客。

如果你想抢得埋单权,不妨先下手为强,提前和饭店打好招呼,预先埋单,或者以去洗手间为借口。但最好的方式是在订位时,或者进入餐厅后,立即找机会先把信用卡放在柜台,并交代服务生不可由客人付账。

如果对方是非常重要的客人,且事先说定了由他来做东的话,你最好别扰了他的一番美意。

最需要注意的是,你要避免在餐厅里跟客人抢着付账,如果要使用优惠券,切忌当着客户面使用。

结账时,你最好向专门负责埋单的侍者招手说"请结账"。

案例二:男客户要求AA

安宝受新客户、一家公司的高级经理王先生邀请,共进晚餐。席后,账单上来,王先生看了一眼,就把单子递给安宝,说:"我们一人220元。"

安宝很是尴尬,她犹豫了一下,掏出信用卡表示由她来埋单,没想到这一举动引起王先生极大的不满,他责怪安宝伤害了他作为男人的自尊心,并执意将他应付的部分现金塞给她。从此之后,他们再没谈过合作的事情。

解围:男人埋单,约定俗成。可是,商务应酬不是恋爱约会,你们是合作伙伴关系不是男女关系,切忌埋怨对方不够MAN。安宝应该更周详地考虑生意上的合作,迁就一下,也许能促成大事。

安宝可以自然又爽快地冲对方一笑,说:"我想你和我一样,只和好朋友一起吃饭时才会AA,这说明我们亲兄弟明算账。"然后掏出钱包,将应付的钱交给侍者。

案例三:埋单时间太漫长

饭局临近结束的时刻,东楠示意埋单,等了一会儿没人来,于是她提

高嗓门招呼侍者，引来周围其他客人的注目。东楠起先没有在意，甚至觉得自己是消费者，受到这样的待遇很不公平，于是她站起身来，又喊了一声。等待侍者前来埋单的期间，她一直不断地扭头看有没有服务员带账单过来，完全忽视了在一边的客户……

解围：正确而又体现风度的埋单方式是利用有侍者经过的机会，轻声唤住他。如果长时间没看见服务生，你可以借口上洗手间，亲自去前台召唤服务生，或者直接把账给结了。

如果碰到已经通知结账，但服务生老半天没返回的情况，你可以轻声叫别的服务生去催一下，或者跟同桌的人打个招呼，告诉他们如果有事可以先行离开，很抱歉不能亲自远送，因为你需要留在现场等候账单。

我们再来看看抢单的某些常见现象。一般来说，抢着埋单其实是很尴尬的。

抢单，总是默默地

讲述人：老孟

我一铁哥们小朱最近在网上一个讨论历史的版块里混，有时候会喊我去参加他们的饭局。去得多了，我见识了不少有意思的人，比如有人研究了武松和石秀的相似度，有人则研究太史慈的轶事。

他们有个共同点，每次吃饭都喜欢抢着埋单。大家谈到尽兴，吃喝尽兴后，会有几个人同时喊埋单。

有次饭局上，有人喊埋单时，服务员说："你们已经有人付过款了。"一问才知道是老张乘上厕所工夫偷偷去埋单了，自此之后，这似乎成了习惯，总是有人提前去偷偷埋单。

抢单，咋咋呼呼的也常见

讲述人：黄涛

吃饭有人抢单是好事，不过抢到朋友翻脸就不好了。

我们几个朋友平时常聚会，大家轮流埋单，埋得比较多的是老张和小戴。老张是做外贸的，小戴则有点特别，是在网上开性保健用品店。

那天吃饭是因为晚上小戴约大家去泡温泉。吃饭的时候老张很开心，喝了不少，原因是他最近做成了一笔大单子。吃完饭后，小戴喊服务员埋单,结果老张拦住了他,小戴觉得自己召集的活动应该自己埋单,而老张那天却死活不让,还大声说:"我这笔大单子,比小戴你卖一年情趣用品赚得要多多了。"

之后饭局,只要老张在的话,小戴就再也不来了。

抢单,为的是混积分

讲述人:吴莹

朋友小黄是个抢单族,不是说他多有钱,而是他是信用卡的忠实用户,每次吃饭小黄都抢着刷卡埋单,是为了累积卡的积分,通过刷卡还可以参加银行的活动。

最早一次饭局,大家都没说好谁埋单,小黄最后忽然主动站出来说他埋单,随即潇洒地掏出卡来刷卡,正当大家以为小黄发善心的时候,小黄却告诉大家给他现金就行了,大家这才恍然大悟。

这种情况终于因为一个新同事的加入而改变,新同事小孙来到部门之后很快融入了我们的圈子,一次大家去吃饭,结束时小黄正准备去刷卡埋单,服务员却告诉大家小孙已经结过了。小孙看了看大家,很不好意思地说:"是这样的,我刚办了张信用卡……"

抢单,醉后的最后悔

讲述人:小叶

人生中最浅的痛苦是什么?很多人觉得是失去金钱,小叶的回答也是这意思,但表达出来却是:"酒喝多了抢单,第二天醒来后追悔莫及。"

有次酒喝多了小叶抢着埋单,该埋单那哥们儿也喝多了,两人差点没打起来。第二天小叶问我们,他发现钱包里少了300块,但忘记怎么花的了。

小叶跟外人也这样,虽然他经常发誓说以后绝不抢单,可年前他被一客户拉去陪一群陌生人喝酒,喝多了也习惯性地抢单了。不过也算是好人有好报,年后有个北方人找到他要跟他谈生意,那人自我介绍说是某某介绍来的,有次一起吃饭,小叶喝多了抢单给他留下了深刻的印象。

抢单,最后变成AA制

讲述人:风为裳

全球最昂贵的用餐礼仪课

28

最近在和几个写东西的朋友写一个剧本，所以大家经常一起吃饭谈本子，抢单这种事情自然是少不了的，但也不是那种很认真地抢，而是比较微妙：大家都会提出要埋单，但似乎又不是很认真的样子。

有次我和其中一个朋友大曹一起吃饭时随便聊了聊，发现了一个问题，我们六个人在一起吃过七次饭，虽然大家都说要埋单，但这七次都是我和大曹埋的。究竟是大家都没注意这个事实呢，还是其他什么？

后来又一次吃饭的时候，大曹忍不住了。吃完后大家都说要埋单的时候，大曹说不用了，这时大家就真的不掏钱包了，然后大曹说了句还是AA吧，以后也AA，这样好。大家都表示这是个好办法，开始各自掏钱。

自从改成AA制后，经常是喊人吃饭，不是这个有事，就是那个有事。

抢单，抢糊涂了相亲的

讲述人：心如止水

关于抢单这种事情，有时候会让人特别头疼，到底该不该抢呢？最近妈妈开始给我介绍对象，与他人吃过很多次饭，有两次都是因为抢单的事情搞黄的。

第一次见的是个在政府部门工作的文员，挺文静独立，印象不错。吃饭时大家聊得也愉快，最后埋单时，她提出要AA制，而且很坚持，我同意了。但后来中间人说对方觉得我埋单不大方。

后来又见过一个外企文员，也挺不错的，最后埋单的时候又遇到同样的情况，我抢着埋单的时候她坚持AA制，我没理她把单结了。结果中间人的反馈是我太大男子主义。

不就吃饭埋个单吗？至于上纲上线吗？

很多人担心自己抢不到埋单的机会，次数多了会给人以小气爱占便宜的印象，导致朋友越来越少。那么有什么方式可以低调且优雅的埋单呢？

支招：优雅埋单很简单

支招一：如果可以，与朋友敲定聚会就餐时间的时候就提前说清楚这餐是由你做东的。如果事先约定时忘说了，那么在餐厅一坐下来就说清楚这次是你请客，如果他们不让，你可以说下次会轮到他们请的。

支招二：选择去一些自己比较熟的餐厅。选择与餐厅经理关系比较好，也比较信赖的地方，你便可以在到达餐厅时就先告知经理，结账时用你的信用卡埋单。这样不管结账时朋友多么想抢着付你手里的账单，经理也只会从你的手里拿信用卡。

支招三：可以先选择餐厅，预先点好菜及饮料，提前结账，等客人到齐就开始上菜。不过这个方式有点危险，万一某些朋友临时来不了，会浪费食物。所以当天吃饭前一定要再次与客人朋友联系，提醒他们出席。

支招四：在盛行会所制度的地方，你可以邀请朋友客人去自己所属的会所。在会所里请客，客人是无法埋单的，因为需要会员自己签单。

TIPS：埋单后不要忘记给小费

美国：服务员一般是靠小费生活的，如果你觉得他们服务不错，应该在结账的时候添15%到20%额外的服务费给他们。如果觉得他们服务不到位，你可以先向经理投诉，过后自己再判断到底该给多少。

欧洲大陆：一般服务费和餐饮税已经加在账单里了，所以没有必要重复给，但若是付现金的话可以最后留下一些硬币给服务员。

英国：餐饮税会包含在账单里，但服务费可能是额外加的，对于这个情况你可以给10%的小费。

有一些国家是不鼓励给小费的，如日本及澳洲，后者一般将10%的服务费包含在账单里了，所以埋单时没有必要添加小费或留下任何硬币。

某些高档西餐厅：衣帽间的管理员会在衣帽间的柜台放一个小盘，这是为了给小费的，当然你不是一定要给，但如果管理员帮你把衣服帽子挂得整整齐齐，你可以考虑给一点多余的零钱。

本章链接:饭局排行榜

饭局之意不在饭而在局,能登上饭局排行榜的饭局,是那些能够将饭局的"局意"做足的大局。

最奢侈的饭局

"不求最好,但求最贵",饭局的奢侈主义原则大抵不过如此。单纯从菜品定价衡量饭局早已过时。吃饭说到底是要以人为本的,只要人爽,不吃饭都没关系。前不久台湾曾爆出名模出席饭局的价码,排名第一的某名模以125万新台币的价格令很多梦想与之交杯换盏的富商望而却步。想想看吧,光是美人在抱的费用就125万,遑论菜品的价格。

奢侈饭局从来不缺食客,挥金如土是他们的一贯作风,正因为如此,在这种饭局的饭桌上吃什么,已经不那么重要了。

最八卦的饭局

八卦的饭局当然有娱记在场。狗仔队的力量绝对不能低估,他们能从名人博客的蛛丝马迹中判断出谁和谁闹别扭了,谁踩了谁的裙子,谁是如何被绑架的,等等。而很多不能堂而皇之上版的新闻,能在饭局上进行交流。饭局是八卦信息的集散地,许多录音和照片都能给参与者带来莫名的兴奋和快感。

当然,比较八卦的还有同学聚会,大家相互交换婚丧嫁娶等信息,把共同认识的人全部八卦一遍之后,饭才吃得实在。八卦饭局之精髓,在于掌握别人不知道的宝贵信息。交流完毕你千万要加一句:"你们可别传出去啊!"

最不得不去的饭局

这种饭局白领们最常见。陪老板吃饭,不去是不给老板面子,去了不喝酒还是不给老板面子,喝了酒没醉也是不给面子,所以这饭吃得异常痛苦。

中国式的饭局,从来不讲你情我愿,让你吃,你就得吃,哪怕胃无余地。古代天子赐膳,是不能剩的,也就是说得吃完。但奇怪的是,史书却没见记载因此撑死的大臣。不得不去的饭局还可列出很多，比如岳父岳母的寿筵，比如和女朋友的情人节晚餐。对此即使你心里有一万个不愿意，也千万不能表露出来。

最乌烟瘴气的饭局

此类饭局乱象环生，盖因话题繁多、七嘴八舌之故，多见于传媒圈。众人从女人的小脚趾到阿拉法特的头布，最不可思议的联系都能以最不可思议的逻辑演绎出来。最后好好一桌人变成三四个小分队，各说各的，好像其他人根本不存在。

乌烟瘴气的饭局，除了心怀远大的各色主义者，尚有引车贩浆之流的饭局，推杯换盏，觥筹交错，几不能成席。稍微好一点的，荤段子满天飞，连服务员都红了脸。

最省心的饭局

这样的饭局可遇不可求。最省心的可能要算随团旅行时的饭局，虽然大家在一张桌子上吃饭，但是彼此并不认识，也不用说话讲段子，吃完抹嘴走人，不用喝酒，不用劝酒，不用眉来眼去，不用秋波频传，故而深为各界人士喜爱。

与之类似者，还有新闻发布会后的饭局、加班后的宵夜等。总之，最省心的饭局就是单纯吃饭的饭局，不需要拉拢关系，不需要求人办事

最温馨的饭局

除了情人节的烛光晚餐（不管你是和情人吃的还是和内人吃的），家庭晚宴应该是最温馨的饭局，春节的饭局尤是。大家喜气洋洋欢聚一堂，不用考虑老板和通货膨胀，只考虑老爹老娘老婆，如果有个大胖小子就更好了。

其实在古代中国，家庭饭局不像现在那么一团和气，大家都吃得很拘束。生在帝王之家的话，这样的饭局更很危险，一不小心就放下筷子，立地成鬼。现在都是独生子女，很少因为继承遗产的事情搞得举家不睦，因此和谐了很多。

其实温馨与否，全在人心，和饭菜桌碗都无甚关系，倘若心怀叵测，即便锦衣玉食的钟鸣鼎食之家，也会闹得鸡飞狗跳。早几年，每逢过年，中央

台总要在春节晚会后播放电影《过年》,那真叫闹心。倘若举家亲睦,即便是2斤白面的饺子,或者只有1条红头绳,也会其乐融融。

最冤大头的饭局

经常赴社交饭局的人,都有一个感受,就是饭局上觉得酒足饭饱,回家后立刻就饿了,于是再泡碗方便面或者再出去宵夜一次。最可称奇的是,吃的馆子越好回家越饿,几乎成正比。

凡是社交饭局,必有可告人或者不可告人之目的。水到渠成,饭到事成,倘若不谐,要么再请,要么作罢,但是总有悒悒不平之时。别人吃了自己的嘴还不软,那就是冤大头了。

最持久的饭局

广东一少妇说,恋爱是无数个饭局,结婚只是一个饭局。话极精辟。最持久的饭局就是恋爱饭局了,简直像个无底洞,不晓得什么时候能过渡到婚宴。沈宏非说:"一对正常的男女在一个正常年代谈一场正常的恋爱,很难绕过餐桌而行。"很多人以为婚宴之后,赢得的是一个后方,却不知那其实是一个前线。婚前是饭局婚后吃方便面的例子太多了。

不论是夫妻还是男女朋友,饭局都是一场持久战。饭要吃,架要吵,同床可以异梦,同桌可以分餐,饭局可以硬生生地变成战场。

最危险的饭局

这种饭局在中国历史悠久,甚至成为中国文化中不可缺少的一部分。从来没有一个国度,把政治与饭局的关系结合得如此紧密。像"二桃杀三士"、"杯酒释兵权",搞不好就血溅当场,人头落地。

现在的饭局虽然没有掷杯为号的险情,但刀光剑影丝毫不下于古代。看看《黑社会》这个片子,很多杀人计划就在大排档里制订。讲道理的结果往往就是动拳头,暴力永远是解决问题的最终办法。

第二章

邀约有道,让你的饭局高朋满座

请客吃饭不是一件易事,如何邀请他人才肯赴约更是重中之重。所以,巧妙的邀约方法,成了我们必学的功课之一。

请"佛"有道
——饭局邀请术

1.遵循次序——先主要后次要、先亲近后疏远

具体来说,宴请客人时,我们需要遵循以下次序。

(1)选择合适的邀请对象

就一般情况而言,下棋应请棋友,跳舞要请舞友,打球当请球友,乔迁、喜丧则请亲朋故旧,开业剪彩该请有利于工作展开、业务往来、便于协调社区关系及从事传播等媒体方面的客人……邀请对象的选择,必须根据交往的目的而定。

邀请的对象自然是能给你带来帮助的人,但有时也需要一些其他朋友作陪,你应当精心安排,慎重选择邀请对象。你要根据交际的性质、需要

及宴会规模的大小等,遵循先主要后次要、先亲近后疏远的原则,划定邀请范围,依次确定邀请名单。

此外,你还要适当考虑邀请对象的学识、年龄、地位、性格的差异和他们相互的关系等,以防破坏邀请对象间的和谐关系,给自己的交际带来不便和麻烦。

(2)发出邀请函

邀请有请柬邀请、电话邀请及口头邀请三种。一般来说,较为正规隆重的宴会应选择请柬邀请。这既是出于礼貌,也可以起到提醒、备忘的作用。请柬的内容包括活动的主题、形式、时间、地点、主办单位的名称或主人的姓名等。外文请柬通常在请柬上直接写明被邀人的姓名、称呼,中文请柬则习惯把邀请人的姓名、职位写在信封上。请柬行文不用标点符号,人名、单位名、节日名皆用全称。请柬可印制,也可手写。手写时字迹应清晰美观。

请柬应提前一周发出,以便被邀请人及时安排,时间太晚会使人感到措手不及,也显得不礼貌。已经口头约好的最好再补送请柬备忘,并在请柬右上角注明"备忘"字样。如需了解对方能否出席,你可在请柬左下角注明"请答复";如仅要求不能出席者给予答复,则可注上"不能出席者请答复",并注明举办方的联系电话。也可以在请柬发出后打电话询问对方是否出席。事先安排好座次的宴请,可在请柬左下角注明席次号,以方便来宾顺利就座。国际上习惯给夫妇二人发一张请柬,我国则习惯每人发一张。请柬的格式与行文,中文和外文有所不同,应加以区别,按不同的语言习惯正确使用。

另外,邀请顾客吃饭的时候,我们要注意一些特殊事宜。也许你想通过只邀请朋友一个人出席宴会来限制人数。如果他们确实是单身,那么没问题,只要在宴席上多多介绍,让他们相互熟悉就可以了。但是,如果他有伴侣或恋人,你就需要把他们的另一半也算在你的宾客名单之中。不仅如此,你还要在请柬上写上朋友的伴侣或恋人的名字表示尊重。

(3)确定宴席档次

邀请他人吃饭和给人送礼一样,只有注意档次的选择,才能起到事半功倍的效果。档次太高,对方觉得受之有愧,吃着不踏实;档次太低,会让对方觉得你看不起他。我们请人吃饭,应该根据对方的身份地位、宴请的目的确定档次。

(4)确定宴席时间、地点

我们通常应该把优先选择权交给受邀一方,对方说出的地点大抵代表他期望的档次,而时间也一定是对方方便的时间。但如果对方不好意思自己说地点和时间,那么就不要强人所难,你可以提几个不同风味的饭店和几个不同的时间段供对方选择。

选择的地点首先要求环境幽雅。吃饭并不仅仅是"吃东西",更是"吃文化"。幽雅的环境,不仅能增加食欲、使心情放松,还能为彼此的沟通和交流创造一个良好的外在氛围。如果用餐地点档次过低、环境不好,即使饭菜再有特色,也会使对方心里烦躁,使请客吃饭的效果大打折扣。

其次是卫生条件良好。如果用餐地点太脏、太乱,会影响我们的食欲。

选择用餐地点时,还要充分考虑交通是不是方便,有没有停车场,是不是要为受邀者准备交通工具等一系列具体问题。

2.曲线救国——不露声色地达到宴请目的

现代社会,吃饭俨然已经成为建立和维护人脉资源的一种手段。但无论有什么目的,我们都要收起自己的"醉翁之意",不可过于凸显目的性。因为对方会因为你的表现而心理压力大,因觉得自己可能无能为力而拒绝你,并且也没有人喜欢"无事不登三宝殿"。

我们宴请他人的时候,最苦恼的事情莫过于被拒绝,而被拒绝的一个重要原因是宴请的目的太过明显。"说实话,今天有事相求,所以……"这样明确地表明宴请目的的,谁还敢去赴宴?

那么,我们怎样才能不露声色地达到宴请目的呢?

(1)找个合适的宴请理由

如何才能让自己"一请中的"呢?关键在于邀请理由的合理。你可以这样说:"最近朋友从南方捎来一些特产,今天邀请您来尝尝鲜。"你也可以在邀请对方的同时邀请其他宾客。

至于宴请的理由,最为重要的是说法。我们知道,对同一件事情往往有不同的说法,请客吃饭也不例外。

请父母吃饭

理由:从一顿饭开始懂得感恩

请父母吃饭是孝心的体现。

人脉首先要从亲人建起,不要忽略你的父母。退一步说,一个不孝顺父母的人,其为人也一定好不到哪里去,又有谁愿意和这样的人交往呢?

父母的头发已经开始花白,成家立业的我们,却总忘记回头好好看看他们。请父母吃一顿饭吧!虽然这远不足以表达自己对父母的爱意,但是,请让我们从一顿饭开始懂得感恩。

请亲戚吃饭

理由:先投桃再报李

在遇到困难的时候,人们常常能从亲戚那里得到强有力的支持与帮助。但亲戚也有远近之分,近亲之外,更多的是远亲。在现代社会中,有必要请亲戚吃顿饭,因为亲戚间的关系是需要维持的,否则就可能造成"远亲不如近邻"的局面。

"亲戚用时方恨远",我们得将有用的"远"亲变成"近"亲,才可以在关键时刻帮助自己从求助无门的烦恼中解脱。

在传统的亲戚交往中,往往存在着一个误区,那就是:亲戚关系是一种血缘亲情关系,彼此都是一家人,帮忙办事都是应该的,没必要像其他人那样客套。血缘的关系虽说是"打断骨头连着筋",但亲情的维护更多的在于彼此之间的相互帮助。

在求关系疏远的亲戚办事时,你可用自己的真诚去打动对方,然后给出诺言,让对方相信自己,这样才可能先得到亲戚的"报李"。

但有一点是要注意的,在做出"投桃"的允诺之后,你必须对得起自己的良心,及时兑现自己的诺言,千万不要做出"小人"行径,暗中坑亲戚一把,否则"亲情"这两字将变得一钱不值了。

有诺必践,有"报李"必有"投桃",是继续保持良好亲戚关系的非常重要的前提,切不可"一次性处理"。否则,在今后的社会中,你再想利用亲戚办事会难上加难。

请邻居吃饭

理由:远亲不如近邻

我们每个人都有邻居,糟糕的是现代社会,邻居的关系变得冷漠起来,甚至很多人都不知道隔壁住的是谁。所以主动打开交往之门,请邻居吃顿饭,是很有必要的。

请邻居吃饭不必很正规,你家中有美食的时候,你可主动敲别人的门邀其分享,也可请邻居到自己家中做做客。

请发小吃饭

理由:老朋友永远都是可贵的

饭局是用来交朋友的,人一辈子都在不断地结交新的朋友,但是结交新朋友的同时不能把老朋友抛在脑后,不管他目前对你的作用够不够大,失去友情都是人生的一种损失。

老朋友永远都是可贵的,他们可以倾听你的烦恼,分享你的快乐,同情你的遭遇,处理你的麻烦。忠实的朋友是人生中的一份重要珍宝。能够与人建立一段真诚而长久的友情,将会带给我们极大的益处。有人曾经说:"当许多东西都离我远去的时候,朋友就会近前来。"

俗话说:"人是七节草,不知哪节好。"人们坎坎坷坷地一路走过来,总会遇到许多艰难困境。所谓的困境,也就是凭借自己的力量不能克服、无法渡过之境。这时最需要的就是借助外力来帮自己渡过难关,抵达彼岸。

你成年后才结下的友谊往往会有许多利害关系掺杂在里面,而你们的情分也还没有积蓄到他可以为你牺牲自己利益的程度。"发小"却不同,不论是感情上还是道义上,他都会向你伸出援助之手。

忠实的朋友,并不是上天赐给你的礼物,而是自己平日"交"下的人。先慧眼识人，再真诚待人，在这两个前提下，你才可能交到真正的朋友。友谊的长久要靠两个人共同去维持，而不是单方面的。在现实中，人们都为自己的生活奔忙，各有各的工作和圈子，以至于许多"一起光屁股长大"的老朋友都疏于联系了。这在无形中，使你丢失了一笔宝贵的人生财富。

约老朋友吃顿饭，找个地方聊一聊，其实花不了多少时间，而能通过共同的"回忆"找到的友谊总比现交现论的友谊来得自然而深厚。

请老板吃饭

理由：很重要的工作告一段落

身为下属，邀请老板吃饭应该是慎重对待的事情，即使你们之间有深厚的交情，也不可大意。这也是许多中国人不愿意在儿时好友手下工作的一个原因。

请老板吃饭，当然要复杂一些。利用特殊时机是最恰当的，比如很重要的工作告一段落（最好是大功告成、任务圆满完结之后的半月内），你新获提升，你想给老板提一个很重要的建议……

如果你与老板不是很熟，那还是等几年再请他。如果一直没有机会跟他混熟，那就没必要请他了，否则会彼此尴尬，对你的前途也未必有利。

新上任的经理应不应该请老板吃饭？请吃工作餐是可以的，你们会有许多事值得谈，但总有点勉强。邀请老板到家作客，就显得不合适了。如果有比较稳固的亲戚关系，则视时机而定。

请客户吃饭

理由：客户大老远地来，吃不舒服哪还有心思认真做生意？

也许有些人的头脑中有这样的想法：任何事情都要谈判，人生就是一笔交易。这导致生意人产生这样一种心理状态：每一件事都可以用成本的方式加以量化，而自己要不断降低成本。

因此与客户必要的交流沟通与吃饭，都被他们划入了应不断降低的成本范围之列。

我们决不该用成本的观念来看待成功，因为它绝对不是一种讨价还价。合情合理的花销是必须的，从长远看，这种花销有可能还会为自己带来巨大的收益,而这种收益往往是金钱难以衡量的。

曾经一位很成功的生意人极有见地地说:"客户大老远地来,吃不舒服哪还有心思认真做生意?"略施小惠往往会促成重大的生意。

一个五金交电公司曾以十块钱的小恩小惠赚回了大笔的金钱。该公司规定,凡来者,免费赠送十块钱的纪念品。该公司的负责人认为:每个人都喜欢贪小便宜,可是他们又绝不愿平白无故地接受别人的东西,因此他们就会以尽义务的态度来参加销售会,甚至会敞开胸怀来倾听对方的解说,让自己觉得受之无愧。

吃吃喝喝和来往送礼的小恩小惠并不是贿赂,提供这些平常的招待,也不是败德的事情,而只是要使买主更能接受卖主而已。那些吝于支出酒餐费的公司,只会徒然增加销售方面的困难,实在太不明智。

如果总是有意识地回避花钱,通过"让周围人不满意"的办法来省几个小钱,可不叫做有经济头脑,因为它只会损害你的形象。

请同事吃饭

理由:找一个容易被人认可的理由

事实上,与周围的同事能否融洽相处,不但关系到你是不是能拥有一个轻松愉快的工作环境,而且也关系到你能不能充分发挥自己的业务水平,做出出色的成绩。

现代职场,沟通为先,那种太过清高孤傲的作风,无疑是在你和别人之间建起了一座墙。

请同事吃饭,不外乎是大家凑到一起找乐子,趁机加深了解,融洽感情,所以任何一个值得庆贺的名目,都是请客的好理由。如果你平白无故地请同事吃饭,大家觉得无功不受禄,这饭就吃得不太开心了。你不妨为自己请客找一个容易被人认可的理由,比如说加薪了、升职了、考试通过了,至于交女朋友了、中大奖了,那更是非请不可的。

请同事吃饭,当然为的是开心、舒畅,乃至无话不谈。

一般来讲,跟他们吃饭没有太多的讲究,一般选择中档餐厅就可以了,但务必要口味地道、环境卫生。菜肴的数量按实际就座的人数安排,冷菜加热菜的总量是人数的2倍就已经很丰盛了。如果只是三五个要好的同事小聚,一次点一个招牌菜、一个果腹菜、一个素菜、一个下酒菜,再点一个下饭菜,就能吃得心满意足,又不浪费。

如果双方关系足够亲密,不妨邀请他到自己家中,体验一回西方人的"家宴",经济实惠,环境肯定比餐厅要自由放松得多。对于双方来说,"家宴"更能让彼此加深了解,加深友谊。另外,可以带点水果、瓜子、糖之类的零食到办公室,在休息时分吃。

请下属吃饭

理由:给工作添点"润滑剂"

俗话说:"一个篱笆三个桩,一个好汉三个帮。"能力再强的上司,要把事业做得风生水起,也离不开下属的合作与支持。

很多中层,手中掌握的资源有限,不可能经常给员工加薪和升职,但可以利用手中现有的一点权力进行吃饭的"小恩小惠",以博得下属的好感,融洽人际关系,为工作增添"润滑剂"。

但是,在实施前你一定要找到一个合适的由头,否则,反倒会得到下属的抱怨,若反映在老板那里,更是吃力不讨好。

所以,请下属吃饭,要记得三个原则。

原则一:在保健因素没有到位之前,激励要素是没有用处的。

所以,在请下属吃饭时,你一定要适当给予对方鼓励,给其打打"兴奋剂",这样下属才能感受到你的良苦用心,从而更好地配合你的工作。

原则二:有些事情可以做,但不能说,更不能让别的部门的人知道。

原则三:真正宽容下属。如果下属之前曾与你产生分歧,甚至发生争执,只要他是一个可造之材,事后你可以请他吃饭缓解关系。你该适度进行一番自我批评,点明双方的争执是由于自己一时过于主观,你最好能以幽默缓解彼此的紧张情绪,体现人性化的一面,让下属明白你是个就事论事的人,决不会在背后做小动作,公报私仇。

(2)"曲线救国",难请之人从其家人或朋友入手

俗话说:"篱笆立靠桩,人立要靠帮。"本领再大的人,如果仅凭一己之力,势必寸步难行,事事难成。要办事就得求人,要成事就得借力。在社会竞争日益激烈的今天,求人与个人的生存发展更是密不可分。现今社会,提倡"人人为我，我为人人"，人与人之间的互帮互助，是共同走向成功的必要条件。而求人办事，少不了要请客吃饭。请客吃饭并不是问题，问题是如何请动对方。有的人磨破嘴、跑断腿，仍旧是上天无路，入地无门；有的人却是手到擒来，马到成功。区别就在于心眼是否活泛，手段是否高明，庙门找得准不准，路子走得对不对。对于那些难请之人，我们不妨采取"曲线救国"的方式，从其家人和朋友入手。

小刘大学毕业后，在家乡的中学教数学。但实际上，他是一个财务人才，却一直英雄无用武之地。后来，家人给他支了个招，让他找省城某些财务部门的领导，看能不能请他们帮忙想想办法。这办法是不错，但小刘又犯愁了，因为他哪里认识省城财务部门的领导。

"你的大学同学小张不是有很多这方面的朋友吗？找他问问啊！他肯定能帮上忙的。"妻子的一句话点醒了小刘。

与小张通完电话后，他们想出了一个办法。

这天，小刘来到省城的小张家，联络一下同学之间的感情。而小刘进门时，发现有客人在，就故作要走的样子。此时，小张说："你们俩都是我同学，一个高中同学，一个大学同学，既然来了，就一起玩玩，干吗走呢？"原来，那位客人是省城物价局的局长。两人在小张的介绍下，很快交谈起来，之后甚至变得亲热起来。饭桌上，几杯水酒下肚，小刘的话也就多了。后来，这位局长了解到小刘心中的苦闷，答应要帮小刘的忙。现在小刘已经是一家外企的财务部部长了。

故事中的这位物价局局长就是小刘命中的贵人，他改变了小刘的命运，而小刘的同学小张，却是对小刘起到间接帮助作用的贵人。从和贵人相识到对方出手相助，一切都水到渠成。可以说，如果小刘不通过自己的大学同学小张，而是直接邀请这位贵人，对方恐怕不会那么"爽快"。这则故事告诉我们，宴请之中，对那些难请之人，我们不妨利用"间接"人物的关系。

通常来说，如果我们与被请之人关系不熟或者对方有意拒绝我们的请求，那么，他们一般都会拒绝赴宴。这常常令我们很头疼。此时，为什么不尝试从对方身边的亲人和朋友入手呢？每个人都生活在一定的集体乃至社会中,无论是谁,都有自己的亲人和朋友。

但要成功"曲线救国",我们必须注意以下3个方面。

①要选对人

瞄准被请之人周围的某个目标人物是非常重要的,即使是"曲线救国",也必须物色好桥梁。对此,我们要对被请之人周围的某个亲人或者朋友的能力作一番评估,要充分考虑对方能否办得到。如果对方诚心诚意地向你表示爱莫能助,就绝不要去勉强,否则,既花了冤枉钱,又吃了哑巴亏。

②脸皮要厚

选定目标人物后,就要公关。你要做到投其所好,同时既态度诚恳,又不厌其烦。人家的门难进你也要进,脸难看也要看,最后将其拿下,为我所用。

③要舍得投资

"曲线救国"是一种间接投资,虽然不是投资在我们需要宴请的人身上,但这笔投资必不可少。即使投资不一定能成功,但不投资就一定无法成功。

智者一切求自己,愚者一切求他人。在异常复杂的现代社会中,能不能把人请动,把事办成,不是看你有多大的企盼和热情,而是看你用什么方法、什么技巧、什么手段。求人办事不可赤膊上阵,不可鲁莽行事,要多长几个心眼。对于难请之人,强攻不如智取!

3.有备无患——"十里不同俗,百里不同味"

邀请的时候,我们一定要注意各类人群饮食习惯的禁忌,以免出现错误,造成尴尬。

(1)华南地区的饮食特点

华南地区主要包括广东、广西、海南及港澳地区。由于"花草虫鱼,可为上菜;飞禽走兽,皆成佳肴",所以该地区居民几乎不忌嘴,食性普遍偏杂。在膳食结构中，他们每天必食新鲜蔬菜；水产品所占比重较高，尤为喜爱淡水鱼品和生猛海鲜；饮食开支大，烹调审美能力亦强。由于早起晚睡和生活节奏紧张，华南地区不少人有喝早茶与吃夜宵的习惯，一日三至五餐。

在这一带，"吃"具有比较丰富的社会意义，是人们调剂生活、社会交际的重要媒介。它不仅体现人与人之间的情感，有时还是身份、地位、财富的象征，故尚食之风甲于全国。

(2)华北地区的饮食特点

华北地区位于我国的中北部，包括北京市、天津市、河北省、山东省、山西省、内蒙古自治区。此处民风俭朴，饮食不尚奢华，讲求实惠。多数地区一日三餐，以面食为主，小麦与杂粮间吃，偶食稻米；馒头、面条、玉米粥、烙饼、素饺子、窝窝头，是其常餐。

(3)西南地区的饮食特点

西南地区位于我国西南边陲，主要包括四川省、重庆市、贵州省、云南省、西藏自治区。该地主食为大米和糯米，兼食小麦、玉米、红薯、蚕豆、青稞、荞麦、大豆、红稗和高粱。米制品小吃很有名气，米线鲜香，糌粑特异，糍粑、粽粑、荷叶包饭都用于待客。此处普遍嗜辣，"宁可无菜，不可缺辣"；大多喜酸，"三天不吃酸，走路打转转(不稳之意)"；肴馔具有平民的饮食文化色彩，价廉物美，"杂烩席"、"火锅席"风靡当地。

(4)华中地区的饮食特点

华中地区位于我国中部偏南，主要包括湖南省、湖北省、河南省，主食多为大米，部分山区兼食番薯、木薯、蕉芋、土豆、玉米、小麦、高粱等。鄂、湘的小吃均以精巧多变取胜；壮、苗、黎、瑶、毛南、土家等族，善于制作粉丝、糍粑和竹筒饭，京族习惯用鱼汁调羹。

(5)华东地区的饮食特点

华东地区位于我国东南部，主要包括上海市、浙江省、江苏省、安徽省、江西省、福建省、台湾地区等，以大米为主食，偶食面粉，杂粮很少，擅长炊制糕、团，其中宁波汤圆颇具特色。此处一日三餐，有荤有素，干稀调配。四时蔬果、鸡鸭鱼肉供应充裕，嗜好海鲜与野味，还有吃零食的习惯。

口味大多清淡(徽、赣两省山区和浙江沿海渔村偏咸),略带微甜,一般少吃或不吃辣椒、大葱、生蒜和老醋;有生食、冷食之古风,炝虾、醉蟹、生鱼片广受欢迎。餐食一般是菜、汤、主食结合的格局,饭碗小而菜盘大,餐具精致。

(6)西北地区的饮食特点

西北地区位于我国西北边陲,包括甘肃省、陕西省、新疆维吾尔自治区、宁夏回族自治区以及青海省。与其他地区相比,西北一带的食风显得古朴、粗犷、自然、厚实,主食是玉米和小麦,也吃其他杂粮,如小米、油茶与莜麦等。家常食馔多为汤面辅以蒸馍、烙饼或是芋豆小吃,粗粮精做,花样繁多。该地区的少数民族,肉食以羊、鸡为大宗,兼有山珍野味,而淡水鱼和海鲜甚少,果蔬菜品亦不多。

(7)东北地区的饮食特点

东北地区位于我国的东北部,主要包括吉林、辽宁、黑龙江等省。东北地区一日三餐,杂粮和米麦兼备,高粱米饭和黏豆包最具特色。主食还有窝窝头、饺子、蜂糕、冷面、豆粥和面包。蔬菜以白菜、土豆、大豆、粉条、黄瓜、菌类为主,近年来引进不少南方时令鲜菜,市场供应充裕。东北人爱吃白肉、鱼虾和野味,嗜肥浓,口味重油偏咸。制菜习惯用豆油与葱蒜,或是紧烧、慢煮,使其酥烂入味,或是盐渍、生拌,取其酸脆甘香。

附:民族饮食特点

中国是一个多民族国家,而各民族饮食风俗习惯也各异。

蒙古族的饮食特点

蒙古族主要聚居在内蒙古自治区,其余多分布在新疆、辽宁、吉林、黑龙江、青海等省区。蒙古族日食三餐,每餐都离不开奶与肉。以奶为原料制成的食品,蒙古语称"查干伊得",意为圣洁、纯净的食品,即"白食";以肉类为原料制成的食品,蒙古语称"乌兰伊得",意为"红食"。奶制品一向被视为上品。肉类主要是牛肉、绵羊肉,其次为山羊肉、骆驼肉和少量的马肉,在狩猎季节蒙古族人也捕猎黄羊。

蒙古族最具特色的菜肴是剥皮烤全羊、炉烤带皮整羊,最常见的是手扒羊肉。蒙古族人吃羊肉讲究清煮,煮熟后即食用,以保持羊肉的鲜嫩。喜食炒米、烙饼、面条、蒙古包子、蒙古馅饼等食品。每天离不开茶,除饮红茶外,几乎都有饮奶茶的习惯。多数蒙古族人能饮酒,多饮白酒、啤酒、奶酒、马奶酒。一些地区,夏天要过"马奶节"。节前家家宰羊做手扒羊肉或全羊宴,挤马奶酿酒。节日里,牧民要用最好的奶制品招待客人。

满族的饮食特点

满族主要分布在东北三省、河北省和内蒙古自治区。一般以稻米和面粉为主粮,喜在饭中加小豆或粑豆。有的地区以玉米为主食。东北满族大多有吃水饭的习惯,即在做好高粱米饭或玉米碴子饭后用清水过一遍,再放入清水中泡,吃时捞出。饽饽是满族的特色食品,各种黏饽饽是用黏高粱、黏玉米、黄米等磨成面制作而成的。含糖、油较重的"萨其马"是满族人喜食的特色点心。冬天,满族人常以在秋冬之际腌渍的大白菜(即酸菜)为主要蔬菜。满族人食用油以豆油、猪油和苏子油为主。肉食以猪肉为主,部分地区禁食狗肉。满族许多节日与汉族相同,逢年过节,均要杀猪。农历腊月初八,要吃腊八粥。除夕吃饺子时,他们会在一个饺子中放一根白线,谁吃着白线就意味着谁能长寿;也有的在一个饺子中放一枚铜钱或硬币,吃到便意味着有财运。

朝鲜族的饮食特点

朝鲜族主要分布在东北三省、内蒙古等地。喜食米饭,善做米饭。常食用大米面制成的片糕、散状糕、发糕等。常食"八珍菜"(用绿豆芽、黄豆芽、水豆腐、干豆腐、粉条、桔梗、蕨菜、蘑菇等制成)、"酱木儿"(用小白菜、秋白菜、大头菜、海带等制成的汤)、泡菜、辣椒。肉类以猪、牛、鸡和各种鱼类为主,普遍喜食狗肉。朝鲜族最具代表性的食品是"克依姆奇",即朝鲜泡菜及冷面、打糕、狗肉汤等。

朝鲜族人讲究礼俗礼仪,敬老尊客。在有老年人的家庭里,进餐时一般要为老人单摆一桌。全家人进餐时,不许在长辈面前饮酒吸烟。朝鲜族人注重节令,每逢年节和喜庆之时,要在菜肴和糕饼上用辣椒丝、鸡蛋片、紫菜丝、绿葱丝或松仁米、胡桃仁加以点缀。朝鲜族人注重根据不同季节调整饮食，如春天食用"参芪补身汤"，清明节必食明太鱼，伏天食用狗肉汤，冬天食用野味肉、野味汤和用牛里脊肉与各种海鲜制成的"神仙炉"。朝鲜族人喜欢一种以糯米饭酿成的酒——"麻格里"。

回族的饮食特点

回族在宁夏、甘肃、新疆、青海等省区较为集中，全国各地均有分布。由于宗教信仰，回民禁食、忌食猪、马、驴、骡、狗和一切自死动物、动物血，禁食一切形象丑恶的飞禽走兽。牛、羊、骆驼及鸡、鸭，都要经阿訇或做礼拜的人念安拉之名后屠宰，否则不能食用。有些严守戒律的人甚至非清真饭店不用餐。各地回民的饮食也有所不同。如宁夏的回族以米、面为日常主食，而甘肃、青海的回族则以小麦、玉米、青稞、马铃薯为日常主食。回族人常食的面点有馒头、锅盔、花卷、面条、烧麦、包子、烙饼及各种油炸面食。油香、馓子是各地回族喜爱的特殊食品，也是节日馈赠亲友的礼品。肉食以牛、羊肉为主，有的也食骆驼肉，食用各种有鳞鱼。回族讲究饮料，凡是不流的水、不洁净的水不饮用，喜欢饮茶和以茶待客。回族很注意卫生，凡有条件的地方，饭前饭后都要用流动的水洗手。多数回民不抽烟，不饮酒。回族的筵席讲究各种菜肴的排列，婚宴一般用8至12道菜，忌讳单数。宁夏南部盛行"五罗四海"、"九魁十三花"、"十五月儿圆"等清真筵席套菜。

维吾尔族的饮食特点

维吾尔族主要分布在新疆境内，饮食以粮食为主，主要有小麦、水稻、高粱、玉米、豆类、薯类等，肉类、蔬菜、瓜果为辅。其中以面食为主，喜食牛、羊肉。常食的主食有馕、羊肉抓饭、包子、面条等，烤羊肉串、烤全羊等菜品颇具地方特色。用小麦粉或高粱粉等制作的各种形状、风格的馕是维吾尔族最具民族特色的食品。维语称羊肉抓饭为"朴劳"，主要原料有大米、羊肉、胡萝卜、洋葱、葡萄干、清油等，因其营养丰富、色泽悦目、气味诱人，被俗称为"十全大补饭"。

维吾尔族人吃饭时，要在地毯或毡子上铺"饭单"，饭单多用维吾尔族的木模彩色印花布制作。长者坐在上席，全家共席而坐，饭前饭后必须洗手，洗后只能用手帕或布擦干，忌讳顺手甩水。吃完饭后，由长者做祷告。如果有客临门，要请客人坐在上席，摆上馕、糕点、冰糖等，夏天还要摆上一些瓜果，并给客人上茶水或奶茶。饭前要请客人洗手。吃饭时，客人不可随便拨弄盘中食物，不可随便到锅灶前去，一般不把食物剩在碗中，并注意不让饭屑落地，如不慎落地，要拾起来放在自己近前的"饭单"上。共用一盘抓饭时，客人不可将已抓起来的饭粒再放进盘中，吃饭或与人聚谈时，不可擤鼻涕、吐痰。吃完饭后，由长者领做"都瓦"（亦称"坡度尊鬼节"，旧时维吾尔传统节日），此时客人不能东张西望或站起，需待主人收拾完食具后，才能离席。

藏族的饮食特点

藏族主要聚居在西藏自治区，还分散居住在青海、甘肃、四川、云南等省。一般以糌粑为主食，食用时，要拌上浓茶，若再加上奶茶、酥油、"曲拉"（即奶渣，是打出酥油后的奶子经熬煮后晾干而成，若用酸奶或甜奶熬制则更香美）、糖等一起食用则更香甜可口。四川一些地区的藏族还常食"足玛"（即蕨麻，俗称人参果）、"炸果子"，以及用小麦、青稞去麸和牛肉、牛骨入锅熬成的粥。青海、甘肃的藏族也食烙薄饼和用沸水加面搅成的"搅团"，还喜食用酥油、红糖和奶渣做成的"推"。藏族喜饮奶、酥油茶及青稞酒。

藏族民众普遍信奉藏传佛教，藏历年"洛萨节"（汉族新年）是最大的节日。届时，家家都要用酥油炸果子，酿青稞酒。初一，年迈长者先起床从外边打回第一桶"吉祥水"；全家人按长幼排座，边吃食品边相互祝福；长辈先逐次祝大家"扎西德勒"（吉祥如意），晚辈再回敬"扎西德勒彭松错"（吉祥如意，功德圆满）；之后，吃酥油熟人参果，并互敬青稞酒。

苗族的饮食特点

苗族广泛分布在贵州、云南、湖南、湖北、广西、四川和海南等省区，以大米为主食，喜吃糯米食，常将糯米做成糯米粑粑。常食的蔬菜有豆类、瓜类和青菜、萝卜，肉食多为猪、牛、狗、鸡等。四川、云南等地的苗族喜吃狗肉，有"苗族的狗，彝族的酒"之说。喜好酸辣，一些地区"无辣不成菜"。广西隆林、田林等地用骨头、辣椒、食盐、生姜、酒加工而成、别具风味的"辣骨汤",是当地苗民最喜爱的调味品。各地苗族普遍喜食酸味菜肴,蔬菜、鸡、鸭、鱼、肉都喜欢腌成酸味食用。苗民好饮酒,其中"咂酒"别具一格,饮时用竹管插入瓷内;饮者沿酒瓮围成一圈,由长者先饮,再由左而右,依次轮转。酒液吸完后可再冲入饮用水,直至淡而无味为止。

壮族的饮食特点

壮族主要分布在广西壮族自治区,云南、广东、湖南、贵州等省也有分布,习惯于日食三餐,有的也吃四餐,即在中、晚餐中间加一小餐,早、午餐比较简单,一般吃稀饭,晚餐为正餐,多吃干饭,菜肴也较为丰富。大米、玉米是壮族的主食,肉食主要为猪、牛、羊、鸡、鸭、鹅等,有些地区还酷爱吃狗肉。壮族多自酿米酒、红薯酒和木薯酒。壮族的节日与汉族有许多相同之处,以春节为重。除夕晚,宴席上一定要有一只整煮的大公鸡,在壮族的习俗中,没有鸡不算过年。年初一喝糯米甜酒、吃汤圆,初二以后开始拜年,互赠糍粑、粽子、米花糖等食品。每年农历三月三日歌节吃妇女烧的五彩糯米饭。以糯米、去壳绿豆及干酱腌过的猪肉为主料制成的壮粽,尤其是广西宁明壮族春节时以斗米做成的"大驼背粽",是壮族独具特色和风味的食品。

壮族好客,凡有客至,必定热情接待。平时即有相互做客的习惯,比如一家杀猪,均请全村各户来一人,共吃一餐。壮族招待客人的餐桌上务必备酒,方显隆重。敬酒的习俗为"喝交杯",并不用杯喝,而是用白瓷汤匙。两人从酒碗中各舀一匙,相互交饮,眼睛真诚地望着对方。壮族筵席实行男女分席,一般不排坐次,不论辈分大小。按规矩,即使是吃奶的婴儿,凡入席即算一座,有一份菜,由家长代为收存,用干净的阔叶片包好带回家,意为平等相待。每次夹菜,都要由一席之主先夹最好的送到客人碗碟里,其他人才能下筷。

请人技巧
——将努力集中在一个方向上

一位企业家说："如果企图掌握好几十门职业技能，你就不会精通任何一门。万事通在我们那个年代还有机会施展，但是现如今已经一文不值了。"

饭局如此，做人脉也是如此。我们经常看到，一些人刚刚积累了一些人脉资源，但经受一点诱惑或者一点点挫折后就转换门庭，将自己长时间积累的全部资源弃之不用；而另一些人这边也想靠，那边也想利用，讨好了张三，又想着李四，结果张三李四都生气，自己还一无所获。

如果我们能把自己的努力集中在一个方向上，就足以使自己获得巨大的成功。

1.邀请的前提——请客者必须时刻保持主动

饭局前，我们必须搞清楚社会关系：老同学之间的聚会，男人一般是不能带着现任女朋友去赴会的；同行业间的饭局上是不能谈论自己单位或询问别人单位的内部机密的；企业谈判的饭局上是不能带着自己的家人或者朋友去赴宴的……而为了让客人清楚社会关系，应酬的邀请可谓十分重要。

(1)邀请需要有个程序，不可以杂乱无章

在安排一次宴会之前，你首先要对请的客人心中有数。一般每次的邀请，都有一个目的，或洽谈项目，或签订合同，或接风迎客，或饯行话别等等。

全球最昂贵的用餐礼仪课

按照常规,不宜把毫不相干的两批客人合在一起宴请,更不得把平时有芥蒂的人请到一起吃饭,以免出现不愉快的场面。

碰巧今天来了个客户,你就得考虑是赶三场还是选一场。如果其他方面都一样,人缘特别好的应该先喝;如果站在一个理性的、资本结构的角度,你应该跟背后社会关系总量大的人喝,因为他可以在较短时间内较快地扩充你的社会资本总量;但是按实际情况说,若这三个人里有个人是人缘不怎么好的,而他的亲戚在医院工作,你正急着给快生产的老婆找个好床位,这时候就得先跟他喝。

(2)邀请时必须保持主动

假定你为了替友人谋一份差事,去拜访某大公司的经理。你要明白一个原则:虽然你去见的可能是一个身份颇高的人,而且你有求于他,但是,他仍是被动的,你才是主动者。所以你要在程序方面作一些准备。

常见的准备方式有以下3种:口头邀请、打电话邀请、发请柬邀请。

①口头邀请的方式比较自然,常用于比较熟悉的亲友。你可在休息时间或平时的晚上,到被邀请者家中亲自邀请以示郑重。这种方式,不但可以让受邀请者了解赴会的目的,而且当时就可知道受邀请者是否有时间并愿意赴邀。

②打电话邀请的方式比较灵活。不论什么时候,只要主人有空就可以邀请客人。这种方式可节省亲自邀请的时间,也可以马上知道对方的意见。

③发请柬邀请的方式,一般用在举办较为隆重的宴会或受邀请者比较多的情况。为了确切掌握受邀者是否赴会,请柬后面可注明"盼覆"两字,并写清自己的通讯地址和联络电话号码。对不熟悉地址的人,请柬上可附带说明交通情况或乘车路线。请柬要提前一周至两周发出,以便受邀请人及早安排。

(3)可以从另一个角度发出邀请

一位公关人员负责陪同一位澳门华侨公司女经理在上海参观游览。上司关照这位公关人员,要设法款待这位女经理。结果,在参观游览城隍庙,经过饭店时,这位公关小姐向华侨女经理问了两次:"夫人,肚子饿吗?"

华侨女经理客气地摇摇头,两次询问都未成功。后来,出了城隍庙,公关小姐眼看女经理就要登车回宾馆就餐了,便换了一种说法:"夫人,早上出来,怕您等我,我没来得及吃早饭,只吃了两三块饼干,就来接您了,现在我倒饿了,请您陪我吃点东西好吗?"

华侨女经理听后欣然点头。

这位公关很有办法:求你不行,让你陪我总该给个面子吧!

俗话说:"请客不到,两头害臊。"我们平常办事时少不了会遇到这种情景——好容易办了一席酒,可惜请的人不到,少不了既丢面子又丢钱。

如果像这位公关员一样,从另一个角度发出邀请,客人大都会欣然赴邀。若即使如此客人也不应邀,你在他那里恐怕是什么事情也办不成了。

2.邀请的基础——请客者必须强调人情的珍贵性

中国有句俗话叫:"朋友多了路好走。"的确如此,我们希望在生活中遇到惺惺相惜的朋友,在工作中遇到志同道合的同事。但有时候,当我们需要请人吃饭,以获得对方的帮助时,才发现,我们与对方的关系其实很普通。如果直接邀请,会显得很突兀,让对方觉得我们是在谋求利益,而找理由拒绝;而如果采取一些"利诱"措施,成功邀请的可能性就会大得多。

比如,你可以告诉同事:"今天晚上我们公司的张总可是会来哦!"或者告诉朋友:"这次的晚宴我准备了很长时间,宴会后还有你喜欢的珍藏版动漫相送,你去不?"

北京某公司市场部经理最近决定拓展上海市场,他在上海有个朋友,能在这方面给他提供很多建议。虽说是朋友,但实际上,他们的关系只停留在大学阶段,大学毕业后,他们就没怎么联系了。这位经理不知道怎样才能把这位朋友请到北京来,好好地请他吃顿饭。后来,她的妻子给他支了一招。

这位经理想请这位朋友到仿膳饭庄吃饭。但在此之前,他给这位朋友讲了一个故事。

原来,这家饭庄已有数十年历史,这里的饭菜全是仿照清朝宫廷菜点的方法烹制的。饭庄的负责人通过调查发现,外国游客大都对皇帝的饮食起居怀有浓厚兴趣,于是决定以"皇帝吃过的饭菜"作为仿膳的特色,大张旗鼓进行宣传。他们搜集了许多关于宫廷菜点的传说和逸事,编成故事,让服务员背下来,在点菜、上菜时,加以介绍,生意一下子就变得兴盛起来。

一次,美国华盛顿黑人市长在这里举行答谢宴会。席间,服务员端上一盘点心,彬彬有礼地介绍说:"慈禧太后夜里梦见吃肉末烧饼,第二天早上碰巧厨师为她准备的正是肉末烧饼,她高兴极了,认为这正是心想事成、吉祥如意的象征。今天各位吃的就是当年慈禧太后'梦寐以求'的肉末烧饼,愿大家今后事事如意,步步吉祥……"

一席话把美国客人逗乐了。华盛顿市长高兴地敬了服务员一杯酒,说:"下次来北京,愿再来你们这里做客!"

这位朋友听了这个故事后,立即对这家饭庄感兴趣起来。为了见识这家饭庄的特色,他决定接受老朋友的邀请,来北京看看。两人在这家饭庄见面后,又像回到了大学时代,相谈甚欢。后来,这位经理水到渠成地得到了朋友关于拓展市场的宝贵建议。

是什么吸引了这位经理的朋友,让他愿意接受邀请呢?

是一道与宫廷故事有关的点心。可见,邀请他人时,"好奇心"也是我们"利诱"的一个方面。

那么,我们该如何"利诱"普通朋友和同事来饭局呢?

(1)找到对方最关心的问题,进行"利诱"

不同的人,关心的问题不同,能对其起作用的点也就不同。也就是说,我们进行"利诱"时,要分清对象。比如,对于重视其他赴宴者的人,我们可以告诉他饭局上有名人、有某个权威、有某行业的精英或者有对方特别崇拜的人;而对于喜欢占小便宜的人,我们可以告诉他饭局后有特别节目有礼物赠送或者有机会到某处去参观等。

(2)"利诱"的条件应属实

如果普通朋友或同事因为我们的"利诱"来赴宴,那么当他们发现我们的承诺并不属实时,自然会心生不悦。这样,我们宴请的目的就很难达到了。

当今社会,人脉的作用已是举足轻重,而人脉的海洋需要每一滴水的汇入,这需要我们用真心尽量交更多的朋友,让友谊为我们所用,真正做到"朋友多了路好走"。

"动之以情",令他人盛情难却

人际关系对于每个人的重要性已经毋庸置疑,但我们更要明白,饭桌对现代交际的重要性。对于邀请我们除了要诚心外,还必须做到"以情动人"。尤其是关系不深的双方,必然会产生一种心理戒备,而人与人之间,正是因为有这种戒备,才会让彼此之间处于绝缘的状态。我们只有打开心扉,说些动情的话,才能打破这种局面。热情能化解交际双方的心理隔阂,融化双方的心理冰山,让对方心甘情愿地赴宴。

如果我们在邀请他人的时候,摆出一张冷冰冰的脸,那么给人的感觉只会是无礼和傲慢,对方怎么会愿意主动参加饭局呢?

那么,我们该怎样以情动人呢?

(1)说话饱含感情

说话饱含感情,指的是我们在邀请别人的时候,必须要表达出我们对对方如约应邀的渴望。"希望您届时参加我们的晚宴。"这句没有感情色彩的话,如同一束没有生命力的塑料假花,虽然非常美丽但缺少活力,不鲜活动人。要想饱含感情我们可以说:"如果您今天晚上不来,那真是一件遗憾的事,我们的老领导都不在,整个晚宴肯定会大为失色。"

(2)表达真诚

一个说话真诚的人,更容易让人相信、亲近。那些冠冕堂皇、虚情假意的话怎么能让人产生亲近感?因此,即使你所邀请的对象在身份、处境上都不如你,你也需要说话真诚、发自肺腑,才能打动人心。

(3)站在对方的角度说话

我们邀请对方,如果与对方对话时多从沟通的角度出发,多一点儿将心比心的理解,多说一点儿善解人意的话,那么,就容易引起对方的共鸣。比如,当对方准备拒绝你的邀请时,你应感情真挚地表达自己的理解,说:"我能理解,您的工作太忙了,每天要处理很多的事,但今天是我们这些下属为您庆生……"假如你表现得漠不关心,对方是不会答应你的邀请的。

无数的交际经验告诉我们,邀请他人的时候,一定要动之以情,让对方盛情难却,这样一来,我们的邀请算是成功了。

3.邀请的砝码——请客者切勿忽略"陪同"

请好"主要客人"是分内之事,难得的是把"陪同者"也应酬到位了。

比如你为了扩展自己的人脉或者办某些事情要宴请自己不认识的人时,陪同者就是你与被请者的桥梁和纽带,他们的能力也许不如"主要客人"那么大,但是成事败事,他们的态度也是一个砝码。

退一步说,他们自身的资源就相当于一个平台。有了平台,你才能上个台阶,够得着你想攀上的人。

在中国的官场或者任何一个圈子里,历来都存在着许许多多关系网。这些网,或以亲属关系编织,或以领导部属旧关系编织,或以行业、乡里、情谊等关系编织,重重叠叠,密密麻麻,无所不包,处在这个关系网核心的,便是那个掌握着最高权力的人。

这张关系网,对于不熟悉它的人来说,是通向官场的一道屏障,而对熟悉它、善于利用它的人来说,却是通向显贵的一条捷径。

很多时候,烧香也见不了"真神",如果这时你对那些"引见者"接待不周,攀附不力,他们有本事让你一直在外围徘徊,永远接触不到核心。

所以一些人情练达的办事者,都是先从一些铺路搭桥的人身上做文章,把他们应酬好了,没办法的事也能找出办法来。

唐朝时,杨贵妃虽然是个集"三千宠爱于一身"的人物,倒也不招权揽势,不接受别人的谄媚。可是一人得道,鸡犬升天,她的几个兄弟姐妹因她而成为皇帝驾前的红人、朝廷的新贵,成了其他大臣巴结的对象,其中,杨国忠捞到的便宜最多。

杨国忠原名叫杨钊，国忠这个名字是后来唐玄宗赐给他的。其实他和杨贵妃的关系并不很近，只能算是个没出五服的兄妹。他原先是个无赖、赌徒，家族里的人大多看不起他，而他穷得连饭都吃不上，靠着四川富豪鲜于仲通的周济才勉强活下去。没料到杨贵妃一受宠，他也跟着时来运转。

有一次，剑南节度使章仇兼琼对鲜于仲通说："皇上对我很是厚爱，可是如果朝廷卫没有内援，必定会遭到宰相李林甫的攻击。听说杨贵妃新近被皇上所宽幸，还没有人去依附她。你要是能替我到长安跑一趟，和她家拉上关系，我就没有什么危险了。"鲜于仲通说："我是蜀地人，从来没有去过京师，就怕坏了大人的事，我这里倒是有一个合适的人。"

于是鲜于仲通把杨国忠介绍给了章仇兼琼。章仇兼琼立即接见了杨国忠。看杨国忠长得还一表人才，说话也应答敏捷，章仇兼琼十分高兴，立即将他留下来作自己手下的一名属官，对他格外亲切。不久，章仇兼琼便派他护送丝缎贡献给京师，并于临行时对他说："我准备了一点菲薄的礼物在郫县，算作你的盘缠，你从那儿路过时就取走。"

当杨国忠到郫县时，章仇兼琼的亲信早已等候在那里。章仇兼琼送给他的东西绝不菲薄，都是蜀地精美的土特产，价值数万之巨。杨国忠大喜过望，携这批物品，昼夜兼程，来到长安，将物品分赠给杨氏兄弟姐妹，并说："这是章仇兼琼先生送给大家的！"

于是，杨氏兄妹有机会便会在玄宗面前夸赞章仇兼琼，并将杨国忠引见给唐玄宗。这样，章仇兼琼的权势保住了，杨国忠也接近皇帝，迈出了他政治生涯的第一步。

TIPS:饭局必不可少的几种人

设局的人

骤然接到请吃饭的电话，即便对方直白地说"我请你吃饭"，你也千万不要以为打电话的就是设局之人。或许他也是受人之托出面邀约，而其幕后才是真正设局之人。

设局的人如果出现在饭局中，需要局中人察言观色才能辨别清楚：他只与局中最关键的人频繁推杯换盏，与其他人可能一杯带过。他率先谈起的话题，往往是局主熟知的，因为他要拉近彼此之间的距离。倘若设局之人与局主本就熟稔，其间则不乏嘘寒问暖，甚至饭局中众多的其他角色会因此省掉，而饭局也因此呈现出另一种生态来。

如果在饭局当中，有局托儿为不在局中之人谋事，显然，没有出现的人才是这场饭局真正的设局之人。中间的奥秘，着实费思量。

局托儿

邀约饭局之人，往往就是局托儿。饭局无托儿，气氛往往难以活跃。因此，局托儿是设局之人在确定局主之后最为关键的环节。

首先，局托儿要与局主和设局的人均比较熟悉，否则难以"托"起整个饭局；其次，局托儿的身份一般不能高于局主，否则会喧宾夺主，同时，局托儿的身份又要与整个饭局的内容基本匹配，要不然，相互之间难有共同的话题，从而影响到整个饭局良好的氛围。

对局托儿的要求还有：此人酒量可观，能够应付整个饭局的考验；口才不错，涉谈话题均能说上一二，插科打诨总能让气氛不致清冷；更高一点要求是，局托儿与局主的关系不错，这样饭局之后，所有之事自然迎刃破解。

由此可见，设局容易，局托儿难得。若有个好的局托儿，饭局没开，设局人的目的甚或能够率先达到。

局主

一般情况下，局主比较好辨认：坐在"主席台"的便是。精明之人在点菜时，就能判断出谁是局主：每每被询问某菜是否合适的人，往往就是此局的重点招待对象；有时点菜人会说，他喜欢什么口味、什么菜，一定要点上，那个"他"便是明确无误的局主。

在饭局中，局主的调度更是如同命令——他能为设局的人处理某些事情，因此在饭局中拥有独特的地位。

当然,如果局主因为饭局难堪,那基本上可以说那是一场鸿门宴。心有余而力不逮、赶鸭子上架之类的局主也经常会出现在饭局中,这便是饭局的复杂所在。

局精

所谓局精,如果单从一场饭局中来看,插科打诨较多者就是此类人;从饭局的普遍性上来看,局精经常出没于各类不同性质和内容的饭局之中,身份无非是"局托儿的托儿",即受局托儿邀请,听局托儿调遣。因其频繁流转各类饭局,久练成精,因而得名。

每场饭局中,局精的数量视必定人数多少而确定。局精太少,局托儿就会太累;局精过多,则会显得过于喧闹,让饭局偏离主题。优秀的局精,总能恰到好处地把握设局之人和局托儿的节奏,在饭局出现的空档时起到"填空"的作用。

局奴

最辛苦的人莫过于局奴。

任何饭局,局奴总是喝酒陪客的主要角色。无论是局主,还是设局的人、局托儿、局精,都能对局奴发号施令。某些时候,局奴可能会在饭局终了之前消失,此时,他一定是在服务台前为设局之人埋单。

饭局新鲜人

顾名思义,饭局新鲜人就是刚出入饭局不久的新人。在饭局中,他们不如局托儿老练,没有局精的圆滑,同样也没有局奴那样的辛苦。与局精相同的是,他们进入饭局往往是受局托儿所约,因为他具备成长为局精乃至局托儿的潜质。

饭局新鲜人经常出一些状况,比如言行失态、喧宾夺主,甚至无意搅局,没办法,这就是成长的烦恼和代价。

有迹可循
——让你的邀请不被拒绝

现实生活中,我们在请人吃饭的时候经常会碰到这样的钉子:和对方聊得很投机,原以为对方会爽快地答应自己的邀请,但我们一开口,对方就拒绝了。此时,大多数人会很沮丧,甚至手足无措。其实,出现这种问题是因为我们不善于心理暗示,不懂得为下一次的交流找借口。

1.态度要端正——抱着应付的态度,基本上是请不到客人的

被拒绝是一件令人沮丧的事情,尤其对商务人员来说,它往往意味着,为成交而进行的大量前期准备工作和说服工作付诸东流,功亏一篑。

一些人经不住屡遭拒绝的打击,最终放弃了宴请。

其实,宴请被拒绝并不可怕,关键是要有一个正确的态度,并掌握一些克服沮丧情绪的心理技巧。

我们首先要分析一下,这个宴请、这个饭局到底值得不值得?心理学上的不值得定律,最直观的表述是:不值得做的事情,就不值得做好。

这个定律似乎再简单不过了,但它的重要性却时时被人们疏忘。

不值得定律反映出人们的一种心理:一个人如果从事的是一份自认为不值得做的事情,往往会保持冷嘲热讽,敷衍了事的态度。工作成功率小,即使成功,也不会觉得有多大的成就感。

例如,在一家大公司,如果你最初做的是打杂跑腿的工作,你很可能认为是不值得的,可是,一旦你被提升为领班或部门经理,你就不会这样认为了。饭桌上也是这样,你若是觉得"不值得",抱着应付的态度去请,基

本上是请不到人的,就算对方勉强来了,也未必吃得高兴。

总体而言,布置值得的饭局要考虑以下问题:

(1)有动机和目的吗?

宴请动机表现为人的预期的目的、愿望、要求、兴趣等。宴请动机所指向的目标可能是物质的,也可能是精神的。由于每个人的个性心理特征不同,所以每个人的宴请动机也不同。在现实生活中,宴请动机可能是宴请主客双方都非常明确的,较易为他人所察觉和了解的,也可能是宴请主体自身不明确或对他人非常隐匿的。例如,有时出于某种原因,我们有可能掩饰自己真实的宴请动机。

在通常情况下,宴请动机与宴请理由是一致,例如有朋自远方来,要请客吃饭;多日不见的朋友聚餐;朋友请过你,你想投桃报李;事办成了,感谢对方给予的帮助;庆贺做成一笔新的交易,等等。

钱钟书在《吃饭》一文中说:"吃饭有时候很像结婚,名义上最主要的东西,其实往往是附属品,吃讲究的其实不只是吃菜,正如讨阔佬的小姐,宗旨倒并不是在女人。"在请客吃饭的行为中,一般说来动机与理由是一致的。但有时理由相同,动机不一定相同;有时动机相同,理由又不一定相同。

比如节假日,许多人在餐馆饭店办酒席请客,动机就不一定相同;同样是因喜事而设宴请客,动机也不一定相同,有的纯粹为了喜庆祝贺,有的则可能还有其他目的。再比如,你想交女朋友,开门见山地直接提出邀请,说出自己的目的:"李小姐,你真漂亮,我想和你搞对象,咱们一块去吃饭吧?"人家去吗?

(2)能满足我们的某种需要吗?

请客吃饭本身是一个过程而不是目的,为请客而请客的行为是不存在的,人的任何交际活动都是有特定的动机推动的。换句话说,请客吃饭是为了满足某种需要,即使是在餐馆里闲聊时的东拉西扯,也有解闷、打发时间的目的。

(3)能让我们看到期望吗?

为什么你的宴请理由被拒绝?如果还有希望,就不要放弃,分析一下对方拒绝的理由：

大多数人会留恋家中的饮食。

宴请的理由不当。比如，你想和某人处朋友，开门见山直接对他提出邀请，说出自己的目的，人家肯定不去。

与被宴请者的关系一般。在未建立成熟关系前，请来对方的难度较高。

陪客中有与对方有矛盾的人。

对方认为请客吃饭是"吃人嘴软"……

我们要正视拒绝，要有心理准备，要确立宴邀成功的自信心，在被拒绝时也能泰然处之，妥善处理。不要把失败看成是失败，而要把它看成是一次学习的机会，一次发挥幽默感的机会，一次实践和完善素质的机会。相信自己，一定能请出对方。

2.学会"吊胃口"——铺好后路，早晚使之赴约

被拒绝是常有的事，但如果我们懂得铺垫，在交谈的时候铺好后路，比如，不把话说满，吊足对方的胃口，那么对方自动上门是情理之中的事。

小王奉上司之命，和另一公司谈合作之事。他准备请这家公司的总经理吃顿饭，但这并不是一件易事，因为对方工作繁忙，需要处理的事情很多，又怎么会为自己腾出时间呢？

这天，小王从这家公司回来后，上司问他邀约的情况。还没等他开口，上司就说："没事，小王，我知道你尽力了，这的确是一件难办的事。"

"不是这样的，您放心，今天晚上您准备晚宴吧，我保证他会准时参加的。"

"你这么有信心？"

"是的。"

"发生了什么事，可以告诉我吗？"

上司对这件事充满了好奇，于是小王将拜访这位总经理的过程叙述了一遍。

一天，小王敲开门，走进对方公司张总的办公室并说明了来意，但很快他就被正在忙碌的张总拒绝了。当时，张总正在处理另外一件事。小王并没有离开，而是在张总办公室等张总忙完。他静静地坐了下来，观察了一下张总的办公室：在张总的办公桌后有一个很大的书柜，他隐约看见这些书柜里摆放了很多书，然而最显眼的还是那张身穿军装的照片。

实际上，小王已经听说了，这个张总以前当过兵，而且曾得过全国射击冠军。这时，小王的心头涌上敬意，因为他也很喜欢射击，只是水平不高。

当张总忙完以后，小王对张总说："张总，您以前在部队？您的事迹我听过一些，很让人敬佩，您是博士又掌管着这么大的一个公司，国内像您这样的总经理可不多啊！"

张总一听，立刻哈哈大笑："哪里哪里，过奖了……"于是，张总开始讲自己以前的故事，眼神中充满了骄傲。很快，他们又聊到了射击，小王说："听说您还得过全国射击冠军，真是了不起！我也一直很喜欢射击，周末没事就去练习一下，可是一直不得要领，要是有您的指点，该有多好啊！"

"指点谈不上，倒是可以交流一下经验……"张总谦虚地说。

"您看，现在都过了下班时间了，也耽误您很久了，您看这样好吗，今天晚上，我准备了一个小型聚会，很多朋友都会参加，您要是有时间也过来吧……"

小王简单地说完后，便离开了。

最后张总来赴宴了，这笔生意也很快就谈成了，而小王和张总成了知心朋友，两人经常一起打球、射击、喝茶、畅谈人生理想。

小王是聪明机智的。在邀约被拒后，他并没有沮丧，而是静静地等待、细心地观察，当对方有空时，通过满足对方的心理需求，肯定对方的能力和充满荣耀的历史，来拉近和对方的距离。如果在被对方拒绝后，小王就放弃了继续说服的工作，那么，估计他不会如此顺利地邀请到对方。

现实生活中，被邀的人往往觉得我们"无事不登三宝殿"，因此，为了避免给自己找麻烦，多半都会拒绝我们的邀请。此时，我们该怎么做呢？

(1)请教法

故事中的助理小王利用的就是这种方法，他向对方表明自己爱好射击，但却水平不佳，让对方甘为己师。我们要记住，这只是一个借口，我们所要求助对方的事情，对于对方来说，应是举手之劳之事，否则，对方只会拒绝。比如，你向对方请教一个简单的学术问题，对方会欣然答应，但如果你缺一大笔钱，找对方借，人家只能表示无能为力了。

(2)助人法

生活中，男性追求女性的时候，一般会不遗余力地帮助对方，就是这个道理。鲍尔默曾经说过："责任感，就是成就神话的土壤和条件。"你经营人脉时，什么才是最重要的呢？答案很简单，就是主动地尽你所能地帮助别人。邀请他人同样可以利用这个方法，当他人对我们心存感激时，自然会答应我们的邀请。

(3)话题遗留法

这一方法需要我们把握好双方交流问题的进程，是一种"吊胃口"的办法。当你和对方聊到兴头上时，你可以"偃旗息鼓"，主动寻求对方的联系方式，然后对他说："真不好意思，我临时有点事，您看今天我们没聊尽兴，要不下次我做东，找个地方好好聊，您看行吗？"这样诚恳的请求，一般不会被拒绝。当然，值得强调的是，你一定要确保你们的话题足够吊起对方的胃口。

本章链接:世界各国的美食习惯

美国:单调

美国人吃饭很单调，一年到头，吃的总是那一两种饭菜。即便设饭局请客吃饭，也无非先喝一杯冰水或者一碗汤，然后享用沙拉，接着开始品尝主菜:牛排或牛肉饼，主菜完后吃水果，不饱的话，会再加份甜点。

俄罗斯:酒的代名词

俄罗斯人的饭局不太讲究菜的质量和多少，只要有酒喝就行。喝口酒,吃口面包,再来一小口奶酪,就是一桌绝佳的饭局。饭局开始,每人首先倒上一杯伏特加,一齐干了。之后一般不劝酒,各人按自己的酒量随意酌饮。

日本:吃不饱

日本人自称为"彻底的食鱼民族",在他们的饭局上,生鱼片象征着最高礼节,但客人不能放开肚皮吃,因为菜的数量极少。不过这个"礼仪之邦"对待饭局的态度却是非常真诚的,这表现为他们一贯很守时。

新加坡:谨慎

新加坡人对饭局持非常谨慎的态度,一般不会邀请初次见面的客人吃饭。新加坡人喜欢清淡,口味微甜,饭局上常有炸虾、香酥鸡、番茄白菜卷、鸡丝豌豆等风味菜肴。赴饭局时,客人通常要随身携带一份礼物,因为新加坡人有赠送礼物的习惯。

德国:肉和酒的天下

德国人的饭局是名副其实的"大块吃肉、大口喝酒"。饭局上的菜大部分都是肉制品,主菜就是在酸卷心菜上铺满各色香肠及火腿。小山一样的肉食,一个德国人可以不动声色地吃完。

爱斯基摩:随意取食

爱斯基摩人好客,但串门不用敲门,进了门,食物随便吃。有时,谁家有特色美味,还特地花钱出广告,愿者可事先打个招呼,前往品尝鉴赏。

西班牙:聚餐祈福

西班牙的莫洛尔几纳地区把每年的1月17日定为当地的口福节。从晚餐开始,每家带一份自己烹制的食品来到篝火旁交换品尝;半夜,大伙围着篝火吃淡米饭、喝鳗鱼汤、吃鳗鱼肉馅饼;凌晨,大家在篝火堆烤香肠,一圈火堆有多长,香肠就有多长。天亮,太阳初升,大家一同享用,象征美好的生活地久天长。

【B 篇】

舌尖上的学问——吃什么

民以食为天——中国人向来把吃饭这回事看得重大。大家普遍认为,餐桌是最能体现一个人素质与修养的地方,是应酬交际的重要媒介。

餐桌如战场,餐饮无小事,宴请中的任何一个细节都不容忽视。怎么点菜?怎么吃?吃相如何?怎么巧妙拒酒又不得罪人……

这些听起来仿佛是有意识的选择,但是这些选择其实早就根植在你的个性中了。

第一章

菜单在前，心思在后
——点菜的规则和潜规则

在中国，似乎有个约定俗成的规矩——要办事就得吃饭。

但这饭也不是好吃的，毕竟出席的众人，有不同的饮食习惯、饮食禁忌、饮食偏好等，可谓众口难调，你需要顾及桌旁的每个人。点菜也是一门均衡舌头、面子和钱包的艺术，什么时候铺张，什么时候节俭，什么时候奢侈都有讲究。

所以，点菜往往是老板身边得力助手不得不修的一门学问。好的菜谱是宴席成功的开始，一组不管不顾、不合时宜的菜谱则会把事情搞糟。没有用心修炼过这门艺术的，要么钱花得不少，客人却吃的不满意，剩一桌残羹冷炙；要么盆干碗净，大家还没吃饱；要么最后埋单时候，瞪大眼睛，心在流血……

只有把这些看似没有章法的原则吃透，点菜这件看似不起眼的小事才能让众人皆满意。

谁来点菜
——分清场合选对人，尊卑主次有讲究

在众人聚集的饭桌上，由谁来点菜成了一个重要的问题。假如你"独

揽大权"，很可能抢了"该点菜之人"的风头，甚至遭人记恨。

小张是公司公关部新来的职员，刚刚大学毕业，入职不久。有一次老板举办重大的宴请，公关部的其他同事都出差到外地执行一个大型的庆典活动，只剩她和几个没有经验的新职员在总部做通联工作。没有办法，老板只好"火线征兵"，带她出席。

赴宴前，小张就告诉自己：一定要镇定，这是自己来公司的第一次饭局，不可出丑。

一行人来到市内有名的一家餐馆，兴致勃勃地落座。正巧，这家餐馆小张以前来过几次，虽然只是和朋友来吃，但也摸透了它的几个招牌菜。

之后一个客户笑呵呵地说"让这个初次见面的小美女点菜"的时候，小张谦虚地说："呵呵，这么多吃惯山珍海味的大老板在场，我可不敢替大家的胃口做主。"

一句有礼貌的俏皮话，逗得大家哈哈大笑，客人们更是执意让服务员把菜单给小张。小张不好推辞，看了一下饭桌上的人：从谈天中可以看出有两个四川客户、两个广州的客户，其他的都是当地人。

于是，小张点了一桌大杂烩——南北方名菜一应俱全。做主点完菜，小张请服务员给大家报了一下菜单，并且挨个询问客人有没有什么想加的菜。

等候上菜时，大家都在谈天说地。小张明白：讲笑话没问题，但讲到原则性笑话的时候自己还是不要多语。于是，她只负责随声附和，并不停地给大家添茶倒水。

菜上来了，一桌人边吃边聊，从股市暴跌讲到商场让利，作为陪客，插嘴是必须的，否则人家会以为你木讷，不大方。平时就喜欢看美食节目的小张，发现有些冷场的时候，就讲解一下菜品的口味和渊源，专业美食家一样的点评，令大家刮目相看，准备在本市多留几天的客人，还真诚地请她推荐几家味道独到的馆子。

一顿饭吃完，大家交口称赞道："今天饭菜的味道真不错。"

自觉脸上有光的老板，第二天就把小张从公关部调到总裁办公室。

新人小张做得很好,尤其在点菜这个环节上:虽然她摸透了这家饭店的几个招牌特色菜,但当客人和老板把菜单传给自己时,她仍然谦虚地推辞了,这是一种礼貌的表现。而菜单再次传给自己时,她才不失礼貌地答应点菜。现代社会,谁都无法估量一次完美的饭局的能量,而在这样重要的场合表现出色,自然晋升有望。

吃饭谁点菜这个问题比较讲究,要看你请的是谁,被请人的身份地位,以及你们的利益关系。利益关系、身份地位不同,点菜的方式也各不相同。

具体来说,有几点要注意。

1.今天我做东——一定要主动拿菜单

自己请客,一定要主动拿菜单,先给客人推荐这里的特色菜。这个作法比较关键,因为你请客,那么你理所应当尽地主之谊,点什么是什么。客随主便,这个道理大家都明白。当然,你按照自己想法点好菜后,必须把菜单交给客人,说说诸如"我点了一些这里的特色菜,您看看菜单,还有什么想试试的"或者"不知道您的口味,我就斗胆代劳了,您再研究一下菜单,挖掘几个好菜,我也跟着饱饱口福"之类的话。

当然,这里我们需要注意以下几个问题。

首先,请客前尽量了解对方的饮食习惯,如果是外地客人,你要了解对方长年生活在哪个地域。如果此人生活在四川,能吃辣,那么你请客的时候一定要有一些川味的菜,这样不仅可以使对方产生亲切感,可以让对方点评一下菜的口味,从而多一些话题。

其次,请客时要多去一些有特色菜的餐厅。客不能白请,至少要达到一定目的。如果是外地客人当然要请吃一些本地特色菜,如是本地客人可请他们吃一些外地特色的东西。对此,你要注意了解客人是否有宗教种族信仰。

如果你请的是一些本地的或是地位比较高的人,应该谁来点菜?你可以拿到菜单后推让一下,如果对方再推回来,你就不要再推了。

总体来说,很少有客人点菜的情况,除非是特别熟悉用餐地点的客人。如果客人说"这里我经常来,这家的海鲜味道很不错",那你就应该主动让客人来点菜,或者点客人指明的菜。

就中餐而言,一个好的主人,在点菜时要注意以下几个方面:

(1)菜的份量

请客吃饭,务必要使之吃饱,点菜时你可以参照不同餐厅菜的份量适当调整点菜数量,一般来说可以点就餐人数1/3到1/2的凉碟,点就餐人数1.2到1.5倍的热菜(含汤)。

女士、儿童比较多的情况下点菜量适减,青壮年男性较多的点菜量适增。

邀请领导或贵宾的话点菜量适多,避免出现台面菜品较少或者席间菜品不够的情况。

平常的朋友、家人聚会应该控制点菜量,吃出特色和美味,避免浪费,菜品不够的话可以另增。

(2)菜的品种搭配

每家饭店都有自己的特色菜,每个人都有自己的口味,怎样点出一桌搭配合理、色味俱佳的菜肴直接关系到点菜的成功与否。

菜品搭配要从菜肴品种、烹调方式、色泽、食器等各方面入手。

就菜肴品种而言,最基本的就是荤素搭配,凉碟可以荤素对半,热菜宜荤味占60%,开口汤或者瓦罐应选择味重的以开胃,餐后汤宜选择味清的以收食。

点菜时先把凉碟配齐,然后点热菜,最后根据所点菜品和客人的饮食习惯点汤、主食,还可以点一到两道例菜,人均一份。

点菜、酒水首先要征求客人的意见,对客人表示尊重,但客人基本会说"客随主便",此时主人不应过于推托,要勇于承担点菜的重任。

在烹调方式上,以烧、炒为主,兼以炸、炖、蒸等菜肴。你可以点一道大厨现场烹制的菜品如锅烧系列等,美观耐看,也能提高用餐者对餐饮文化的注重。

色泽搭配比较直观,现在点菜基本都使用配图菜单或者明档点菜,可以直接看到菜的形状和色彩,我们要尽量多点色泽艳丽或凝重的菜品,避免出现色泽肮脏污浊的菜。上菜摆盘时服务员会根据菜的种类、色泽合理布置。在出现问题时,比如同一色系的菜摆在一起时,我们应提醒服务员进行调整,优异的色泽搭配可令整桌菜看起来琳琅满目、色彩缤纷,大大提高美食的观赏性。

食器的搭配比较简单,以碟盘装为主,兼以铁板、砂锅、烧锅(锅仔、干锅、吊烧)、木桶、碗装、竹制等,需要提醒的是:有一次出去吃饭,一位朋友点上来的菜有六七个是小砂锅装的,虽然菜品不一样,但食器过于单调,也不可取。

(3)看人点菜

"请什么人,点什么菜",虽然不一定合理,但还是需要注意的。

邀请领导、贵宾要至少点一道大菜,至于大到什么程度由自己确定;家人、朋友之间的聚会以朴素、口味为主,反对铺张浪费。女士、儿童比较喜爱甜食,老年人避免大油荤,糖尿病患者不可吃甜食。

以上只是点菜时的泛泛之谈,大家要敢于点、要多点,不断地积累点菜经验,不要怕点错菜,才会成为点菜界高手。

TIPS:十人实点菜单

最后再以十人为例,推荐一下实点菜单:

凉碟四道:荤素各半,荤碟中至少有一道卤味。

热菜十三道:饭店特色推荐菜两道、水产品两道、甜品一道、牛羊肉菜品一道、豆制菜品一道、锅系一道、蒸煮系一道、素炒(含小炒)三道、例菜一道。注:菜品宜有一到两件为禽类。

汤(含瓦罐)一道:明确开口汤还是餐后汤。

主食两道:固体食物(饼类、馒头、特色主食)一份,汤煮食物(稀饭、水饺、菜泡饭、汤下面食)一份,上米饭的话要配开胃小菜。

最后，记得让饭店在餐前或餐后上果盘一份。

2.应邀赴饭局——点菜之前最好先"看看"

总体来说，点菜多半是主人负责的，如果你不是主人，最好不要越俎代庖，大大咧咧地拿起菜单把自己想吃的点个遍。

作为客人，也要掌握一定的点菜技巧，在点菜时，注意以下几点。

(1)不要爱吃什么尽点什么

点菜除了要考虑口味偏好，还要考虑菜肴搭配。一桌饭菜主要是由汤、热菜、凉菜三大块组成，而原料无非是肉类(畜、禽)、海产品(鱼、虾、蟹)和蔬菜三类。这六要素缺一不可，而且必须合理排列组合，避免同一要素重复。假如六人吃饭，一般可点三至四个冷碟，三至四个炒菜，加一个大菜一道汤，一至两个点心就足够了。菜肴应强调荤素、浓淡、干湿、多种烹调方法搭配，原料尽量不重复。比如，汤选择了老鸭煲，热菜和凉菜就可以偏重鱼或者蔬菜为主要原料的菜品；如果选了一款鱼汤，就没有必要再点鱼类或其他海产品。即使你再喜欢糖醋类菜品，点了糖醋鱼，也别再选菠萝咕噜肉……

(2)不要只注重点菜单上推荐的特色菜

如果你不知道点什么菜，就选择一个餐厅推荐的特色菜，其他看自己的口味而定，否则一桌会是一个系列和口味的菜肴(比如麻辣菜肴)。从饮食消费心理分析，每次就餐有一至两个菜能给你留下美好的印象，你就会有满足感。不要指望所有的菜都会给你留下深刻的印象。

(3)对价格要心中有数

点菜时怕宰是客人的普遍心理。点菜时，你可以掌握一个原则：除蔬菜外，一般鸡鸭鱼肉类菜，比菜场价贵1至1.5倍属正常，除非是特色菜及做工十分讲究的菜，超过两倍即在宰人，因为饭店的核算方法是在成本上加一倍左右的毛利，而成本只包括主料、副料和调料(最多再包括燃料)。蔬菜因售价低,毛利允许高一点。对于菜谱上标有"时价"二字的菜,劝君不碰为妙。店家特别推出的当天特价菜,一定要点。特价菜一般都是餐厅老板为了吸引老顾客卖的"赔钱菜"。

(4)不要全听服务员的

对就餐的新客人,一般服务员都很乐于提供点菜指导,你只需听听该店的特色菜是什么,哪个菜卖得最好,口味和价格如何即可。

提醒一下,对服务员反复再三、热情异常推荐的那款菜,你最好回避,其中往往有鬼。比如,一两天前进的一批活虾,卖到第三天陆续死光,如果当天不能全部成菜推销出去,剩余的原料放到第二天就会变质扔掉。所以服务员在客人点菜时会极尽"诱惑"之能事。

(5)记得征询一下桌上人的意见

你特别应问一下对方"有没有哪些是不吃的?"或"比较喜欢吃什么?"让大家感觉被照顾到了。点菜后,你可以说"我点了菜,不知道是否合几位的口味"、"要不要再来点其他的",等等。

(6)在点菜之前,你首先应该好好看看

作为客人,点的菜最好是既让自己满意,又迎合桌上其他人的口味,同时上菜时间不会太久。点的菜要符合以上条件,最简单的一个办法就是"看看"。

看什么呢?首先要看别人的桌子。一般来说,如果很多桌子都点同一个菜,那么这个菜一定是这家饭店的特色,性价比不会差,你不妨一点。看别人的桌子还能让你直观地了解到菜的看相。

看完了别人的桌子,还要再看人。看人干什么?看看人多不多。如果饭店人很多,而且大多数桌子上的菜还没有上齐,就说明这家店上菜的速度不会很快。那么,你就需要点一些冷菜,少点一些要蒸的、费刀功的菜,这样可避免桌子上的其他客人长时间等待。反之,则可以少点一些冷菜,以免浪费。

3.宴请客户——你要做主,但不要"越权"

商场如战场,商务宴请中的每一个细节都不容粗心。点菜的人一般并不简单,他绝对不是主方的最高长官,除非他是一个认为美食比商务会谈更重要的食客;也不会是主方最低职务的人,除非老板觉得这顿饭无足轻重;作为老板,他可以在点菜完毕的最后,决定酒水,这既给老板省略了诸多繁复环节,又给了老板一锤定音的选择。

小洁是某著名外企的文秘,向来是公司饭局中必不可少的重要人物。她的成功经验来自她第一次参加公司的宴请。和领导一起去陪客户,刚开始,小洁还窃喜有如此殊荣被委以重任。可真到了饭桌上,领导把菜单转到小洁面前叫她点菜时,她慌了神。

小洁现在回想时说:"那几乎是我生平第一次点菜,以前跟朋友吃饭从来都是别人点什么我吃什么,现在把这种'生死大权'交到自己手上,还真是手心冒汗。当时我心里那个挣扎呀!看见海鲜,摸不准究竟是点鱼翅鲍鱼才配得上客户档次,还是只要随便来点河海鲜鱼就可以充场面,万一点贵了领导会黑脸,但如果掉了价也会显得太寒酸;看见素菜,不知道该点高价的时蔬特色菜还是点家常口味就行,万一点贵了领导不高兴,可万一点了便宜的,客户又会不开心……好不容易心惊胆战点完了几个自认为比较安全的菜,心里早已经七上八下不辨方向。也不知是不是过于紧张想缓和情绪喘口气,我把菜单递给了领导,问他要什么酒水。领导顺手接过,我也顺利交接了'皮球'。"

令小洁没想到的是,正是最后把点酒权交给领导这个小细节,令她在饭后得到了领导的夸奖:"这个小姑娘挺会办事!"

第一仗打得如此漂亮,让小洁信心百倍。往后每逢应酬饭局让她点菜时,她都会考虑到在座的每个人,并在最后把酒水饮料的决定权交给领导,一来说明自己不是从头到尾自作主张;二来让领导对饭局预算有一个总体性的把握。

负责点菜的人,一般来说是主方办事比较靠谱的行政类主管,如果这类角色缺席则会落在随从的中层身上,他需要有一定的见识,能够判断场面的大小,均衡各方的口味和菜品特色等诸多因素。所以,凡是那些可能随从老板出去吃饭的中层,点菜是一门你必须学习的课程。

首先,作为公务宴请,你会担心预算的问题,因此要控制预算,你最需要的是多做饭前功课:

①清楚所在地有哪些档次的餐馆,高档、中档、低档都在哪里。

②去餐馆摸清比较特色的菜,口味和价位。

③评估客人的身份和口味,选择合适餐馆,重要的客人一定要订包间。

④如果要谈比较敏感的话题,一定要选距离客人生活圈比较远的餐馆。

⑤如果客户身份比较高,你又要节约的时候,酒水最好自己带。

其次,作为公务宴,客人往往不太好意思点菜,会让你来作主,你需要把握全局:

①如果你的老板也在酒席上,千万不要因为尊重他,或是认为他应酬经验丰富,酒席吃得多,而让他(她)来点菜,除非是他(她)主动要求。否则,他(她)会觉得不够体面。

②你必须问清楚客人的忌口——是否吃辣、是否是回民、是否服药、是否海鲜过敏,等等;如有老人、小孩注意点几个对牙口要求不高的菜。在客随主便的大前提下,这是他们最重要的权利。

③请客人先选菜,如果客人谦让点菜权,你也不必过于勉强。

④点菜过程要快,不要点了很久都没有定,点重点菜和口味菜时询问一下客人是否喜欢,注意不要全凭自己口味点太辣或者太油腻的菜。

⑤一般主菜要比客人多1至2个,并配1个冷盘和1道汤,特别的油腻的菜,一般点1个就可以,例如椒盐排骨、猪膀、扣肉、东坡肉一类,如果超过4道,主菜可以考虑鱼、鸡或鸭,最后一定要有1道口味清淡的菜,例如青菜。

⑥点菜要上档次,但不需要每个菜都很贵。

⑦点菜时不要点几道同类型的菜,,如果是肉类,种类和做法最好有区分。

⑧点完菜你要询问客人用什么酒水,一般来说,你要把酒水的权利交

给领导,但你也必须记得酒水搭配的基本原则;白酒的价格最好单瓶不要超过这顿饭预算的1/3至1/2;喝红酒要注意和菜的搭配,记住"红酒配红肉";如果有海鲜,尽量喝干白,中餐如油腻的食物,最好配干红。

⑨第一次去的餐馆,你可以请服务员推荐几道特色菜,然后选择一些家常菜。

⑩最后点主食注意南北差异,北方只有面食叫主食,南方只要能填肚子,种类基本不限,稀粥、米饭、面条、馒头、包子都可以,但关键是要有特色。

⑪如果吃饭时间紧张,你一定不要点要费时间做的菜(往往是贵重主菜),不清楚的情况下你可以找服务员确认。

⑫你一定要锻炼自己的说辞,每个菜上来时让自己都能说上几句。

点什么菜
——众口虽"难调"但"可以调"

在中国,办事吃饭是常事,但是这样的饭局往往是不好应付的,毕竟众口难调。

但"难调"并不意味着"不可以调",那么,我们如何点菜,才能顾及到桌上的每个人呢?

老马在公司原本是个司机,而现在已经是一名办公室主管了,这中间的原因多半和他会点菜有关。

当同事们问他的秘诀时,他如数家珍:

"选择吃饭的地点,一般要考虑这几个因素:客方的需求,看对方是喜欢本地的特色菜,还是说喜欢家乡本帮菜,一般选这两种不会有什么大错;会谈环境的要求,如果是较为私密的洽谈则需要选择环境较为安静的地方或包间;预算支出,这顿饭大概是什么规格,人均消费大致水平如何,你心里要有谱；交通方便，要充分考虑主客双方出席饭局的交通情况、停车位是否好找等因素，时间有时候比吃饭更重要。

"我点菜时首先要关心老板，老板有高血压，所以我每次点菜时都会嘱咐服务员炒菜不要用动物油，而用植物油。再者，高脂肪的炒菜我一般是不会点的，除非老板亲自说要吃。除了把老板照顾好外，还要根据客人的口味来点菜。如果是沿海来的客人，那么螃蟹、鱼类不妨多点些；如果是北方客人，那么不要点诸如辣子鸡等太辣的菜。

"点菜的时间最好控制在十五分钟之内，千万别老板们寒暄了一小时，你还跟服务员请教有什么特色菜。

"钱，可能不是你的，但千万别大手大脚，能用较为合理的价格，点一桌对得起老板和客人身份与口味的菜肴，才会被老板赏识。我们常说'一俊遮百丑'，在饭桌上这一点也适用——不必所有菜都十分昂贵，这样反而显不出来，应该是在较有特色的基础上，来一两道提升档次的菜肴。另外，酒水，尤其是红酒，实在是个花钱的玩意儿，有时候一桌子菜都不如这瓶酒贵，这东西可以让老板来决策。"老马侃侃而谈。

"是啊，若能让客人吃好喝好，印象分自然会'噌噌'上涨，客人也会不知不觉地在老板面前替自己美言，如此升职加薪也就不在话下了。"同事们纷纷附和道。

老马的故事告诉我们，在当下职场，若想高升，会点菜已逐渐成为基本功。老马考虑到老板有高血压，于是针对这一点，在点菜时加以注意，这样，自然能得到老板的认可。而针对客人，他会考虑对方居住的地域来选择菜的口味，所点之菜自然也能满足客人。这样一来，这些"心计菜"便把老板和客人同时收买了。

点对菜不容易，点对符合贵宾心意的"心计菜"，更是难上加难。

记住一个秘诀："营养禁忌要留心，众人口味要兼顾，特色菜品要抢眼，档次规格需拿准。"

1.基础课:"不能点什么"比"能点什么"更重要

有一次,王经理供职的工程公司接到一个法国的施工订单,合同已经到了敲细则的阶段,法国方面专程派代表团来准备签约。来中国的头几天,公司担心外宾吃不惯中国菜,顿顿安排法国大餐,有一天,客户代表提意见了:我们成天在法国吃这个,来中国就想吃点有中国特色的!

当时是冬天,王经理所在城市流行冬令进补吃狗肉,王经理得令之后,立即在本市最红火的狗肉馆安排了一顿丰富的狗肉火锅。宾主落座,王经理得意地把狗肉、狗鞭点了个遍,盛情邀请外宾赶紧尝鲜。看老外吃着菜,一副不明所以的模样,王经理得意洋洋地介绍:"中国有句俗话,'狗肉滚三滚,神仙站不稳',吃了这顿饭,先生身体强健,小姐貌美如花……"没想到秘书刚翻译完这番话,一位法国人竟然"哇"地开始呕吐,接着,全体法国人集体离席,当即向公司投诉,并且订了最快的机票回国。

王经理不知道,狗在法国的地位与在中国不可相比。狗在法国是宠物、是朋友,甚至和人一样是生活的主角,法国人爱狗成痴,有时候到了不可思议的地步,即便外出开会、出去旅游,也会带上自己的爱犬,甚至把狗安排到特别的"狗儿豪华酒店"。法国人只要谈到爱犬,都是津津乐道。

给从这个国家来的人吃狗肉,惨烈程度简直相当于当年未开化的食人族拿出最新鲜的人肉款待宾客!

自然,这个订单也黄了。

王经理,自然也被开了,并且落下了职业污点,成为行业的笑谈。

设局点菜,除让大家吃得满意吃得开心之外,最要紧的是让大家吃得健康吃得安心,所以,想要成为点菜的个中高手,事关饮食的禁忌你一定要了然于心。

以下是宴请时应该注意的禁忌法则,我们可以以此为参照,尽量在宴请的时候照顾到在场所有人,在餐桌上做个"八面玲珑"的人。

(1)不同民族,有不同的饮食禁忌

回族、维吾尔族、哈萨克族、乌孜别克族、塔吉克族、塔塔尔族、柯尔克孜族、撒拉族、东乡族、保安族等十个少数民族的饮食禁忌来源于伊斯兰教。《古兰经》规定:死动物(包括因打、摔、勒、触电等原因而自死的动物)、流出的血、猪肉和非诵安拉之名而宰的动物及酒禁止食用。

藏族、土族、俄罗斯族、彝族,忌食马肉、驴肉、骡肉。有些藏族同胞有不食鱼、虾、蟹的习惯,少数人还有不吃鸡和鸡蛋的习俗。

满族忌食狗肉。

壮族一般忌食蛙肉,有些还有忌食牛肉的习惯。

傣族同胞一般不习惯食牛肉,有的也忌食蛇肉。

一些来自南疆的维吾尔族忌食鸽子肉。

朝鲜族一般不喜欢吃羊肉、鸭鹅肉,以及油腻的食物。

(2)请外国人吃饭,更要了解对方有所"吃"

要宴请外宾我们需提前了解各国的风俗、社会习惯,比如西方人动物保护意识很强,不会吃青蛙等;外国人常吃刺少的海鱼。另外,各国之间饮食习惯和禁忌有一些细微的差别,现列举一些,供大家参考:

美国人不喜欢吃麻辣,也不喜欢吃蒸和红烧的菜肴,一般情况下忌食肥肉和各种动物的内脏,不喜欢吃蒜、韭菜这种气味大的食物。美国人相当爱护自己的牙齿,当异物残留在牙缝时,他们通常用牙线剔牙,很少使用牙签。

英国人只吃动物的肉,而不吃动物的内脏、头、蹄、血等部分。在口味方面,他们喜清淡、酥香,不爱辣味,较少吃海鲜。

德国人喜欢肉食,尤其是香肠,但他们不吃猪蹄等。他们讲究食物的新鲜营养,不吃有化学成分的食物。德国人很节俭,多数时候会把食物吃得很干净,不吃咀嚼后需要再吐出来的东西,比如螃蟹、河鱼等。

法国人不吃肝脏之外的动物内脏、无鳞鱼和带细刺的鱼,不吃味精,也不爱吃辣味的菜肴。

日本人一般不吃肥肉和猪内脏,有的还不吃羊肉、鸭肉、狗肉、兔肉、驴肉。为日本客人盛饭时,忌盛得过满过多,也不可一碗就盛一勺,不要把整份饭或菜分成一份一份的。

韩国人一般不喜欢吃过于油腻、过甜的东西，不喜欢吃馒头，不吃鸭肉、羊肉和肥猪肉。

泰国人不食用牛奶和乳制品，不爱吃红烧的菜肴，忌食牛肉，不吃蛇。

(3)出于健康的原因，对某些食品要回避

有心脏病、动脉硬化、高血压和中风后遗症的人，不适合吃狗肉；肝炎病人忌吃羊肉和甲鱼；患胃肠炎、胃溃疡等消化系统疾病的人也不适合吃甲鱼；高血压、高胆固醇患者，要少喝鸡汤等。

针对此类人群，点菜时要进行合理的营养搭配，减少畜禽类食物，点一些豆制品，尤其不能忽视蔬菜类食物。烹调方式可以选择清蒸、清炖、凉拌、热拌等。这样不但可以让客人吃得健康，还可以表现出你对客人的关心。

(4)不同地区的人，饮食偏好往往不同

中国地大物博，不同地区的人饮食习惯不同，有的嗜甜，有的爱辣，有的清淡，有的厚重，有的地区吃米，有的地区吃面，只有了解各个地区的口味习惯，才能做到点菜对味。

比如北京和河北地区的人口味偏咸，重油、重色。

重庆、四川人喜欢麻辣、油重味浓的食品，爱吃火锅，多以牛肉、猪肉入食，口味极端。

福建地区人喜咸鲜味、海味，不嗜辣但作为调料也食用一种微辣微甜的酱和一种微辣喼汁等。

东北地区饮食风格以咸、鲜为主。

山西、内蒙古一带的人，口味是咸中带酸，除了醋之外，还爱吃香油之类的香料。

江、浙、沪一带口味清淡，喜吃甜食，主食大米，吃面条讲究汤是汤、面是面，也喜欢吃海鲜。

湖南、湖北一带偏爱香辣、苦味，除喜欢吃豆豉、苦瓜、苦荞麦外，还喜欢吃腌菜、风干肉食品。

江西人口味浓、油重、做菜芡稠汁厚、口味咸鲜、香辣，喜欢整鸡、鸭、鱼和整块猪前腿肉、喜欢吃淡水鱼和豆制品。

河南人口味咸鲜味厚，主食面制品。

广东地区口味清淡，以鲜为主，不喜咸辣。调味品常用蚝油、生蚝、老抽等。喜吃海鲜，对早点特别重视，爱聚友聊天吃早茶。早点品种花样繁多而精细。

山东人口味咸辣，沿海地区的人喜欢食海味。冬季以大白菜为主，喜吃豆芽、大葱、大蒜，主食以面为主，好吃饺子、包子、馒头、发面饼、煎饼等。在该地煎饼卷大葱十分流行，现代演化成了薄饼夹肉，但也吃煎饼卷大葱。

云南人喜酸、甜、辣，爱吃猪油和菜籽油，有用猪油拌米饭吃的嗜好。主食大米。喜吃细米粉，早点一般是饵块和米线，特色小吃是云南过桥米线。

贵州地区口味喜辣，爱吃大米，日常很少吃面食，爱吃大米制成的米粉佐以牛肉、羊肉。早点一般是面条、馒头、包子。午餐、晚餐吃米饭、炒菜。

西藏、青海之地的人多信奉喇嘛教（佛教一种），主食"糌粑"，吃菜花样不多，但质量要精，习惯用手抓吃。藏民喜欢喝酥油茶、青稞酒，以及各种奶茶、奶酒等。不喜欢吃鱼、虾、蟹等水产品，忌食驴、骡、狗等肉类。

甘肃、宁夏饮食以牛、羊肉为主。不爱吃米及青菜，不爱吃加糖、过辣、带汤、带汁、过油的菜肴。不吃鱼、鳖、虾蟹、动物内脏、肥肉等。

广西人口味清淡爽嫩而又喜好辣味。

海南、台湾饮食口味清淡。

陕西人喜欢酸辣口感，喜欢面食，不喜欢太清淡的饮食。

有些职业，出于某种原因，在餐饮方面往往有不同的特殊禁忌。

例如，国家公务员在执行公务时不准吃请，在公务宴请时不准大吃大喝，用餐标准不准超过国家规定，不准喝烈性酒。

驾驶员工作期间不得喝酒。

脑力劳动者忌过度地吃肥肉、动物内脏等，否则会影响健康；高温作业者饮食忌清淡，以免散热出汗多，不仅体内水分大量流失，而且会失去大量的无机盐；演艺工作者忌食刺激性食物，以免口干舌燥，刺激咽喉部粘膜，伤及声带，使声带充血甚至出血，有损发声器官和发声机能，也忌饮食过冷过热,因为过冷或过热会使声带肿胀、充血和出血。

如果接下来要出席社交活动,尽量避免吃一些葱蒜、韭菜等味道比较大的食物,以免"口气"熏人。

2.进阶课:"主菜"比"口味"更重要

在任何一组东西中,最重要的只占其中一小部分,约20%,其余的80%尽管是多数,却是次要的。

宴请点菜也是如此。口味可以千变万化,但,一桌菜只要有1至3个主菜(看人数而定),另外再配一两个风味菜、家常菜和汤,最后点以冷盘、点心和水果便可。

但要做到这一点可不容易,这是一个味觉美学的问题,资深人士才能驾轻就熟。即使是一位美食家,有时也会因为点菜而闹出笑话。

首先,菜名是次要的,千万不要"望文生义"。

李先生是圈内公认的美食家,一次朋友聚会,恰逢某长沙老字号在深圳开业,为了显示自己精于美食,李先生特意点了一款国宴名菜"发丝牛柏叶"。这个菜是湘菜精品,对刀工火候配料的要求很高。期望超高越失望,服务员端上来的是一盘毫无造型的家常炒牛柏叶丝。别人点的菜已呈狼籍,而自己点的国宴名菜却无人问津,李先生觉得自己实在是有负于"美食家"的美称。

从事办公室接待工作的林先生谈起点菜,强调了一点:有时酒楼出于商业的考虑,会把一些利润高的菜放在菜谱的首页,名之为"本店特色"或"厨师推荐",等你吃到嘴里才知道不过如此。所以,千万不要"望文生义",被菜名忽悠了。

赵小姐是位地道的四川人,有一次,公司派她负责一批重要客户的接待工作。这批客户来自上海,却点明要品尝一下"有深圳特色的川菜"。于是,赵小姐带他们来到深圳较有名气的"巴蜀风"。她想,既然吃川菜,那就要充分体会它的麻辣香浓,于是她大力推荐了这家酒楼口味最为麻辣的

"峨嵋鳝丝"。结果,满桌的上海客人对着这盘"峨嵋鳝丝"面露难色。赵小姐这才明白过来,"有深圳特色的川菜"就是"不辣的川菜"!

点菜时我们必须了解有多少位客人,有多少种口味,尽量作到对他们的要求了如指掌。有的人要吃肥肉,有人只想点青菜,湖南人要吃辣,上海人想吃甜,这些基本的要领点菜的人必须掌握。

其次,永远记得中庸是最稳妥的"菜局"。

宴会应该根据宴会的规格"看客下菜"。总的原则是考虑客人的身份及宴请的目的,做到丰俭得当。整桌菜应有冷有热,荤素搭配,有主有次,主次分明。即一桌菜既有主菜,如鱼翅、燕窝、甲鱼等,以显示宴请的规格,又有一般的菜调剂客人的口味,这些菜可以不求高档,以适口为主。

通常人们所说的好菜,除了价值不菲的原材料外,最主要的还是味道好。

然而中国的饮食文化博大精深,类型变化万千,东西南北的口味差别很大。传统上"南甜北咸、东酸西辣"的风味格局逐渐融合,出现了不少新派口味。那么怎样的味道才是好味道呢?

既然是请客,当然是迎合客人口味和心意的菜最好,但这恰恰是商务宴请中最难把握的。

我们可以根据客人的籍贯、职业特点、个人兴趣大致推断出其口味是再好不过的,但如果实在是难以推测,也可以点相对保守的菜,也就是一般情况下大众都能接受的——所谓的中性菜。那种口味太过刺激,特点太过鲜明的菜,喜欢的人太喜欢,不接受的又绝对不接受,所以还是中性菜比较稳妥。

有时候,中庸也是一种个性。当然,在点菜前你一定要先问问桌上同餐者有没有什么特殊忌讳,比方说素食者、不食牛羊肉者、不吃辣椒者、不吃海鲜者等。做到心中有数,点菜时你就可以兼而顾之,不会有人大快朵颐,有人停箸默然。

从饮食消费心理分析,每次就餐有一两个菜能给你留下美好的印象,你就会有满足感,所以不要指望所有的菜都会给你留下深刻的印象,也不要指望每一张嘴都给你打满分。

最后，可以不精通点菜，但必须学会点酒。

无论你要宴请什么样的客人，举办什么样的宴会，都离不开酒水。可以说，无酒不成宴，无酒不成欢。在中式的宴会中，酒的种类与菜肴的安排有着一定的联系，甚至与季节、宴会主题也颇为相关。虽然在不同的场合下，酒水会有所不同，但需要注意的事项大同小异。

下面介绍一下点酒水时需要考虑的几个方面：

(1)酒要与宴会相配

宴会的档次有高、中、低之分，酒有上品、中品、下品之分，不同的宴会所选的酒应当与其规格相匹配。如我国举办国宴时，往往选用茅台酒，因为它被视为我国的"国酒"，质量和价格在我国酒类中最高。但是，如果是普通宴会，则可选用档次稍低的酒品；如果在普通宴会上用茅台酒，会让整体显得不协调。

(2)酒要与季节相配

一年四季，不同季节选用的酒也应不同。比如，冬天人们一般喜欢喝"烫酒"，既开胃又养胃；夏天则喜欢冰镇啤酒，有消暑的功效。因此，宴请宾客时，冬天选择白酒较多，而夏天选择啤酒较多。

(3)佳肴还需好酒配

在任何宴席之上，酒与菜都很难分家。尽管中餐的酒与菜肴的搭配没有西餐严格，但是，假如宴请的档次较高，还是请你选择用红酒搭配鸡鸭菜肴，用竹叶青酒搭配鱼虾菜肴，用加饭酒搭配冷菜冷盘，吃螃蟹时饮黄酒而非白酒。

(4)酒与酒亦有搭配

酒与酒的搭配也是有一定讲究的：低度酒在先，高度酒在后；新酒在先，陈酒在后；普通酒在先，名贵酒在后；软性酒在先，硬性酒在后；有汽酒在先，无汽酒在后；干洌酒在先，甘甜酒在后；淡雅风格的酒在先，浓郁风格的酒在后；白葡萄酒在先，红葡萄酒在后。从科学饮食的角度来看，最好不要将多种酒混杂饮用，否则很容易喝醉。至于不含酒精的软饮料，一般是不含糖分的在先，含糖分的在后；无汽的在先，有汽的在后。宴席不可无酒，纯粹的中餐应该避免配备啤酒或欧洲葡萄酒，当然，波斯葡萄酒等中亚地区酒水是可以的。

一般说来,中餐用酒没有西餐用酒那么复杂,但这并不是说中餐点酒无章可循。下面是中餐宴席饮用酒水的一般注意事项。

(1)餐前用饮料

在餐前,中国人喜欢饮茶或软饮料,而不像西方人饮餐前酒。软饮料通常是碳酸饮料,但是也有客人点果汁、蒸馏水或者矿泉水。多数客人在选定一种饮料后,用餐过程中不会再更换。需要注意的是,餐前饮料最好不要点果汁类,因为口味浓郁的果汁会将饭菜的味道冲淡。

(2)佐餐酒

宴会上,很熟悉的客人也许会点自己喜爱的酒,但宴席有多桌时,每桌选用的酒品要相对统一,绝对不能区别对待,厚此薄彼,这样才能在敬酒、劝酒时显得更为公平、和谐。

(3)餐后饮料

中餐一般以茶水作为餐后饮料。在民间,人们认为茶水具有止渴、解酒、帮助消化的功能。我国许多地方,宴席上所斟的酒大多必须在上最后一道菜之前"门前清",用以宣告饮酒活动告一段落,此后一般不再饮用酒精类的饮料了,所以吃中餐很少喝餐后酒。当然,如果大家相谈甚欢,酒兴未尽,则另当别论。

另外,由于饮料和酒水一个甜蜜一个浓烈,在不同的饭局上二者巧妙搭配也能取得不错的效果,下面介绍几种搭配供大家借鉴。

啤酒+牛奶:按照奶多酒少的原则混搭,外表是牛奶,喝起来却有啤酒的清香。适合任何人士、任何场合。

白酒+可乐/雪碧:长期以来大家都习惯在酒席上饮用白酒,饮法比较单调,多数是"一口干"。其实白酒里可掺上可乐、雪碧,再加点冰块和柠檬,这样白酒的度数就低了许多。此搭配酒质丰润、入口爽滑,有了点鸡尾酒的味道,适合家宴和聚会等场合。

3.专业课:打造一张完美菜单的"四项基本原则"

小夏的朋友遍天下,现居成都的她经常需要接待全国各地的朋友。这不,刚过完年,一个深圳的朋友就来了。

为此,小夏约上一些朋友,准备去吃饭。大家问小夏到哪里去吃,她想了半天,选了某川菜馆。选这个地方有3个原因:一是此店乃名店,菜的品质有保证;二是此店可免费停车;第三个原因则是,他们有"点菜师"!谁都知道,吃饭最怕点菜,这也是小夏头疼的问题。点菜时经常人人摇头摆手,菜单转了一圈也没有将菜点好。

小夏带着这帮朋友来到这家川菜馆后,服务生捧着菜单过来:"请问哪位点菜?"这时候,小夏把服务员拉到一边,对他说:"让你们的点菜师来。"

"您稍等一下。"

一会儿,服务员领着小夏找到了点菜师,这位点菜师是位美丽的小姐。点菜师问:"您想要什么价位的酒席?"

"这一桌,6个人,连酒水,不超过500元,要有蟹、虾、鱼、贝类,还要有时令蔬菜,饭后要上果盘。可以吗?"

"当然可以,对了,这些客人平时都有哪些饮食禁忌或者偏爱的食物?"美女点菜师问。

"哦,是这样的……"

一番沟通之后,小夏回到了包间,这些朋友开玩笑说:"夏姐,今天您请我们吃什么呢?"

"放心,包你们满意。"

果然,等菜上齐后,众人都叹:"夏姐,我不得不佩服你,你现在都可以称得上是成都的美食家了!"

小夏为什么能点出一桌子众人皆满意的菜?这是因为她掌握了点菜的核心——平衡膳食、合理营养。这看起来简单,但若没有经过长时间的摸索,真的很难游刃有余。

原则一:必须点一些特色菜

我们点菜时,要优先考虑有特色的菜肴,这些菜肴能让整个宴席变得有声有色,也能让对方感到备受重视。

①有中餐特色的菜肴。宴请外宾的时候,这一点更要重视。炸春卷、煮元宵、蒸饺子、狮子头、宫保鸡丁等,并不是名贵的佳肴,但因为具有鲜明的中国特色,所以受到很多外国人的推崇。

②有本地特色的菜肴。比如西安的羊肉泡馍、湖南的毛氏红烧肉、北京的涮羊肉等。宴请外地客人时,以上这些特色菜,可能比点千篇一律的生猛海鲜更受好评。

③本餐馆的特色菜。很多餐馆都有自己的特色菜。上一份本餐馆的特色菜,能体现主人的细心和对受邀者的尊重。

原则二:点菜需要遵循一定的章法

口味:记得客人的忌口或喜好,除非客人特别喜欢重口味,否则不要点过于辛辣和油腻的菜。口味较为均衡即可,同一类型的做法(如红烧、清蒸等)最好只出现一次,哪怕是不同的菜。荤菜要适口,素菜要清口。

数量:一般来说主菜比在座人数多两三道即可,冷菜可按照在座人数的1/3至1/2来点。其他就视大家饥饿的程度来定。

菜品:主菜建议先点羊肉、牛肉。羊肉是最具生命力之肉类,对人体(无论男女)有极大滋补作用,牛肉的做法也颇多,杭椒牛柳(牛里脊)、黑胡椒牛柳、XO酱红葱头爆牛柳、蚝油牛柳、铁板牛柳,等等。猪肉等,不是特别推荐,一些特色的做法,你也可以考虑,但不宜过多。

海鲜(鱼类)。点该类菜主要是因为味道鲜美。有了它们,客人通常会吃得很香,但是往往不容易吃得饱,,所以这是一个亮点,是主菜中的一个点缀。鱼是一个比较提档次的菜,鲤鱼、豌鱼、鳜鱼、石斑、左口都是常见的,以清蒸做法最为简单,人人可以吃,想吃口重的可以蘸佐料。贝壳类,例如牡蛎,最好生吃或烧汤,而加粉丝蒜茸蒸的扇贝也是很不错的选择。

禽类。理论上来说,白肉比红肉健康,鸡鸭点一道即可,比如那著名的叫花鸡。

豆腐和菌类是比较健康的菜品。豆腐的烧法太多了：麻辣豆腐，麻婆豆腐，日本豆腐，小葱拌豆腐，肉末豆腐等等，很容易选。菌类一般烧汤，味道鲜美，干锅茶树菇也颇为不错。

蔬菜。应时、因地的时令蔬菜，做法大致是上汤、蒜茸、清炒、色拉拼盘。按照现代人的口味，最后至少要加一道清淡的菜，所以蔬菜不可不点，但一两道即可。

汤类：粤菜里的汤是饭局之初就上了，讲究的是饭前喝点汤，可促进胃液分泌，帮助消化吸收。各种汤的疗效作用也不大一样，这个可询问一下服务员。在北方，汤则是在饭局最后上，作用是溜缝。

饮品：点完菜你可请老板或询问客人用什么酒水饮料。如果完全不喝酒，你可以考虑茶、饮料、果汁、玉米汁，甚至酸奶之类的饮品。

主食：最后点主食。注意南北差异，南方只要能填肚子基本不限，稀粥、米饭、面条、馒头、包子都可以。

原则三：点菜时，一定要心中有数

一看人员组成。一般来说，人均一冷一热是比较通用的规则。如果是男士较多的餐会可适当加量。

二看菜肴组合。一般来说，一桌菜最好是有荤有素，有冷有热，尽量做到全面。如果桌上男士多，可多点些荤食，如果女士较多，则可多点几道清淡的蔬菜。若是出席人员为单数，则菜点是双数吉利些，比如有7人会餐，则不应该点7道冷菜，7道热菜，应该是6冷8热，好事成双。冷菜是正餐前的开胃菜，少一道没关系。冷菜也是等客菜，主宾到了可以先吃些冷菜，等客人都到齐了再上热菜不属于缺礼数的。

三看宴请的重要程度。若是普通的商务宴请，平均一道菜在五十至八十元左右可以接受。如果这次宴请的对象是比较关键的人物，那么要点上几个够份量的菜，例如龙虾、刀鱼、鲥鱼，再上规格一点，则是鲍鱼、翅粉等。若宴请比较上规格，冷菜中可以上一道刺生类的主菜，以示敬重。热菜选择比较简单，若配10个菜，应至少有一两道主菜，比如鱼是可上台面的主菜，依据预算，可点海鱼也可以点河鱼。肉分猪、羊、牛类，选一两样就可以了，当然你需要照顾到客人的习惯和风俗。虾也是不错的，个头小数量多，筷子可以多点几下头,蔬菜可点上一两个,比较健康,也受欢迎。之后配点荤素混搭的小炒,基本上就可以了。

链接:西餐点餐有规范

西餐在菜单的安排上与中餐有很大不同。以举办宴会为例,中餐宴会除近十种冷菜外,还要有热菜六至八种,加以点心甜食和水果,显得十分丰富。而西餐虽然看着有六七道,似乎很繁琐,但每道一般只有1种,下面我们就将其上菜顺序作一简单介绍。

1.头盘

西餐的第一道菜是头盘,也称为开胃品。开胃品的内容一般有冷头盘、热头盘之分,常见的品种有鱼子酱、鹅肝酱、熏鲑鱼、鸡尾杯、奶油鸡酥盒、焗蜗牛等。因为是要开胃,所以开胃菜一般都具有特色风味,味道以咸和酸为主,而且数量较少,质量较高。

2.汤

与中餐有极大不同的是,西餐的第二道菜就是汤。西餐的汤大致可分为清汤、奶油汤、蔬菜汤和冷汤4类,品种有牛尾清汤、各式奶油汤、海鲜汤、美式蛤蜊周打汤、意式蔬菜汤、俄式罗宋汤、法式局葱头汤。冷汤的品种较少,有德式冷汤、俄式冷汤等。

3.副菜

鱼类菜肴一般作为西餐的第三道菜,也称为副菜。品种包括各种淡、海水鱼类、贝类及软体动物类。通常水产类菜肴与蛋类、面包类、酥盒菜肴品均称为副菜。因为鱼类等菜肴的肉质鲜嫩,比较容易消化,所以放在肉类菜肴的前面,叫法上也和肉类菜肴主菜有区别。西餐吃鱼讲究使用专用的调味汁,品种有鞑靼汁、荷兰汁、酒店汁、白奶油汁、大主教汁、美国汁和水手鱼汁等。

4.主菜

肉、禽类菜肴是西餐的第四道菜,也称为主菜。肉类菜肴的原料取自牛、羊、猪、小牛仔等各个部位的肉,其中最有代表性的是牛肉或牛排。

牛排按部位又可分为沙朗牛排(也称西冷牛排)、菲利牛排、T骨型牛排、薄牛排等。烹调方法常用烤、煎、铁扒等。肉类菜肴配用的调味汁主要有西班牙汁、浓烧汁精、蘑菇汁、白尼斯汁等。禽类菜肴的原料取自鸡、鸭、鹅,通常兔肉和鹿肉等野味也归入禽类菜肴。禽类菜肴品种最多的是鸡,有山鸡、火鸡、竹鸡,可煮、可炸、可烤、可焖,主要的调味汁有黄肉汁、咖喱汁、奶油汁等。

5.蔬菜类菜肴

蔬菜类菜肴可以安排在肉类菜肴之后,也可以与肉类菜肴同时上桌,算为一道菜,或称之为一种配菜。蔬菜类菜肴在西餐中称为沙拉。与主菜同时食用的沙拉,称为生蔬菜沙拉,一般用生菜、西红柿、黄瓜、芦笋等制作。沙拉的主要调味汁有醋油汁、法国汁、千岛汁、奶酪沙拉汁等。沙拉除了蔬菜之外,还有一类是用鱼、肉、蛋类制作的,这类沙拉一般不加味汁,在进餐顺序上可以做为头盘食用。还有一些蔬菜是熟食的,如花椰菜、煮菠菜、炸土豆条。熟食的蔬菜通常是与主菜的肉食类菜肴一同摆放在餐盘中上桌,称之为配菜。

6.甜品

西餐的甜品是主菜后食用的,可以算做是第六道菜。从真正意义上讲,它包括所有主菜后的食物,如布丁、煎饼、冰淇淋、奶酪、水果,等等。

7.咖啡、茶

西餐最后要上饮料,咖啡或茶。饮咖啡一般要加糖和淡奶油。茶一般要加香桃片和糖。

正式的全套餐点没有必要全部都点,因为点太多却吃不完反而失礼。稍有水准的餐厅都不欢迎只点前菜的人。前菜、主菜(鱼或肉择其一)加甜点是最恰当的组合。点菜并不是由前菜开始点,而是先选一样最想吃的主菜,再配上适合主菜的汤。

4.速成课:牢记三诀修炼成"点菜高手"

如果没有时间和机会按部就班地修炼点菜这门学问,那么不妨试试高手总结出来的决胜菜单的"三板斧",包你叱咤任何饭局,无往不利!

第一招:"看"字诀

别到了饭店翻开菜单就点菜,当然对于熟悉的饭店,要另当别论。在不熟悉的饭店就餐时,你要先看一看别人的桌子。若大家都点了同一道菜,那么这道菜一定是这家饭店的特色菜,性价比不会差,不妨一点。看别人的桌子还能够让你直观地准确地分辨出菜肴质量的优劣。拣那些普遍受欢迎的菜肴点吧,这样,你的点菜成功率会比较高。

第二招:"避"字诀

"避"字就是避开同食者单独点菜,这样可以避免许多尴尬,尤其适合一些特殊的就餐活动。比如商务宴请,生日聚会,或者是比较重要的朋友亲友聚会上,你不妨提前去点菜,这样自由度大得多,即使对菜品不熟悉也可以仔细地询问服务员,不用担心被客人笑话,拒绝服务员推荐超预算的菜时也坦然得多。

点完菜后你可以先算一下整体的花费,做到心中有数,如果发现总价超标,可以马上调整。如果有什么特别想点的菜,就算店里没有,你也可以于此时和餐厅交涉,请他们帮自己独家定制,显出招待的心意。

第三招:"辨"字诀

先辨一辨"言"。一般来说,服务生总会向你推荐几道菜,你要辨别她的用意。不少饭店有这样的不成文的暗制度:每天开市前,厨房会开出一张条子来,写着今天需要推销的菜肴。这些菜肴大多数是"原料再放下去就要影响质量了,所以必须迅速卖掉"。推销掉这些菜的服务生有奖励的,所以他们格外卖力。你千万不要被灿烂的笑容和悦耳的声音打动。

再辨一辨"类"。上饭店吃饭无非是商务宴请,家庭聚会,朋友小酌,工作午餐几类。商务宴请自然是冷菜、热菜、点心、汤、水果全套上,但是也没有必要过于讲究排场,适可而止最科学。如果是其余几种,就没有必要这么讲究,可以少点或者不点冷菜,避免久等。

然后辨一辨"数"。如果记不住之前提到的菜品数量怎么设置的繁文缛节,你大可按照以下的简易公式执行:热菜数量=就餐人数+1;凉菜数量=热菜数量/2;汤永远只要一份。

若人数较多,在此基础上,增加1个等级,热菜增加2个,凉菜增加1个,基本上就不会出现大的问题。

TIPS:省事又体面的点菜速成

点菜标准由酒店看着搭配,这个办法既省事又体面,请客者只要打个电话就行,当然到酒店后再讲标准也不晚。动用本办法你和酒店关系必须要熟,对分派的人员比较信任。

无论与酒店关系如何,只要动用了本法,东道主或负责安排酒场的人都应当过目菜单,看看菜品是否达到标准,防止酒店玩花样。

一桌完美宴席速成

原料选择应多样——如鸡、鸭、鱼、肉、豆、菜、果;

加工形态要不同——如丝、条、块、丁、球、整只;

调味变化有起伏——如酸、甜、辣、咸、鲜、香、复合味;

色彩搭配应协调——如赤、橙、黄、绿、青、蓝、紫;

烹调方法选多种——如炒、烧、烩、烤、煎、炖、拌;

质感差异多变化——如软、烂、嫩、酥、脆、滑、糯、肥;

器皿交错有特色——如盘、碗、杯、碟、盅、象形;

品种衔接需配套——如菜、点、羹、汤、酒、果、甜品。

延伸阅读：见微知著，从点菜看对方性格

点菜的时候，大家都还没有喝酒，头脑处于一种非常清醒的状态，这个时候，点菜的方式可以明显体现出点菜人的性格特点。作为观察者的你，可以依此决定在酒宴上和今后如何与对方进行交往。

以自我为中心，自己爱吃什么就点什么

哪怕是在最低消费上千元一桌的高档酒席上，有的人也会一张嘴就是鱼香肉丝，因为他从小就爱吃这道菜。所以，当点菜的权利落到他的手上的时候，他会毫不犹豫地点这道菜，不考虑就餐的环境，也不考虑主人的意愿，完全按照自己的喜好出牌。

经常这样点菜的人，是个乐天派，在生活中，不拘泥小节、大大咧咧、做事果断，这些都是他的优点。他的缺点呢？虽然不多，但是很致命，那就是他虽然果断，可做出的选择不一定都是对的，一个办事果断却又经常犯错的人，带来的麻烦不会少。

另外，点自己爱吃的菜，也是有分别的：在点菜过程中，先看价格，再迅速做出决定的人是合理型的；只选爱吃的菜不顾价格的人是享乐型的；比较价格与内容之后才决定的人，为人比较谨慎。

金先生自中学时代起就在国外定居，年近三十的他希望找一个国内的女孩结婚，目前这种"海龟"级别的钻石王老五还是比较抢手的。很快，一个叫韦澜的女孩就进入了他的视线。

韦澜是一个漂亮女孩，在外企工作，对金先生也很满意。两个人第一次见面之后，金先生约韦澜出去吃饭，在西餐厅，韦澜很麻利地点了自己爱吃的菜肴，要了满满一大桌子菜。回头一结账，居然花了一千多美金！

韦澜不认为这样花销有什么不对，海外华人嘛，应该有钱。但是她忽略了金先生个人的感受。金先生向来崇尚节俭，看到韦澜这样点菜，马上就意识到韦澜是个贪图享受的人。再看看韦澜的名牌包、名牌鞋，金先生

全球最昂贵的用餐礼仪课

觉得韦澜不是自己理想的伴侣,选择了分手。

根据别人点菜结果,选择和他人档次相似的菜

在点菜时,小王从来不愿意第一个点,因为第一个点菜让他失去了参照的对象,会让他感到手足无措。一旦别人点过菜,他会在很短的时间内做出自己的选择:你点鱼香肉丝,我就点京酱鸭丝,反正按照你点菜的价格从菜谱找差不多的就行了。这样点菜,自己的口味倒是次要的了。

这样点菜的人做事谨慎,一般情况下不会出现大的失误,但是过于从众却忽视了自我存在,对自己的想法没有自信。当别人提出不同的意见时,他们难以坚持自己的立场,比较容易受别人的影响。

先点好菜,然后根据具体情况再做变动

这种人在点菜的时候并不犹豫,但点完菜后,常常会喊住服务员,把自己点的菜进行改动。虽然这只是个小动作,但却可以看出这是个小心谨慎,在工作和交友上优柔寡断的人。

更换点好的菜,给人的印象是过于啰唆,性格软弱,容易受到他人的影响。也许他的更正是正确的,但是在点菜完成之后再更改,说明他对大局的掌控能力存在欠缺。

先请服务员介绍菜品情况,然后再确定自己的选择

这种人在点菜的时候,会先考察一下服务员的业务水平,让服务员报报菜名,说说菜品的特色,然后再决定点什么样的菜。这种人自尊心极强,讨厌别人的指挥,对欺诈行为深恶痛绝。假如你端上一盆黄瓜蘸酱,然后告诉他这是"青龙出洞"的话,很可能引起他极为强烈的反应。

这种人性格独立,一旦认定自己的选择是正确的,他就会坚持到底,拒绝做任何改变。在做事的效果上,他追求完美,渴望能够不同凡响,一鸣惊人,所以,他会积极地对待自己分内的每一件事。在对待朋友上,他能表现出一定的弹性,让双方都感到很有面子。

第二章

饭桌小天地，人际大格局

——进餐的学问

> 如果你以为一场成功的饭局，只需要花费心思在点菜这回事上，让菜品口味丰富，引得宾客眉飞色舞，食指大动，自己就可以安心地伏案大嚼，那就大错特错了。一场成功的饭局，从入席到用餐再到离席都大有讲究。

入席步步为营，把握饭局契机

饭局的第一步，是入座，介绍，倒茶等琐碎事情。不要小看这些事情，寻常酒席也就罢了，倘是招待高档次的客商或者重要外宾，细节上的一个马虎随便，落下笑柄事小，还会导致某些机遇从指缝中遛掉。

1.第一步：入座有理，切勿喧宾夺主

餐桌上到底如何来排座次，各地风俗不同，排法也不同。但总体来说，

94

可以分3种情形。

(1)家庭聚会

家庭聚会一般是要按照辈份高低、年龄大小来排序的。也就是说,不论谁请客,辈份最高或年龄最长者都要坐在最里面面向门口的显要位置;接下来可按辈份或年龄依次一左一右地排列。有时我们要在长辈旁边安排一位老人喜欢的小孩。如果是长辈请客,可能要指派一人坐在靠近门口的位置,负责各项招待工作;如果是晚辈请客,请客者会自然坐在靠近门口的位置。

(2)朋友聚会

朋友、同学、战友等聚会一般来讲是谁请客谁坐在面向门口的位置,这叫"坐东"或"庄主"。有时庄主可能把此位置让给职位较高或德高望重者,其余的按年龄大小依次一左一右排列。因为都是朋友,所以有时也不计较这些,但庄主的位置别人是不会去坐的。

(3)接待客人

接待客人属于外交范畴,讲究多一些。一般来讲接待客人分主客两方。主方至少要有两人,1人是"主陪",另一人是"副陪"。"副陪"一般是"主陪"的朋友、同事或部下。"主陪"要坐在正对门的地方,以尽地主之谊,"副陪"坐在"主陪"的正对面,也就是靠近门口的地方。副陪既是具体负责招待工作的,也是比较能喝酒的。

主陪右边应该是主宾,左边是副宾;副陪的右边是来宾中的第三号人物,左边是第四号人物。其他人员基本可以随便坐。服务人员倒酒的时候,从主宾开始按顺时针顺序依次进行。

有时人多的时候,还有一位或两位边陪。1位边陪坐在主陪的左方、副陪右方中间位置,右边是第五号人物,左边是第六号人物;另一位坐在主陪的左方、副陪的右方中间位置,来宾也是从右至左依次排列。如果主方是四位在场,第四位边陪在主陪的右方、副陪的左方,另1位边陪的对方,四位呈十字交叉状。但在北方,来宾有依次按一左一右排列的。

另外,在工作中接待客人还有一种接待方式是对口接待,也叫一对一接待,就是对方来什么职位的人,接待方安排相同职位的人去接待。这

第二章 饭桌小天地,人际大格局——进餐的学问

95

时一般是主陪位置定下来后,其他人依次按一左一右地排,但中间是要隔开的。

入席的时候,男士通常应该让女士先落座,展示自己彬彬有礼的绅士形象。作为女士,这时不妨自信地接受男士的好意,不要过度推搡,显得小家子气。来到座位后毋须第一时间拉椅就座,因为对方可能已准备好为你拉开椅子,就给他一个表现绅士风度的机会吧。

无论男女,都应坐直,以眼正视前方,不要紧靠在椅背上,垂头逃避对方的视线。手腕可自然地放在桌子边缘上。椅子距桌边的距离不宜太远,否则进餐会增加身体移动的机会。

记住,你不是火鸡

视饭局主题以及参与对象来设计着装,是人人都关心的问题,但是千万不能抱着"一穿惊人"的念头而穿得怪异,这样你只能成为上流社交场所里众人观赏的"火鸡"。

选择不刺眼的颜色和不引人注目的装饰品,可以解决有关服装问题的任何疑问。影视明星可以通过奇装异服制造时尚效果,上流人士则不必如此。

作为上流阶层的人士,理应追求既可体现优雅又能赢得尊重的形象,就好比讲究的家庭中家具的格调应该和窗帘相匹配、杯子应该与杯垫对花。就着装而言,西服套装总是可取的,晚礼服永远不会出错,而穿一双干净并能表现你身价的皮鞋是非常重要的。

总而言之,既不突出,也不失礼,就是成功。

2.第二步:得法倒茶,借机展示修养

在冲茶、倒茶之前最好用开水烫一下茶壶、茶杯。这样,既讲究卫生,又显得彬彬有礼。不管茶具干净不干净,就胡乱给客人倒茶,是不礼貌的表现。人家一看到茶壶、茶杯上的斑斑污迹就反胃,怎么还愿意喝你的茶?

其次,茶水要适量。假如客人主动介绍自己喜欢喝浓茶或淡茶,你要按照客人的口胃把茶冲好。再说倒茶,无论是大杯小杯,都不宜倒得太满,太满了容易溢出,把桌子、凳子、地板弄湿。不小心,还会烫伤自己或客人的手脚,使宾主都很难为情。当然,也不宜倒得太少。倘若茶水只没过杯底就端给客人,会使人觉得是在装模作样,不是诚心实意。

再次,端茶要得法。按照我国人民的传统习惯,只要两手不残废,都是用双手给客人端茶的,但是,现在有的年轻人不懂得这个规矩。双手端茶也要注意,有杯耳的茶杯,通常是用一只手抓住杯耳,另一只手托住杯底,把茶端给客人;有杯耳的茶杯倒满茶之后周身滚烫,双手不好接近,有的人不管三七二十一,用五指捏住杯口边缘就往客人面前送。这种端茶方法虽然可以防止烫伤事故发生,但很不雅观,也不够卫生。

如果上司和客户的杯子里需要添茶了,你要义不容辞地去做。你可以示意服务生来添茶,或让服务生把茶壶留在餐桌上,由你自己亲自来添,这是不知道该说什么事的时候最好的掩饰办法。当然,添茶的时候要先给上司和客户添茶,最后再给自己添。

提醒:慎喝免费的前茶水

部分饭店的免费茶水,并不是你想象的那么可口好喝!

据介绍,免费茶有四大来源:一是茶末、茶渣,这种茶除了运输途中卫生状况不佳,还带有不干净的杂物和虫草;二是陈茶和劣质茶,这部分茶叶通过再次加工,加入一定的调料、色素后,重新包装进入消费者口中;三是树叶和替代品,其色鲜绿,口感也好,但并没有清热解毒功能,甚至有副作用;四是其他用途的茶叶,有的茶叶是用于工业染色、制药辅助等的粉末原料。

工商部门提醒,以上这些茶叶及原料煮沸、加料、装入茶壶后,消费者是很难直接观察到的。

3.第三步:介绍寒暄,打造"名片效应"

如果进行自我介绍,你的态度一定要自然、友善、亲切、随和,应落落大方,彬彬有礼。既不能唯唯诺诺,又不能虚张声势,轻浮夸张。语气要自然,语速要正常,语音要清晰。

如果是进行集体介绍,你需要"少数服从多数",当被介绍者双方地位、身份大致相似时,应先介绍人数较少的一方。若被介绍者双方地位、身份存在差异,地位较高虽人数较少或只一人,也应将其放在尊贵的位置,最后加以介绍。

如果带着家属去参加饭局,你可以含糊介绍,如:"这是我的家人"、"这是我的孩子"。

除此之外,我们还应注意以下两点:不要使用易生歧义的简称,在首次介绍时要准确地使用全称。介绍时要庄重、亲切,切勿开玩笑。

当介绍人完成了介绍任务之后,被介绍的双方第一个动作应是握手。恰当的握手,可以向对方表现自己的真诚与自信,是接受别人和赢得信任的契机。

握手是最基本的礼仪,主人、长辈、上司、女士应主动伸出手,客人、晚辈、下属、男士再相迎握手。但饭局上可能有一些人忽略了握手礼的先后次序。但只要他已经伸了手,对方都应不迟疑的回握。

握手者要双目注视对方,微笑,问候,致意,不要看第三者或显得心不在焉。

那么是不是注视得时间越长越好呢?并非如此,握手只需几秒钟即可,双方手一松开,目光即可转移。

握手的力度要掌握好,握得太轻了,对方会觉得你在敷衍他;太重了,人家不但没感到你的热情,还会觉得你是个大老粗;女士尤其不要把手软绵绵地递过去,显得连握都懒得握的样子,既然要握手,就应大大方方地握。

握手的时间以一到三秒为宜,不可一直握住别人的手不放。与大人物握手,男士与女士握手,时间以一秒钟左右为原则。

如果要表示自己的真诚和热烈,也可握手较长时间,并上下摇晃几下。作为企业的代表在洽谈中与人握手,一般不要用双手抓住对方的手上下摇动,那样显得太恭谦,使自己的地位无形中降低了,失去了一个企业家的风度。

被介绍之后,最好不要立即主动伸手。年轻者、职务低者被介绍给年长者、职务高者时,应根据年长者、职务高者的反应行事,即当年长者、职务高者用点头致意代替握手时,年轻者、职务低者也应随之点头致意。和年轻女性或异国女性握手,一般男士不先伸手。女士们请注意:为了避免在介绍时发生误会,在与人打招呼时最好先伸出手。

在人多的桌子上,注意不要交叉握手,也就是当两人握手时,第三者不要把胳膊从上面架过去,急着和另外的人握手。

在任何情况下拒绝对方主动握手的举动都是无礼的。但手上有水或不干净时,应谢绝握手,同时加以解释并致歉。

介绍的一个重要步骤,就是发名片。

名片要发得聪明,如果想适时地发送名片,使对方接收并受到最好的效果,必须要注意:除非对方要求,否则不要在年长的主管面前主动出示自己的名片。

要记得名片不可于用餐的时候发送,因为这个时候只适合从事社交而非商业性的活动。

与其发送一张破损或脏污的名片,还不如不送。我们应将名片收好,整齐地放在名片夹、名片盒或者口袋中,以免名片受损。破旧名片应该丢弃。

当别人要递交名片给你或者与你交换名片时,你应立即停止手上所做的一切事情。你如果手上有东西应该立刻放下,起身站立,面含微笑,目视对方。接受名片时应该双手捧接,或以右手接过,切勿单用左手接过。

在你接过对方的名片后,要立即用半分钟左右的时间,从头至尾将其认真默读一遍,表示尊重和重视对方。接受他人名片时,你应口头道谢,或重复对方所使用的谦词敬语,如"请您多关照"、"请您多指教",不可一言不发。若需要当场将自己的名片给对方去,最好在收好对方名片后再给,不要左右开弓,否则容易出现交叉递送的错误。

当你看过名片后,应细心地将名片放入上衣口袋或者名片夹中。若接过他人的名片后在手头把玩,或随便放在桌上,或装入臀部后面的口袋,或交与他人,都是十分失礼的行为。

除此之外,不要在用餐时发送名片,切忌折皱、玩耍对方的名片,更不要在别人的名片上做标记,因为类似的做法都会引起对方的反感,导致此次社交的失败。

提醒:不要一个人待着

即便你骨子里有追求"孤独"的范儿,大过年的也别一个人闷着,"宅男"、"宅女"那是年轻人的玩意,不是贵族的那杯茶。

你想清净一会儿的想法可以理解,但该热闹的时候还得热闹,权当自己是一超级演员,在Party聚会中表现自己天赋异秉的一面——衣着光鲜、风度翩翩,言谈举止气质不凡……

作为一个有身份、地位的人,在社交场合出现的频率在一定程度上决定你纵横向发展的半径。在十六世纪的伦敦和十七世纪的法国,要实现向上爬的野心,就要经常在宫廷里出现。在现代社会,你得用美国当代著名作家戈尔·维达的建议来鼓舞自己:"千万别错过一个可以风流的机会,也千万别错过一个可以上电视的机会。"

用餐有礼有节,"吃"出餐桌效应

还记得基督山伯爵餐桌上那些数不胜数的珍馐美味了吗?但他总是碰也不去碰,多数时候只是看着他的客人在不客气地享用那些世界奇珍,这从侧面反映了其上流身份的矜持与不同。

我们的饭局,重点不在于你吃了什么,吃了多少,而在于你"吃了",在于"吃"的态度和"吃"的礼仪。

1.用餐态度——饿是不礼貌的,把最好的留到最后

民以食为天,即便是平时,也要讲究,更别说是重大的传统节日了。当然,我前文建议你谨遵"饿是不礼貌的"这一条"军规",是指你出席上流Party、宴会的时候。现在我要说的是非宴会时刻,可能是你自己,也可能是和家人,对于吃这件事的法则,就不能是"宁可饿着,也要矜持"了。

(1)吃什么和怎么吃?

中国人讲究用精美的饮食来烘托节日的气氛,你可以理解为这是给自己和家人一个享受美味的理由。过年最重要的一餐非"年夜饭"莫属,此外亲朋之间可能会有接二连三的宴请、吃请、还请,中餐的丰富、食材的金贵,西餐的精致、口味的独特,都在可选择之列。更妙的是中西结合,现在很多高档奢华餐厅都"中餐内容、西餐形式",换个思路,中西合璧,就为俩字——享受。

(2)微醺即停杯

酒在我们的餐饮文化中显然起的是"助兴"的作用,中国传统素来是借酒精联络感情。

但事实上,酒在诞生的时候并非饮料,而是"药",《汉书·食货志》中这么记载:"酒,百药之长",可以"行经络、御风寒、通血脉、行药势",并可主治"风湿痹痛及胸痹诸症",适量饮酒可以活血通络、祛风散寒、疏肝解郁、宣情畅意、补益肠胃。总之,适量的酒对人是有益而无害的。

(3)注意养生之道

吃的一大境界是注重"养生",用基于生命阴阳平衡、本真天然之理进行保养、调理来解释,仅仅为了果腹,或者为了口舌之欲,再或者为了显示奢华,都没达到这个高度。

"养生"讲究的是一种平衡,比方广州人就讲究大年初一吃斋,这倒不一定是跟宗教信仰有直接关系,而是为了平衡年三十晚上的大吃大喝及熬夜之后,身体对食物热量和营养的摄入。这在认识观念上是一种理性升华。

当然,"养生"这事说起来容易,做起来未必简单,新春时节各种高热量食品比比皆是,一不留神就忘了平衡。

(4)知道点营养学

高品质的生活是每个人的追求,在饮食方面,单纯的吃饱、吃好已经不是唯一的标准,吃得健康、吃得营养变得越来越重要。适当掌握一点营养学的理论知识,再结合自己的实际,对身体的饮食平衡有帮助,何况中国的饮食文化、中医文化和养生学还是现代西方营养学的鼻祖。

说得通俗一点,人体每天摄入大量的食物,都是为了获得足够的营养物质,维持生命活动的需要。

营养专家建议我们要这样、要那样,其实就是一句话——营养均衡。比如他们说,"要饮食本地化",因为"一方水土养一方人";他们又说,"要选择'主食'蔬菜",因为"其中含有大量天然而健康的淀粉,能逐渐分解血液中的葡萄糖,从而避免血糖忽高忽低";他们还说,"讲究原汁原味",因为"过多食用调料也对身体有害";他们更说,"别吃得太多",因为"适当控制饮食欲望是保持健康的秘诀";他们建议"饮食多元化",因为"可以补充多种营养,还可以增加饮食乐趣";当然,他们也建议你偶尔"放纵"一下自己的胃口,因为"健康食品在全部饮食中占到75%就够了"……

(5)素食主义并不总是安全的

美国散文作家、西北大学文学教授、《美国学者》杂志资深编辑和文化批评家约瑟夫·艾本斯坦在他那部进入美国上流社会的秘籍《势利》一书中曾经对"素食主义"有过这样的描述:"健康饮食有两种形式,都很势利,素食主义是一种,恨不得活到106岁是另外一种。"

按照他的描述,素食主义至少还有许多分支、变种和流派:纯素食主义者——绝不吃任何肉类、鱼,乃至任何日常食品;选择性素食主义——不吃任何有眼睛的东西,不包括土豆;一种最少见的素食主义者——不吃任何"可爱的动物",他们吃鸡肉(鸡不可爱)而不吃鸭肉(鸭子比较可爱)……

有的人是真诚地担心吃动物肉可能带来的后果——这当然很可贵,有的人则声称不吃肉的感觉更好——这也很可信。但和素食主义者一起吃饭还是让人感到不快——这让人感觉到他人比自己文化上更为先进,或者是比像自己这样的普通人进化得更好。"素食主义本身是很无害的，"前皇家内医协会的会长罗伯特·亨杰森说，"但却易于让人自以为是。"

健康、有机，这是现代人追求颇为狂热的饮食效果，我们当然知道那些味道可口的东西不一定对我们的身体有好处，可是专家不是告诉我们了吗：有25%的幅度允许我们"想吃什么吃什么，想吃多少吃多少"。

(6)美食与美酒的搭配

饕餮和豪饮，对于那些视美食或美酒为生命的人士来说，或多或少都有点"暴殄天物"之嫌。真正懂得欣赏和品味的贵族，绝对不会浪费掉任何一餐享受酒馔之间那种"黄娟幼妇"之搭配的机会。

我好几次在一家出名的酒膳用餐，都深刻地体会到了这一点。那里真是一个很独特的地方，主角是它的葡萄酒，不管是旧世界还是新世界的葡萄酒，你都可以在那里找得到，当然，肯定有一款能够赢得你的青睐。所以这时的配角是它那里的菜式。去那里吃饭的人，倘若不喜欢葡萄酒，或者说对葡萄酒没有一定的了解，基本上去过一次就觉得没意思不会再去。相反，那些对葡萄酒略有所知的人，一旦去过一次之后就会疯狂地喜欢上这个地方。

所以，倘若你有一瓶上好的酒，却不能确定用什么食物来与其配合能称为"完美"，还是晚点再打开它吧！

(7)把最好的留到最后

正如Vanessa Williams的歌中所唱——You go and save the best for last，"把最好的留在最后"，从某种程度上说这也许是一种人生哲学。

某次我与几位要人用餐，身边一位绅士面对几只分别来自法国、苏格兰、爱尔兰和澳洲的生蚝，告诉我，先吃那种层次不甚分明、口感没有那么厚重的，最后再来享用富含矿物质但没有筋或者渣、层次有延伸感的，这才是享受的过程。

如同喝红酒，倘若你有几瓶不同产地不同档次的红酒，那么一定要先开稍微差一些的那支，然后再开好一些的，否则你的味蕾会很诚实地告诉你——它拒绝接受。

2.用餐礼仪——不管采用何种用餐方式都应注意的一些细节和界限

认识到进餐的商务性功能的重要性后,有必要掌握正确的用餐礼仪。按照餐饮的类别和形式,将商务用餐分为三种:西餐、中餐和自助餐。接下来先分别谈一下每种用餐形式中大家需要知道的习俗和做法;然后,再交代一下不管采用何种用餐方式都应注意的一些细节和界限。

(1)西餐

一提起西餐,你可能会想起盛装出席白宫或白金汉宫的宴请,以及其他一些非常正式场合时,面前一大堆看起来非常复杂的刀具。其实,西餐的餐具使用原则很简单,一句话概括就是从外到里,即按着每道菜的上菜顺序,从最外侧的餐具开始,到离盘子最近的餐具结束。西餐上菜的特点是一道一道分开上,用餐者不能太快吃完。如果你去西餐厅就餐,会发现餐厅很安静,这是西餐的特点,很长的用餐时间,匹配的是用餐者安静的享受。如果一个西餐厅里面人声嘈杂,来此就餐者会因为这里的氛围不好而离开。当你看到餐具的摆放时,会大体知道这餐吃什么。举个例子,如果你在餐桌上看到沙拉叉右首摆放着一个两刺的肉叉,就知道待会儿会吃到贝类海鲜;如果你看到餐桌上有两个小茶匙,那么接下来一定会喝到咖啡或茶,吃到甜点;如果餐桌上没有大勺子,那么这顿饭就喝不上汤了。有时候是所有餐具都事先全部摆在桌上,有时待者会随着每一道菜而更替餐具。对于后者,如果你不熟悉如何使用餐具及比较通行的用餐方式,一个最简单的原则是,观察周围比较懂礼仪的人,效仿即可。

(2)中餐

如果我到了一个中餐厅,里面很安静,我会离开,因为这代表生意不好。中国不同地域的进餐方式很不一样,有的地方可能先喝汤再吃饭,比如台湾人;有的地方可能先吃饭再喝汤,比如东北人。在比较正式的中餐宴席上,根据上菜的不同,用具的摆放也有讲究。有的筷子摆在勺子的右

全球最昂贵的用餐礼仪课

边,有的相反。不管哪种情况,看到摆放在最右边的餐具,你就会知道要先上菜还是先上汤。在座位上,中西餐也有不同,用中餐时主人坐在最靠近门的座位,方便与服务员交流和结账,而贵宾通常坐最里面;用西餐时,贵宾会坐在主人的右侧,方便交谈。

(3)自助餐

在酒店的自助餐厅就餐时,很多人会在大厅中高声喊:"这个菜很好吃啊。"结合这个真实的个案,这里谈一下自助餐方面的礼仪规范。

排队时不要插队。

要注意时间控制。最好在排队的时候就开始观察并决定要什么食物,尽量减少犹豫的时间,这样可以节省后面人排队等待的时间。

注意份量。大部分自助餐的盘子可以放三至五道菜,尽量不浪费食物。如果饿的话,你可以再回去取。

不要只拣贵的食物。一整排自助餐的食物里面,有的人只挑生鱼片、扇贝或牛排等比较贵的食物,这样的行为明显贪心。如果你跟客户吃饭,对方可能会怀疑这个人以后可能会占自己的便宜。

绝对不能翻菜。自己的叉子一旦碰到食物就要立刻夹起来,不要把菜放到自己的盘子上后,又放回去。

避免大声在厅里喊叫。食物夹完之后尽快离开,不要在旁边聊天边选择,否则会妨碍其他人。

无论你是吃西餐、中餐还是自助餐,进餐时都要注意以下细节:

(1)餐巾的使用。不论是纸餐巾还是布餐巾,都是就餐时用来擦嘴的。不用餐巾的时候,纸餐巾放在桌子上,布餐巾放在膝盖上,千万不要挂在胸前或别在领口。

(2)就餐完毕,将餐巾随意地折叠起来,放在盘子的左侧。

(3)就餐时,尽量不把胳膊肘放在桌子上,但手要尽量放在别人看得到的地方。

(4)无论西餐还是中餐,都要准备公筷和公勺。不要翻菜或玩弄食物。

(5)要闭嘴吃东西,空嘴讲话。如果对方问你问题时,你还在咀嚼,请向对方做出一个手势,表明等自己吃完后再讲。

(6)如果对方点的菜,你尝了一口不喜欢吃,要很低调地推到盘子旁边,不讲批评的话语。

(7)进餐时避免制造不雅的声音。打嗝或打喷嚏时,你需要把头转到椅子后面,尽量不引起其他人注意,如果情况比较严重,你可以起身去洗手间整理。

(8)饮料应该小口小口喝,而不是一口饮尽。不要在饮料里面吹泡泡或用于玩耍。

(9)遵守礼仪细节。需要离开座位的时候,要把椅子推进去,以免妨碍他人。

(10)商务宴请一般来讲不打包,如果你觉得浪费,可以私底下交代服务员,等散场之后,你再去找他拿。

(11)大部分商务宴请中,主人不在客人面前结账,而是点餐之前就已付好订金,或在中途去洗手间时结账。如果是AA制,在点餐之前要先跟服务员讲账单要分开。

一些小提醒

(1)对待服务员的态度

位列《财富》全球女性权力排行榜前五十名的一个连锁餐厅的CEO,面试新人的方式是与对方共同进餐,随时观察面试者对服务员的态度。如果看到对方对服务员态度不友善,她会马上结束面试,因为,一个人对他人的态度应该是不分层级的。对待服务员和对待尊贵的客人要一样,做到尊重。

(2)商务进餐最大的意义是跟周围的人交流

要努力地去跟餐桌上的每一个人而不只是你身边的人交谈,哪怕只是问个问题;要不管在座进餐的每个人的地位,和每个人都打招呼。

(3)吃饭后要感谢主人

无论你喜不喜欢这个餐厅或食物,都要感谢主人花时间和精力选餐厅和点菜。我们如果能够把进餐这个过程当做滋润我们心灵、情感的机会,那菜的味道是否可口就是次要的,因为进餐的话题和气氛的重要性已经超过了你的需要。这样,整个进餐会变成令人难忘的心灵交流,有时你不但会获得一个合同,还会与对方发展成为朋友,甚至生意伙伴。

(4)应避免的行为

①避免发出打断进餐的任何声音。如手机铃声、讲电话的声音、批评的话,以及讲任何影响进餐食欲的事情。如果在进餐的过程中,你需要接一个很重要的电话,要提前跟在场的人打声招呼,离开座位接听电话,简单地讲完电话就返回座位。

②避免在餐桌上进行个人整理的工作。如果有根菜在你的牙齿上不容易去掉,或者你需要补妆,请去洗手间处理。

人虽离席,交情未散
——离席的技巧

有的宾客公务比较繁忙,需要处理的事情比较多,或者是几个饭局都需要其到场,因此,在长达数小时的宴会中根本就无法自始至终参加。有的人能够到场就是给了宴会主人的面子,因此,对这些需要早退的宾客可以实行来去自由的政策。当然,需要提前离开的人也应该注意礼节,不能过分随意地逛几圈和初识的人相互介绍完后就走人,或者是与认识的人打了照面、与熟悉的人喝了几杯酒后就开溜。

1.提前退席者应该注意的十个细节

为防止由于你的离开而引起多米诺骨牌效应,让更多的人跟着一哄而散,你在提前退席时应该尽量不引人注目,也没有必要和身边的每一位朋友逐一告别。如果需要提前退席你应该注意十个细节:

第一，宴会主人邀请你的时候，你就应该事先说明需要提前离开的理由，你应该说明参加宴会时可以逗留的时间，让主人做到心中有数。

第二，应该尽量按照约定的时间准时到达宴会场所，如果你要晚到的，应提前致电告知宴会主人，让大家可以先开动，以免大家为等你而挨饿。

第三，参加宴会时，应按照酒桌礼节的要求，待主人敬完主宾和重要客人以后，择机向主人敬酒，只有向主人敬完酒以后你才可以择机离开。

第四，即使你已经参加过一场宴会，再着急的离开通常也要在"酒过三巡，菜过五味"以后，千万不能刚吃了一口菜你就走，否则主人非常难堪。

第五，如果你事先已经和主人说明过需要提前离开的原因，那么，离开时就没有必要再向主人告别说明了。最好的办法是和身边的一两个人轻轻地说一下就走。

第六，千万别问其他人是否需要和你一起提前离开，其实有很多人苦于找不到早退的理由，你的这种做法有可能把绝大多数的客人都带跑，让原本热热闹闹的场面提前散了场。

第七，如果你的不拘小节无意之中闹了场，是最难被宴会主人所原谅谅解的，或许你们会由此结下梁子成了冤家。因此，一个有良好教养的人绝不应该犯如此低级的错误。

第八，如果主人送你到门口，你应该马上与其握手告别，让他马上返回宴会现场，千万别和主人在门口聊个不停，要知道，主人在宴会期间有许多事情需要处理，有许多客人是需要招呼的。

第九，记得第二天一早主动打个电话给邀请你参加宴会的主人，向他真诚地道个歉，或者再次进行解释沟通，以表示你的礼貌和礼节。

第十，假如这是重要的公务活动，那你真的应先看清了主人、弄清了宴请的范围和主题再决定是否需要早退，以免得罪他人。假如这是朋友之间礼节性的聚会，你可以找机会弥补缺憾，以表示你的歉意。

2.千万别忘了后续追踪——饭局不是"一锤子买卖"

离席后,千万别忘了后续追踪,它太重要了,一定不能忘记,一定要追踪再追踪,不能断了联系。

常听江湖上混的人说起这样一条"潜规则":要与权势之人打交道,特别是有事相求的话,最好把话放到酒桌上。可权势之人往往不是吃素的,他们能推却不负责任的承诺,以"酒桌上的话不算数"为借口。江湖上管这叫"抹桌子"。可见酒桌上的承诺实在也有风险。

那么,如何尽最大可能地避免"抹桌子"呢?这就要求我们懂一点心理策略,学一点读心识人术了。

(1)有效地利用道德压力

火车是目前最常用的交通工具之一,但火车票通常是一票难求,尤其是在客运高峰期。

假设你结束了一年的奔波,终于搭上了回乡的火车,去看望千里之外年迈的父母。但你仅能买到一张站票,但幸运的是隔壁座位的乘客正好要下车,而你又是离这个空缺出来的座位最近的人,自然而然的,你得到了这个宝贵的座位。

可惜的是,你刚刚坐下没多久,便感觉肚子一阵绞痛,极有可能是因为昨天晚上吃到了不健康的食品。此时尽快上洗手间是最好的解决之道,但是你所面临的现实问题就是:从你走到洗手间门口开始排队算起,一直到你解决完问题回到座位上,差不多需要十几分钟的时间,而在这个时间段里,你的那个宝贵座位还留得住吗?

将自己的手提包放在座位上,暗示此座位已经有主,当然是一条可行之道,不过在一个陌生的环境里,这种做法是一件颇有风险的事情,即使你从洗手间回来之后手提包还在,但是你的的确确没有一张可以证明自己拥有此座位使用权的票,存在着和已经坐下来的乘客发生冲突的可能。那么,在此情况下,我们应怎么做呢?

第二章 饭桌小天地,人际大格局——进餐的学问按照我个人的经验与观察，大多数人都选择了这样一条解决之道：即在去洗手间之前，和同座位的旅客打一声招呼，请他在自己离开的时候负责照看一下，在获得同意之后，才放心地离去。

虽然没有做过详尽、具体的统计，但毫无疑问，在有人答应帮你照看的情形下，从洗手间回来之后，你的宝贵座位还保留着的可能性会高出许多。

出现这样现象的关键在于，当同座位的旅客答应你的请求之后，就代表着他对你许下了一个承诺，而他需要为自己的承诺负责任，去履行自己的承诺，所以他有义务为你照看座位，如果不这样做，他就会被视为一个言而无信的人，在这样的道德压力下，他自然会为你保留这个座位。

也就是说，所有承诺背后的当事人都有着很大的道德压力、不履行诺言会让他被认为是个两面三刀、自相矛盾的人，因此只要我们让对方许下诺言，对方就会机械地、不假思索地兑现这个承诺。

虽然我对这种"强势成交法"不甚赞同，但是从另外的一个角度来讲，这说明了一个人在公众面前许下承诺时所面临的兑现压力。

既然所有承诺的背后，当事人都有着要兑现承诺的、无形的道德压力，我们便可以有效地运用这个道德压力，迫使对方作出某种你所期望的行为。

但有个问题，就是最终需要承诺的肯定是一个大的要求，而如果你一开始就提出这个大的要求，对方有可能因为畏惧承担这种较大的压力而拒绝你的请求。

你可以将自己的大要求换成一个个小要求，小要求背后的压力较小，所以对方很容易答应，如此，你会一步步满足大要求所需要的条件，最终让大要求得以实现。

(2)读懂人心，避免判断失误

人类的心理活动非常微妙，但这种微妙常会从表情里流露出来。倘若遇到高兴的事情，我们脸颊的肌肉会松弛，遇到悲哀的状况，则会泪流满面。不过，也有些人不愿意将这些内心活动让别人看出来，让人判断失误。

比如，在一次饭局上，对方笑嘻嘻的一副满意的表情，使人很安心地觉得交涉成功了，"我明白了，你说得很有道理，这次我一定考虑考虑。"可是结果却是失败了。

由此看来,我们不能只简单地从表情上判断对方的真实情感。在以表情突破对方心理时,要注意以下两方面:

(1)没表情不等于没感情

生活中,我们有时会看到有些人不管别人说了什么,做了什么,都一副无表情的面孔。其实,没表情不等于没感情。内心的活动倘若不呈现在脸部的筋肉上,就显得很不自然,所以越是没有表情的时候,这人的感情可能越是冲动。

由此可见,观色常会产生误差。满天乌云不见得就会下雨,笑着的人未必就是高兴。很多时候,人们是苦水往肚里咽着,脸上却是一副甜甜的样子。反之,脸拉沉下来时,说不定心里在笑。

(2)透过"眼神"辨人心

在希腊神话里,若被怪物三姐妹中的美杜莎看上一眼,立刻就会变成石头,这是将眼睛的威力神化了。

从医学上来看,眼睛是人的五种感觉器官中最敏锐的,大概占感觉领域的70%,因此,被称"五官之王"。孟子云:"存乎人者,莫良于眸子,眸子不能掩其恶。胸中正,则眸子了焉,胸中不正,则眸子眊焉。"从眼睛里流露出真心是理所当然的,因为"眼睛是心灵之窗"。

深层心理的欲望和感情,首先反映在视线上,视线的移动、方向、集中程度等都表达不同的心理状态,观察视线的变化,有助于人与人之间的交流。爬上窗台就不难看清屋中的情形,读懂人的眼色便可知晓人们内心状况。

眼睛看人的方法由来已久。人的个性是一成不变的,无论其修养功夫如何深远。俗语说"江山易改,本性难移",看人的个性还是简单的,而情的表现则不然。性为内,情为外,性为体,情为用,性受外来的刺激,发而为情。情所表现最显著、最难掩的部分,不是语言,不是动作,也不是态度,而是眼睛,言语动作态度可以用假装来掩盖,而眼睛是无法假装的。我们看眼睛,不重大小圆长,而重在眼神。

你见他眼神沉静,便可明白他对你着急的问题,早已成竹在胸,胜券在握。你只需向他请示办法,表示焦虑。如果他不肯明白说,证明事关机密，你不必多问，只静待他的发落便是。

如果你见他眼神散乱，便可明白他也是毫无办法，徒然着急是无用的，向他请示，也是无用的。你得平心静气，另想应付办法，不必再多问。

如果你见他眼神横射，仿佛有刺，便可明白他异常冷淡，如有请求，暂且不必向他陈说，应该借机从速退出，研究他对你冷淡的原因，谋求恢复感情的途径。

你见他眼神阴沉，应该明白这是凶狠的信号，你与他交涉，须得小心一点，他那只毒辣的手，正放在背后伺机而出。如果你不是早有准备想和他见个高低，最好从速鸣金收兵。

你见他眼神流动异于平时，便可明白他是胸怀诡计，想给你些苦头尝尝。这时你应步步为营，前后左右都可能是他安排的陷阱，一失足你便会跌翻在他的手里；不要过分相信他的甜言蜜语，这是钩上的饵，是毒物外的糖衣，要格外小心。

你见他眼神呆滞，唇皮泛白，便可明白他对于当前的问题惶恐万状。他虽未绝望，也的确还在想办法，但却一点也想不出所以然来。如此，你不必再多问，应该退去考虑应付办法。如果你已有办法，应该向他提出，并表示有几成把握。

你见他眼神似在发火，便可明白他此刻是怒火中烧，意气极盛。如果不打算与他决裂，你应该表示可以妥协，速谋转机。否则，再逼紧一步，势必引起剧烈的正面冲突。

你见他眼神恬静，面有笑意，便可明白他对于某事非常满意。你要讨他的欢喜，不妨多说几句恭维话，你要有所求，这是个好机会。

你见他眼神四射，神不守舍，便可明白他对你的话已经感到厌倦，再说下去必无效果。你不如赶紧告一段落，或乘机告退，或者寻找新话题，谈谈所愿听的事。

你见他的眼神凝定，便可明白他认为你的话有一听的必要。你应该照预定的计划，婉转陈说，只要你的见解不差，你的办法可行，他必然是乐于接受的。

你见他眼神下垂，连头都向下倾了，便可明白他是心有重忧，万分苦痛。此时你不要向他说得意事,否则会加重他的苦痛,你也不要向他说苦痛事,因为同病相怜越发难忍。你只能说些安慰的话,并且从速告退,多说也是无趣的。

如果他的眼神上扬,便可明白他是不屑听你的话,无论你的理由如何充分,你的说法如何巧妙,也不会有高明的结果,不如戛然而止,退而求接近之道。

本章链接:饭局上的十个游戏

饭局除了吃之外,还有别的内容,例如饭后大家玩的游戏。现在我们就来看看饭后大家常玩的十个游戏。了解这些游戏,有助你在饭桌上轻松制造话题,加强人际互动。当然你若是练得娴熟,还可以避免被罚酒!

杀人游戏

游戏的关键人是法官,他应口齿清晰,明白解释游戏规则,制造迷局,等等。人刚满一桌最好,太挤了就不好。动作发出声音会影响游戏的公平和难度,所以比较适宜安静的聚会。

数青蛙

口诀是"N只青蛙跳进水中"+"N个扑通"。从座中任何一人开始,每人念两字,依次"一只""青蛙""跳进""水中""扑通""两只""青蛙"……循环下去,有几只青蛙就"扑通"几声,到了九只的时候可以重新开始。说错或者跟不上节奏者受罚。

心口不一007

第一个人叫"0"和一个在座者的名字,被叫的再叫"0"和另一个在座者的名字,第二个被叫者叫"7"和第三个被叫者的名字。一旦听到第三个被叫者的名字后,他左右的两个人要在最短时间内做出反应,可以挥挥手或抚摩第三个被叫者,让他带点儿众星拱月的自豪感。反应慢的人只能服输。

之所以说它"心口不一",因为最后那一关要考验的其实并不是被叫者,而是被叫者身边的两个人。过程中任何人若有什么不恰当的举动,都应判作错误而受到惩罚。该游戏的最大乐趣除了最后那一关,还有过程中的互相叫嚷,能让气氛热烈,牵涉面相当广。

第二种说法由开始一人发音"0"随声任指一人,那人随即亦发音"0"再任指另外一人,第三个人则发音"7",随声用手指作开枪状任指一人,"中枪"者不发音不作任何动作,但"中枪"者旁边两人则要发"啊"的声音,并扬手作投降状。出错者饮!

真心话大冒险

这是一个人人都会说的游戏,我在这里就不赘述了。玩该游戏要注意把握一个度。我曾在火车上玩,结果被惩罚去找列车员要签名,还得感谢他的辛苦劳动。

猜牙签

由一个人在手中握着N根牙签,这个N小于或等于桌上的人数,也可以没有,然后请大家猜他手中的牙签数。每个人猜的数目必须是不一样的。谁说对了,谁就喝酒,要是没有人说对,拿着牙签的人就喝酒。

开火车

在开始之前,每个人说出一个地名,代表自己,地点不能重复。游戏开始后,假设你来自北京,而另一个人来自上海,你要说:"北京的火车就要开。"大家一起问:"往哪开?"你说:"往上海开。"代表上海的那个人听罢要马上接着说:"上海的火车就要开。"然后大家一起问:"往哪开?"再由这个人选择另外的游戏对象,说:"往某某地方开。"如果对方稍有迟疑,没有反应过来就输了。

叫七

也称"逢七过",即一桌人围大圈,开始数数,通常从十以内的数开始喊,喊到七或者是七的倍数的数字或者是带七的数字,比如7、14、17、21等等,不能喊出来,只能用筷子敲下杯子或者喊过(需要事先统一),依次类推。一人错了,其他人还跟着喊就都需要接受处罚。

再看一下新花样:开头是一样的,但是,数到逢7的数字后,要倒回去数!比如,原来是顺时针数的,轮到甲是7,他敲一下桌子,照理坐在他左边的乙应该接下来数8,但现在要变成逆时针,由坐在他右边的丙数8!这样转来转去,我向你保证,转不了三次方向大伙儿就要迷糊!还有一点要说明:这种玩法只有第一回是从1开始数的,接下来谁输了罚完后,就由他开始数,可以不必从1开始,而是从小于10的任意数字开始。

我爱你VS不要脸

这游戏听上去有些"暧昧",实际上是个练反应的好游戏。规则是众人围坐成一圈,规定只能对自己左边的人说"我爱你",对右边的人说"不要脸"。两人之间只能连续对话三次。一旦有人说错,即受罚。亮点:当游戏达到一定速度时,反应跟不上的人,往往会出现"我……不要脸"或"不……我爱你"之类的经典"自白"。

记名字

这个游戏适合初次见面用来记住在座各位的名字。主持者等各人做好自我介绍之后说规则:大家一起有节奏的拍掌(两拍接一响指),然后主持人说一个名字,此人不用动作,继续拍掌(两拍接一响指),左手边的人喊另外一个人的名字,继续拍掌,一直下去,错了受罚。

另外一种玩法:大家围成一圈,第一个人说"我叫XXX,我喜欢打篮球",第二个人必须说,"我是站在喜欢打篮球的XXX旁边的喜欢吃醋的YYY",而第三个人必须说前面两个人的特征和名字,依次玩下去。这样一圈下来,名字就都记住了,大家可以更熟悉一点。

刮大风

此游戏适合人多口杂时玩。每个人都有一把椅子坐,还有一个人没有位子坐,然后这个人就开始刮风,刮什么风全由他定。比如他说"刮今天穿白色袜子的人",那么所有坐着的穿白袜的人必须起身换个位子,主持人可以趁机坐下,如此必有一个人没位子。这时候就换他刮风了,要想调动所有人的话,可以刮"所有的男生和女生","吃过早饭的人";也可以刮"钱包里有女朋友照片的人"等。玩这个游戏时,有人会不知所措,突然发觉自己是被刮的人之一,然后像无头苍蝇一样乱撞。

第三章

醉之以酒而观其性
——喝酒要"明白"

无论商场还是官场,喝酒都是一个很重要的交际手段。酒桌是一个联络、公关的场合。在这些酒局中,你必须做个"明白人",因为只有"明白人"才能喝出效果来。

即使你对酒桌上的种种潜规则感到厌恶,一旦身在其中,仍然不得不去适应,最起码,你要懂得一些基础的知识,让自己不至于在酒桌上出洋相,不至于被人一眼就看穿了底细。当然,我更希望你能做一个应酬达人,毕竟,在诸葛亮"识人七法"里面有一条"醉之以酒而观其性"。与人喝酒并劝酒,可以看出一个人的品性。酒消除了人的防御体系,容易让人本性毕露,这时候说出的言语,做出的行为,往往与其平时大相径庭。

从这个角度而言,酒这东西虽然多喝无益,但若运用得当,成事的可能性会很高。

酒局的谋略
——你赚的必定比一顿饭钱多

酒场毕竟不是商场,餐桌并不同于谈判桌,很多人酒醉之时的承诺只不过是一种常见的沟通、交际的方式与方法。所以"处处留心皆学问,人情练达即文章"这句话用在这里,一点都不会显得酸文假醋。吃饭、点菜、喝酒也许算不得什么高超技能,可如果在一个重要场合因为常识上的生疏把事搞砸了,那可就追悔莫及了。

如能领略饭局、酒场之精妙要义,熟练运用,并有所斩获,你赚的必定比一顿饭钱多。

1.酒局的势力结构——"我其实是个演员"

一个可以称得上"局"的宴请,单从参与的角色来看有设局人、主宾、赴局人、陪客、局托儿、花瓶、挡酒者、龙套、付账者等,不一而足,放眼看去好似一个颇有玄机的势力地图。你要认真分析你在这里所扮演的角色,有滋有味地去执行,权当这是一出舞台剧,套用喜剧之王里的一句话就是"我其实是个演员"。

设局人:发起饭局的主要人物,要达成饭局公关目标的最大责任人,又可以称为主陪。责任就是策化参与饭局的所有资源,让主宾满意,把该传达的、该了解的在席间完成。

主宾:赴局团队的领军人物,也是对方要邀请和公关的核心对象,拥有较高的话语权,一般掌握着设局人想要拿到的资源。责任就是合理地进行谈判,并达成双赢的利益交换局面。

赴局人:跟随主宾参予宴请的团队成员,地位比主宾要低,职位一般呈阶梯状下降,从副总、总监、经理到司机;结构搭配上要有精通业务的、能说会道的、酒量不错的、进行会议记录(在心里记)。

陪客:设局人一方的团队,与赴局团队的体系类似,结构上应基本一一对应,方便在开战的时候兵来将挡、水来土掩。

局托儿:千万别以为局托儿就像大街上的"医托、布托",能担纲局托儿的一般是有头有脸、于主宾和设局人之间游刃有余、都说得上话的人。这类人起到撮合的作用,双方出现分歧时能平和争端。

花瓶：没有美女不成饭局，虽然是花瓶，当起来也不容易，要能说，能喝，还得有礼有节，让对方高高兴兴，但也不能让自己赔了夫人又折兵。

挡酒者：碰见以喝酒多少为标尺来衡量诚意的主，着时没辙就得动用挡酒者。虽然酒量大的人很多，但会挡、挡得巧妙，不让来宾迁怒的有限。这种人得练一套跟说相声似的辞令，给足对方面子，保护自己领导。

龙套：饭局人不够，龙套凑。为了撑场面，叫上几个初出茅庐的年轻人充当龙套是常有之事。龙套，意味着饭桌上没多少你说话的份，但得带好嘴巴吃，带好耳朵听，带好眼睛专注地看着各位表演者，能学多少算多少。

付账者：这类人的责任是看果盘一上，该付账付账，该拿发票拿发票。

2.设计酒局的五个步骤

任何事物都有自己的规则，生意场上的酒局也不例外。

第一步，确定酒局大致预算，根据生意单的大小、对方的职务、公司的招待政策，选择一个均衡面子和钱包的酒场。

第二步，探听对方决策者的酒场偏好，是白酒、啤酒还是红酒，最好能确定到口味和品牌，有针对性地准备好酒。如果临时选择喝什么酒，最好让对方自主决定。当然这样做的风险是可能超出预算，因为酒往往比饭贵。

第三步，组织我方战斗团队，要选择一两名解酒体质或非常能喝的同志，视对方性别选择一两名美女或者帅男，而最高统帅的职务不能低于对方的决策者。

第四步，于酒局现场判断对方喝酒的风格，是好酒、厌酒，还是参半，采取不同的策略。酒局现场，如果你滴酒不沾的确不大合适，如果放开怀抱，很可能被人灌晕。所以开局之时要热忱敬酒，最好是绕场一周，以示合作态度诚恳，为人热情实在，值得做朋友；中场要尽量示弱，多唱赞歌，让对方不设提防，并趁机讲出自己的期望与要求，获得支持与认可，或者推出自己的得力战将，帅哥美女轮番进攻；进入尾声时，不妨掀起一个新的高潮,再次表达忠心与热爱,对双方友谊的感怀,表示自己从对方身上学到不少。

第五步,视对方情绪和自己的目的是否解决,适时宣布酒局结束。若有必要可以安排下一场节目,如无必要目送对方走人后,撤。

酒桌是情感沟通和交流的好地方。但如果不善于把握沟通时的感情尺度,做得过了头,或者做得不到位,便不能正确地表达自己的自律、敬人之意。凡事过犹不及,所以在酒桌上,我们既要彬彬有礼,又不能低三下四;既要殷勤接待,又不失庄重;既要热情大方,又不轻浮谄谀;即使谦虚也不能过度。酒局之上,我们要把握交往的分寸,注意感情适度、谈吐适度、举止适度。

(1)遵时守信

鲁迅先生说:"无端地浪费人家的时间无异于谋财害命。"这句话说明遵守时间是对别人尊重的重要体现,珍惜时间相当于珍惜别人的生命。时间就是金钱,时间就是生命,商场上最看重的莫过于守信了,而遵守时间也是守信的表现,所以邀约人或被人约吃饭一定要守时。如今我们正朝着国际舞台大步迈进,更要学习守时的好习惯,因为文明愈进步的国家愈珍惜生命,也愈强调守时的重要性。

(2)认清主客

商务宴请中,主方立场为保护者,而客方扮演的则是被保护者的角色。例如:进入饭店时,主人往往走在来宾的左后方,强调"以右为尊";上楼梯时应让领导、来宾走在前方,以防止对方不慎跌落;下楼梯时则让领导、来宾走在后方,以便随时给予保护。一个引导者,应走在来宾的前方以为其引领方向,且在转弯处、楼梯间及进出电梯时放慢脚步,等待客人。进电梯时要先让领导、来宾进入,出电梯时则相反,以免电梯门不慎夹到来宾。以上所述看似是不重要的小事,实则不然,这些细节不仅可以反映出我们个人的修养,也更能让客人感受到我们的真诚与可靠。

《礼记》早就明确提出了"礼从宜,使从俗"的要求,意思是,依礼行事要适宜,出使的人要尊重当地的风俗。在商务宴请中,处于客位的当事人应该遵从当地的或主人的规范,客随主便。客随主便的要求,使双方对在发生交往时遵从的礼仪规范有了一个共同的认可标准，从而可以减少盲目性和无序性。处于客位的当事人需要暂时放弃自己熟悉的固有的礼仪规范，转而学习、熟悉和遵循比较陌生的新的礼仪规范。因而，客随主便的要求，更多的是对于客方当事人的限制。当然，这种遵守是在对方尊重自己的民族、气节和人格的基础上的遵从，反之，则不适用。

(3)尊敬他人

在商务宴请中，是否尊重他人是一个人文化素养的体现，精神境界的写照，也是一个人有无社会经验的表现。

现在很多地区都在推行"拒绝二手烟"的运动，因为被动吸二手烟容易对人体造成危害。因此在会餐时，我们要先询问自己是否可以吸烟，以免危害他人健康，侵犯他人的生命权。会餐中如欲喝酒也该讲究礼貌，千万不要不分场合地进行劝酒。酒喝多了会伤身，酒后开车更是危险，既损人又不利己，所以商业行为中注重对方的生命权亦是很重要的一环。

在餐桌上，如物品不慎掉落需要捡拾时，应先通知身旁的人，然后再俯身去拾捡，并说"对不起，我捡下东西"，切切不可直接弯身取物，以免吓着身旁的人。另外，桌子以下部分是女性最隐秘的空间，男性不能冒失行事。

记得不要从背后喊人，因为使人受惊吓的行为是很不恰当的。用餐时不可用筷子等尖锐的东西指向他人，这样会使别人产生恐惧感。

每个人都希望拥有自己的空间和不为人知的秘密。所以，在宴请场合不要随意谈论他人隐私，或以爱打听的姿态自居。有些过于私人的问题容易造成尴尬的场面，应尽量避免公开谈论，诸如婚姻状况、年龄、体重、三围以及薪水、穿着品牌、使用的化妆品品牌等。与人交谈时，如果对方不愿主动提及某事，必有其原因或有难言之隐，此刻最不应该有的态度就是"打破沙锅问到底"。如果你知晓了别人的困难，又没有能力替人分忧解难，千万不要在背后幸灾乐祸，因为这是很不道德的行为。如果你知道了别人的隐私，也不要到处去传播，否则会落得一个传播小道消息、出卖朋友的恶名

(4)真诚友善

真诚友善是做人之本，也是生意人立业之道。有位名人曾说："人与人

全球最昂贵的用餐礼仪课

相交贵在交心,人与人相知贵在知品,人与人相敬贵在敬德。"真诚向来是为人称道的美德,而虚伪做假最遭人厌弃。真诚待人,可广结人缘,认识众多的同行朋友和社会友人,与人相处时感情融洽,即使有点误会或隔阂,也能消除,正所谓心诚则灵;虚假处世,只会糊弄一时,终不会长久,相交者必寡。在商务宴请中,我们务必以诚待人,诚心诚意,诚实无欺,言行一致,表里如一。只有如此,我们在酒宴上所表达的对交往对象的尊敬与友好,才会更好地被对方理解和接受。

(5)自律自重

酒桌应酬之中,不论身份高低、职位大小、财富多寡,每一位参与者都不可随心所欲,要做到自律和自重。自律就是自我约束,时时处处用礼仪规则,规范自己的言行举止。自重反映一个人的思想道德水平,反映了一个人的社会经验。宴请客户或去赴宴,一道菜十分可口,多吃一点无妨,但如果不节制地、自顾自地尽兴大吃,肯定会招人非议。

某财会公司有一位实习生参加公司组织的一次郊游,地点是一个乡村俱乐部,他把此次郊游当作是一次社交活动,喝了很多酒后,便大喊大叫,让人生厌。最后,他没有得到这家公司的聘书。

自律的原则还反映在不忽视细节礼仪上,因为别人往往是从细微处来观察你的为人和品格。有时一个细节可能会让你得到别人的尊重和敬佩。

(6)入乡随俗

由于国情、地域、民族、文化背景的不同,商务宴请中,实际上存在着"十里不同风,百里不同俗"的情形。对这一客观现实我们要有正确的认识,不要自高自大、惟我独尊、以我划线,简单地否定其他人不同于己的做法。必要之时,我们须入乡随俗,与绝大多数人的习惯做法保持一致。只有这样,才能融洽人际关系和扩大人际交往。

总之,一个人只要遵守基本的道德规范,掌握并应用商务宴请的基本原则,时时以这些原则来约束自己,才能使自己成为一位合格的现代商务人员,在商海中取得更大成功。

3.生意场酒局大忌——忘记自己的目的和要求

一位副科长在酒桌上，喝了前三杯酒，又转了一个"钢圈"后，有些喝多了。副科长与别人谈兴正浓，越说越近乎，大脑松弛，一时把持不住，把憋在心里的话全部倒出来，大说科长如何如何不好。借着酒劲有二三个人随声附和。他觉得总算有个说话的地方，有了倾诉的人，便"酒逢知己千杯少"，与在座的人推杯换盏，推心置腹。第二天科长见到副科长用话点他说："昨天酒喝得不错，高兴呀？"一句话让他倒吸了一口凉气，刷地一下脸全红了。原来有好事者，当面嘻嘻哈哈，背后做恶人，把他的那些酒话添油加醋后传给了科长。

酒桌上切莫"醉卧沙场君莫笑，古来征战几人回"。记住你是有目的、有要求的上进青年，不可自乱阵脚。别人没倒你先倒下了，一则容易酒后失态惹人生厌；二则无法判断时局，达成目标。

在酒桌上，酒喝多了确有些兴奋，有一种非说不可的感觉，可你要千万记住，不能把平时不敢说、不能说的话倒出来，这是忌讳，是血泪教训。

有的人以为，不论是否相识，在一起喝酒就是"哥们"。即使不是"哥们"，也都是熟人，"哥们"还有什么忌讳，还用谨小慎微？"哥们"也有醒酒的时候，到那时，酒话便成了鬼话。因为喝一次酒伤了人，实在得不偿失。

吃喝娱乐，气氛活跃，宾主尽兴而归，就不会喝出烦心事。这种事，道理浅，实践难。我们只有认真做起来，做到位，才能赚足更旺的人气，为事业发展做好铺垫，为事业攀升埋下伏笔。是处处被动，还是处处顺利，就看你是否做到以下几点。

(1)众欢同乐，切忌私语

大多数酒宴宾客较多，所以应尽量多谈论一些大部分人能够参与的话题，得到多数人的认同。因为个人的兴趣爱好、知识面不同，所以话题尽量不要太偏，避免唯我独尊，天南海北，神侃无边，而忽略了众人。

尽量不要与人贴耳私语，否则会给别人一种"就你俩好"的嫉妒心理，影响喝酒的效果。

(2)瞄准宾主,把握大局

大多数酒宴都有一个主题,也就是喝酒的目的。赴宴时我们应首先环视一下各位的神态表情,分清主次,不要单纯地为了喝酒而喝酒,而失去交友的好机会,更不要让某些哗众取宠的酒徒搅乱东道主的意思。

(3)语言得当,诙谐幽默

酒桌上可以显示出一个人的才华、常识、修养和交际风度,有时一句诙谐幽默的语言,会给客人留下很深的印象,使人无形中对你产生好感。所以,我们要知道什么时候该说什么话,语言得当,诙谐幽默。

(4)劝酒适度,切莫强求

在酒桌上往往会遇到劝酒的事。有的人喜欢把酒场当战场,想方设法劝别人多喝几杯,认为不喝到醉就是不实在。

"以酒论英雄"对酒量大的人还可以,酒量小的就犯难了,有时过分地劝酒,会将原有的朋友感情完全破坏。

(5)敬酒有序,主次分明

敬酒也是一门学问。一般情况下敬酒应以年龄大小、职位高低、宾主身份为序。如果与不熟悉的人在一起喝酒,你要先打听一下对方的身份或是留意别人如何称呼他,避免出现尴尬或伤感情的局面。

敬酒时一定要把握好敬酒的顺序。你有所求的某位客人在席上时,你对他自然要倍加恭敬,但是要注意,如果在场有更高身份或年长的人,则不应只对能帮你忙的人毕恭毕敬,你要先给尊者长者敬酒,不然会使所有人都很难为情。

(6)察言观色,了解人心

要想在酒桌上得到大家的赞赏,就必须学会察言观色。与人交际,要了解人心,左右逢源,才能演好酒桌上的角色。

(7)锋芒渐射,稳坐泰山

酒席宴上要看清场合,正确评估自己的实力,尽量保留一些酒力和说话的分寸,既不让别人小看自己又不要过分地表露自身,尔后选择适当的机会,逐渐放射自己的锋芒,才能稳坐泰山,不致给别人产生"就这点能力"的想法,让大家低估你的实力。

实用拒酒宝典
——七剑下天山

酒桌这个交际场所,是挺考验人的。你不能喝酒,最好学会拒酒;你酒量不能让新友们痛快,就得凭三寸不烂之舌让大伙儿开心。这样,既不伤自己的身体,还不会让劝酒者扫兴。

酒场上敬酒劝酒是门正面学问,而与之相反的拒酒是门负面学问,它们属于矛与盾的关系,谁能打败谁,就看临场发挥了。

1.基础级别:七条拒酒宝典

下面介绍的七条拒酒宝典,只要善加运用,你就能在酒局之中进退自如:

(1)只要感情好,能喝多少喝多少

你可以展开说:"九千九百九十九朵玫瑰也难成全一个爱情。只有感情不够,才用玫瑰来凑。因此,只要感情好,能喝多少,喝多少。我不希望我们的感情掺合那么多水分。我虽然喝了一点儿,但这一点儿是一滴浓浓的情。点点滴滴都是情嘛!"

(2)只要感情到了位,不喝也会陶醉

你试试这样说:"跟不喜欢的人在一起喝酒,是一种苦痛;跟喜欢的人在一起喝酒,是一种感动。我们走到一块,说明我们感情到了位。只要感情到了位,不喝也陶醉。"

(3)只要感情有,喝什么都是酒

你如果确实不能沾酒,不妨说服对方,以饮料或茶水代酒。你可以问他:

"我俩有没有感情？"他肯定会答："有！"你顺势说："只要感情有，喝什么都是酒。感情是什么？感情就是理解，理解万岁！"然后以茶代酒，表示一下心意。

(4)感情浅，哪怕喝大碗；感情深，哪怕舔一舔

酒桌上，千言万语，无非归结为一个字"喝"。如："你不喝这杯酒，一定嫌我长得丑。"又如："感情深，一口吞；感情浅，舔一舔。"劝酒者把喝酒的多少与人的美丑和感情的深浅扯到一块时，你可以驳倒它们的联系："如果感情的深浅与喝酒的多少成正比，我们这么深的感情，一杯酒不足以体现。我们应该跳进酒缸里，因为我们情深似海。其实，感情浅，哪怕喝大碗；感情深，哪怕舔一舔。"

(5)为了不伤感情，我喝；为了不伤身体，我喝一点

他如果劝你说："喝！感情铁，喝出血！宁伤身体，不伤感情；宁把肠胃喝个洞，也不让感情裂个缝！"你可以这样回答："我们要理性消费，理性喝酒。留一半清醒，留一半醉，至少在梦里有你伴随。我是身体和感情都不愿伤害的人，没有身体，就不能体现感情；没有感情，就是行尸走肉！为了不伤感情，我喝；为了不伤身体，我喝一点。"

(6)在这开心的一刻，让我们来做选择题吧

我们思路打开一些，拒酒的办法就来了。如果对方要借酒表达对你的情和意，你可说："开心的一刻是可以做选择题的。表达情和意，可以拥抱、拉手、喝酒，任选一项。我敬你，就让你选；你敬我，应该让我选。现在，我选拥抱，好吗？"

(7)君子动口，不动手

他要你干杯，你可以巧设"二难"，请君入瓮。你可以问他："你是愿意当君子还是愿意当小人？请你先回答这个问题。"他如果说"愿意当君子"，你便说"君子之交，淡如水"，以茶水代酒，或者说"君子动口，不动手，你动口喝"，请他喝；他如果说"愿意当小人"，你便说"我不跟小人喝酒"，然后笑着坐下。

拒酒词、拒酒的办法还有很多，我们要随机应变，"兵来将挡"如此，即使你没有酒量，凭着自己的机智和口才也可以在交际场上应对周旋，游刃有余。

链接:不喝醉兵法三十六计

【第一套胜战计】

第一计瞒天过海:以水代酒。此计关键在于巧妙,不露声色者为高手。

第二计围魏救赵:英雄救美,有时需有骑士精神。

第三计借刀杀人:请人代喝,当然需找要好的朋友。

第四计以逸待劳:常去厕所,能躲一杯是一杯,必要时一吐了之。

第五计趁火打劫:醉中取胜,众人皆醉我独醒。

第六计声东击西:能拖就拖。

【第二套敌战计】

第七计无中生有:常说酒话,说到别人迷糊之际,就是成功避酒之时。

第八计暗渡陈仓:偷着倒酒,要特别注意的是别把酒倒进了邻坐女生的鞋里。

第九计隔岸观火:少说多看,沉默为佳。

第十计笑里藏刀:笑脸相迎,取得好感和信任,掺假时不易被怀疑。

第十一计李代桃僵:请酒友相帮。

第十二计顺手牵羊:先吃几口,有菜垫底醉得慢。

【第三套攻战计】

第十三计打草惊蛇:全换大碗,有时能吓倒一桌人。

第十四计借尸还魂:吐了再喝,或借故在室外待上一段时间。

第十五计调虎离山:喝酒比别人慢半拍。

第十六计欲擒故纵:各位随意,礼让为先。

第十七计抛砖引玉:先喝为敬。

第十八计擒贼擒王:先敬领导或老大。

【第四套混战计】

第十九计釜底抽薪:司机先走,让对手大喝。

第二十计混水摸鱼:连洒带倒。

第二十一计金蝉脱壳:借口与妻有约,接了电话就闪。

第二十二计关门捉贼：先想法灌醉主要对手。

第二十三计远交近攻：设计让一帮朋友喝倒另一帮朋友,使自己好从中脱身。

第二十四计假途伐虢：隔桌敬酒,不忘礼数,借机"卖"酒。

【第五套并战计】

第二十五计偷梁换柱：杯中装水,真作假时假亦真。

第二十六计指桑骂槐：酒德在先,先礼后兵。

第二十七计假痴不颠：心中有数,假装醉酒。

第二十八计上屋抽梯：酒瓶全启。

第二十九计树上开花：借机吐酒。

第三十计反客为主：主动敬酒。

【第六套败战计】

第三十一计美人计：红颜陪酒。如果你找来美女陪酒,可挡十万甲兵。

第三十二计空城计：长时间的借故离席。

第三十三计反间计：推选出全桌酒量最高的人当老大,如此你就可以就坡下驴。

第三十四计苦肉计：先罚自己三杯。

第三十五计连环计：轮番敬酒,让对方不厌其烦。

第三十六计走为上：该走就走,一走了之。

2.升级版:少喝酒的七种武器

武器一:无中生有计

所谓的无中生有,其实就是找个借口,譬如说饭后还要开车,晚上有活动啦,和老婆已经酝酿了半年的世纪工程正在实施,最近在服用强身健体养胃镇痛的中药忌用酒(有医生开的证明效果更佳)等等。切记,该计在同一客人面前只能用一段时间,属于短期行为。若长时间多次使用,会引火烧身,后患无穷。

武器二：偷奸耍滑计

象征性喝过几杯后，我们可取一吸水力强的毛巾放于手边，每饮一杯后，都做痛苦状，假装咳嗽，以毛巾掩口，顺便将口中的酒吐在毛巾上。待毛巾湿透后，偷偷在桌下将酒水拧出，毛巾重复使用。切记，一定要偷偷拧干毛巾，拧几次后赶紧换毛巾，否则你不醉倒也会被毛巾熏倒。

武器三：空城计

酒过三巡时，喝酒高手往往开始发威，疯狂敬酒，以摧枯拉朽之势将桌子上残余力量全部扫倒，我们于此时牺牲的可能性最大。为避免不长眼的子弹，我们可借口上卫生间，躲进小间里不出来。如果没有小间，就站洗手池旁，一旦发现同桌的人进来，立马与水龙头亲热地抱成一团，作呕吐状。如此不但可以享受后背免费按摩的幸福，还能被赞以"哥儿们倍儿豪爽，可作朋友"。此时，座位上唱起空城计，酒自然就不用喝了。

武器四：偷梁换柱计

对方是普通客户，做假问心无愧时可以采用此计。用饮料冒名顶替酒类，如：用白水代替白酒，以茶代替啤酒，以姜煮可乐代替红酒，以煮过的七喜或橙汁代替黄酒。为避免被识破，你可以开始时真而又真，然后虚虚实实，一会儿真一会儿假，再来假中有真，真中有假，把所有人都唬住以后，再搞假而又假。此计用到最后，就变成假亦真来真亦假，因为只要感情有，喝啥都是酒了。

武器五：乾坤大挪移

如果客人酒量甚大，你不可能陪好，就尝试着转移对方注意力。对方喜欢围棋，你就大谈中日韩三国围棋擂台赛；如果对方酷爱足球，你就把西甲、意甲、德甲、英超挂在嘴边；如果对方喜欢时尚，香奈儿、保时捷之类的品牌创业故事要信手拈来。对方入神地听你口若悬河，夸夸其谈时，早忘了敬酒拼酒干杯。不把对方喝得舒舒服服，你就一二三四五、甲乙丙丁戊没个完。如此对方不但喝好了，而且会认真地交下你这个让人"戴高乐"的朋友。

武器六：李代桃僵计

如果您是领导，可用李代桃僵计，但要有一个好秘书。"好"是好酒量、

全球最昂贵的用餐礼仪课

好胆量的"好",没有上酒山下酒海的劲头,没有一斤二锅头不醉古今中外啥酒都会的能力,是绝对不行的。此计说白了就是领导喝到位以后,不再喝了,一切由秘书代劳,兵来将挡水来土掩。优秀的领导喝酒的,要有一个优秀的秘书当助手。

武器七:醉为不醉计

有些场合,不得不醉时,快醉比慢醉好,速战比恋战喝得少,因此,我们应以迅雷不及掩耳之势,将自己放倒,亮出底牌,以大无畏的气概博得对方的好感,下次喝酒,他就不会再让你这样喝了。

以下,还有几个版本的的计策,供你审时度势,一一挑选。

两肋插刀版:朋友代喝

适用人:人缘好、有深交朋友之人

这里的"两肋插刀"不是说你,而是说你的好友。所以用此计的前提是你有个深交的好友,需要之时他能拔刀相助,大有朋友事就是自己事的侠义,可端过你的酒一饮而尽,面不改色。

有这样的朋友在酒桌上护驾,真是再多的酒"也能对付"。当然如果你还没结婚的话,要记得他是伴郎的不二人选。

惧内男人版:老婆不让

适用人:名声远播而引以为豪的"模范丈夫"

如果大家都知道你老婆管得严,而你又不畏"重色轻友"的"盛名",以哄老婆高兴为第一"要务",就干脆在酒桌上搬出老婆的"圣旨"。当然将此计演绎得出神入化者,会声称宴会后要陪"老泰山"出门,为了他老人家的安全和自己的孝道,请各位仁兄见谅云云。做到此,不光不会被耻笑,还会赢得席间众女士的青睐。

守法公民版:晓之以理

适用人:性格耿直、铁骨铮铮之人

入席时自己先声明,今天开车,有酒坚决不喝。如有人劝,则搬出《道路交通安全法》严禁酒后驾车的条款,并且以大哥之铮铮铁骨的面目示人,不仅自己不喝,也奉劝席间所有驾车来的朋友也不要喝。朋友多是通情达理之人,既然已经言之凿凿,想必不会太为难你。

聪明滑头版:转移视线

适用人:眼观六路、鬼怪精灵之人

你要真具有此特质,根本不愁应付别人劝酒。岂止是劝酒,其他对别人来说是难题的事在你这里也能迎刃而解。你大概会这样做:劝酒者刚举起酒杯,你便先发制人,将众人注意力转到另一刚刚得意的哥儿们或当天格外漂亮的女士身上,当他们被众星捧月之时,你已一边喝着茶一边暗笑又逃过一劫了。

我行我素版:死皮赖脸

适用人:岿然不动、心理素质极佳之人

被劝酒之人大都碍于朋友情面,应对方要求先饮"少许",然后全线溃败。所以用此计者不光要心理素质极佳,还要深谙处世之道,知道死皮赖脸硬是不喝不过是一时的尴尬,一般不会真的伤了朋友感情,否则那就不是真的朋友了。

温柔煽情版:动之以情

适用人:性格温柔、小鸟依人的女性

如果你是个温婉的小鸟依人型的女性,不妨选用此计,款款地道出与酒无缘的缘由或自己开车的实际情况,既合情合理又招人怜爱。劝酒人纵有一千个理由也难抵怜香惜玉之心,说不定还会主动给你倒上一杯果奶。

非喝不可版:代驾出马

适用人:黔驴技穷、醉眼惺忪之人

反正是跑不掉了,也别想喝了再去吐,干脆放了开了喝,有代驾公司为你服务。

豪放尽兴之后,让代驾公司派人把你连车带人送回去,那叫一个帅;这还能让那些开车来不敢喝的主痛下决心:一定要接受新生事物!

假戏真做版:以水当酒

适用人:不会说NO的老好人

如果你从来不会拒绝别人,又是一贯的老好人或聚会召集者,干脆提前备一杯白水,打个有准备之仗。如果谎言被揭穿,成为被讨伐的众矢之的,还不如就别开车,毕竟朋友难得一聚,就"牺牲"小我成全大家吧。

常规武器版：搬出医嘱

适用人：肚大腰圆、一看就是脂肪肝的"得主"

很小的时候我就见父辈常在酒桌上拿出病假条示人，不过那个时候的病症大都是胃溃疡、十二指肠溃疡等器质性疾病。现在此法依然长盛不衰，只不过病的名称变成了脂肪肝、糖尿病、心脑血管病等"富贵病"，这大概也算是时代的进步吧。你要是真把医嘱拿出来，朋友们不会再劝你酒，但"小腐败"这样的笑谈是少不了的。

酒桌上的生意经
——从"能喝"到"会喝"

宴客饮酒是滋生情谊，促成交易的温床。

许多人都是在社交应酬中交到朋友的。在宴会上，不相识的人坐在一起，酒杯一碰，仰脖把酒喝下去，就可能成为好朋友。

饭桌酒场是生意人应该经常出席的场合，如果能把握好和利用好这场合，它便会成为生意人成功的最有利工具。

1.如果方式不对，再怎么喝也是白搭

凡事都有目的或者动机，请客也是一样的。

从业务的角度讲，请客的目的无非有两个：一是即时的商业目的；另一个是出于巩固或者增进客情的需要。或许有些业务员认为这种观点具有太强的功利性质，缺乏人情味，但事实是我们在从事一项商业活动，任何手段都是为了实现自己的商业目的，这无可厚非的。

明确了请客目的,那么要请谁,怎么请,请什么规格,在什么地方请,预算是多少,要达到什么效果等一切问题自然就迎刃而解了。

比如你要获取客户的重要决策信息, 或者让客户接受自己的合作方案,那么你要请的不是客户,而是客户手下的某个得力助手;如果你要做进大卖场,那么你要请的是商品部经理,而不是卖场的总经理或老板。客户本人不会给你任何信息,你请了也是白请,有时你越请事情越难谈成;相反,如果你请的是客户的某个助手,那么一切就好办了。

如果要增进客情,你则要把请客的对象着眼于客户本人,以及他的家人,只要客户家人和你建立了密切的关系,就不愁客户本人跟你的关系会不好。

某个公司的业务员在长沙长驻了两年, 一直没有和客户在一起好好吃过一顿饭,因为客户经营着好几个公司,每天都东奔西跑异常繁忙。但是业务员发现这个刘老板每天再忙, 都会找时间给自己读高中的儿子打个电话。业务员找到了突破口,鉴于刘老板的小孩热衷于学英语,他每周找一天的时间请他的小孩去参加周末的"英语沙龙"。此后不仅孩子的英语成绩提高了,刘老板也对这个其貌不扬的业务员"刮目相看"。

所以,无论如何,我们一定要先明确请客的目的,再根据目的,决定请什么对象,如此,才能有效达成自己的"江湖"目标。

既然明确了为什么要请,以及要请谁,接下来就要确定请客方式和规格。

先谈方式。很多业务员都以为请客就是吃饭喝酒,这种理解是比较片面的。

某个公司的业务员在派驻天津市场时, 几次想请该地区的客户一起吃饭却总被婉言相拒。经过了解,他才知道客户下海经商前原是天津大学一名教授,对那些请客吃饭的方式不是很"感冒",但在做生意之余喜欢听交响乐和吃西餐。后来,业务员找了个机会,请客户观看意大利交响乐团在北京的演出。渐渐地,两人竟然成了"忘年交"。

还有个业务员,在请一名东北客户时,忽略了东北汉子的好酒豪爽,竟然请客户在一家咖啡店喝咖啡,最后,不但合同没有签定,还给人留下了不佳印象。

可见，如果方式不对，再怎么使力也是白搭。

宴请的规格也很重要，要符合请客对象的身份，以及你即时公关的需要，因为请客是生意的延续、智慧的"较量"。

某公司业务员小张，招待一个山西来的客户。本来客户已经基本确定接受目前的合作条件，但因为小张晚上请了一顿很丰盛的晚餐，反而迟疑了。原因很简单，你对客户太好了，会让客户认为你很需要他。果然，客户回头继续向厂家提条件，让小张大伤脑筋。

所以，如果你希望促成和客户的合作，请客的规格未必是越丰盛越好，只要遵循热情、有气氛、合适便可。对于老客户特别是重点客户，这一点更需注意。

2.敬酒有道，尽量少喝酒多办事

酒桌文化在中国是很深远的，很多大的生意都是在酒桌上谈成的。俗话说"无酒不成宴"，生意人在交际应酬时，自然少不了饭局和酒场。

但是，为了提高酒桌上的办事效率，生意人不应胡喝海喝，而应该通晓酒桌上的学问。

生意应酬之中，喝酒同其他事宜一样，有一定的讲究。比如对方要你干杯，出于礼貌你必须将酒喝完，以表示对对方的祝福，此时去谢绝是不礼貌的。如果你实在不会喝酒，也必须抿一口，以示礼貌。在干杯的时候，酒杯不要举得太高，以不超过自己的视线范围为佳。如果对方是站起来向你敬酒的话，你也一定要站起来，因为平起平坐才是应有的礼貌。

谈生意做东请客户吃饭时，酒桌上的劝酒，虽然不见"经传"，但是，确有一番讲究。欲知客人能喝不能喝，要看主人会说不会说。在宴席上侃侃而谈，语惊四座，能运用语言来驾驭酒场上的人，往往为客人所叹服，能为沟通感情，建立良好的关系铺下坚实的基础。

劝酒并不只是"劝君更尽一杯酒"，还要适时"劝君少饮一杯酒"，好让大家乘兴而来,尽欢而去。我们一定要破除"但使主人能醉客,不知何处是他乡"的观念和不喝醉就不够意思的思想。

喝多少酒是因人而异的,生意人一定要注意喝酒不可过量,一般来说不宜超过自己酒量的1/3,否则不利于酒桌上谈生意。有人曾这样说:"喝第一杯是人饮酒,喝第二杯是酒饮酒,喝第三杯就是酒饮人了。"的确如此,适量喝酒对身体并无大碍,还可以活跃与人交往应酬的气氛。但如毫无节制地喝酒,且逢喝必醉,不但会严重影响身体健康,还会使自己在公众场合失态,影响自己的形象。

所以,在喝酒前我们要先适当评估一下自己的酒量,不要逞一时英雄,而致终生遗憾。

若酒量无法与客户抗衡,如何做到既让客户如意,又能保护自己?

其一,以子之矛攻子之盾。

劝酒者采用的是欲抑先扬的战术:先恭维你是"高人"是"朋友",弦外之意即是——如果你不喝酒,就不配为"高人"、不配为"朋友"。对此,你可以反过来说:"你要我喝酒简直是要我的命。如果把我当朋友,就不要害我。"

劝酒者都有一个心理:喝也罢,不喝也罢,口头上都必须承认是朋友,是兄弟。抓住这个弱点予以反击,劝者会碍于"朋友"的情面,不得不缄口。

其二,装痴卖傻。

对方硬劝你喝酒,你可装出一副豪迈的样子说:"我本不会喝酒,但诸位兄弟的殷殷之情令我非喝不可。今天我就舍命陪君子,为你们醉了也值!"说完仰脖一口喝干,然后作烂醉如泥人事不省状,任谁推拉叫喊都置之不理。如此,对方就再不会来找你了。

其三,三十六计走为上。

当以上两种方法都不能应付时,我们就只有找个借口"开溜"了。这个借口最好是意外的情况,让人觉得你有暂时退席的必要。如事前安排好第三者,让他在关键时刻来喊你:"某先生,你有紧急电话。"你便可做欲走还留状:"对不起,各位! 我去去马上就来,马上就来。"一离开酒席就躲起来,到酒席完时再回来说几句道歉的话。对方对你善意的欺骗不会太在意的。

以上策略不过是使用在朋友或是同辈人身上的，用在上司、客户身上，你就要另想办法了。

满面笑容地拒酒，智在以柔克刚。

有不少人发现，相当多的"酒精(久经)考验"的拒酒者，无论你如何天花乱坠地劝，仅是笑眯眯地频频举杯而不饮。

张某乔迁之日，特邀亲朋祝贺，小李也在其中，然而小李平素很少饮酒，且酒量"不堪一击"。酒宴上，小王提议和小李单独"意思"一下，小李深知自己酒量的深浅，忙起身，一个劲儿地扮笑脸，一个劲儿地说圆场话："酒不在多，喝好就行。""经常见面，不必客气。""你看我喝得满面红光，全托你的福，实在是……"结果小王也无可奈何。

突出事实地拒酒，智在申明情况。

事实胜于雄辩，拒酒时，你若能突出事实，申明实际情况，再配上得体的语言，便能令劝酒者欲言又止，辍杯罢手。

A君参加一个生日宴会，B君好久未曾和A君相逢，提出要和A君痛饮三杯。A君说："你的厚意我领了，遗憾的是我最近一段时间身体不适，正在吃药，好久滴酒不沾，只好请你多关照。来日方长，日后我一定与你一醉方休，好吗？"此言一出，B君只好罢手。

针对后果地拒酒，智在前车之鉴。

饮酒当然应是喝好而不喝倒，让客人乘兴而来，尽兴而归。那种不顾实际的劝酒风，说到底，充其量只能算是低级趣味的劝酒术，乃劝酒之大忌。作为被动者，当酒已喝到自己酒量的一半时，应向东道主或劝酒者说明情况，如："感谢你对我的一片盛情，我原本只有三两酒，今天因喝得格外称心，多贪了几杯，再喝就'不对劲儿'了，还望你能体谅。"如此开脱以后，就再也不要喝了。这种实实在在说明后果和隐患的拒酒术，只要劝酒者善解人意，就会见好就收。

反守为攻拒酒，智在后发制人。

反守为攻，意即不动声色，静听其言，等待时机，一旦时机成熟，便抓住对方言辞中的"突破口"，反守为攻，使对方无法争辩。

在刘某新婚大喜之日，酒宴进入高潮时，某"酒仙"似醉非醉、侃侃而谈,请两位上座的来宾一起一人"吹"一瓶。面对"酒仙"言辞上的咄咄逼人,两位来宾中的一人站起来说:"我想请教你一个问题,'三人行,必有我师焉',这是不是孔子的话?"

"酒仙"随即答:"是的。"来宾见其已入"圈套",便说:"既然圣人说,'三人行,必有我师焉',你又提议要我们两人一起喝,你现在就是我们两位最好的老师,请你先示范一瓶,怎么样?"

这突如其来的一击,逼得"酒仙"束手无策,无言以对,只得解除"酒令"。

此番拒酒,妙就妙在某来宾不动声色,静听其言,然后抓住"酒仙"言辞中的切入点,提出问题,悄悄布下个"圈套",诱使其说出(或同意)与自己相似的观点,随即"收拢圈套",以"诺"攻"诺",反戈一击,达到制胜拒酒的目的。

3.怎样在酒桌上谈生意?

很多生意都是在喝酒时谈成的,很多朋友也都是在喝酒时结识的。如果有人请你喝酒,他的目的肯定不只是单纯的想找个人喝酒那么简单,所以我们要审时度势,视情况决定是否前去,别光顾着喝酒而错赴了"鸿门宴"。

"吃人嘴短,拿人手软",如果你没有把握帮人办事,别轻易喝别人的酒,以免给人落下话柄;你也不可在脑子不清醒时,答应别人的任何请求,大丈夫一言既出,驷马难追,别做言而无信之人。

任何时候我们都要给自己留两分清醒,别让别人把自己灌醉,更别存心把别人灌醉。

首先,喝酒时少谈工作。

喝酒时,少谈工作的事,少谈自己的家庭琐事,少说闲话。每一个喝酒的人都懂得这个规矩,不用多说,酒喝好,事也自然就成了。

喝酒时,切忌天南地北的胡侃,让别人没有机会插言;最好别与人交头接耳,搞得神秘兮兮,让别的人不自在,产生多余想法;如果可以不用干

全球最昂贵的用餐礼仪课

136

杯,就别总是逞英雄,逞英雄往往是做狗熊的前提;如果有领导在,要多替领导添酒,除非领导不胜酒力;如果自己言轻人微,就别抢着给领导斟酒,抢了你上司的风头;别默不作声,更别讲与本次主题无关的话题,别开低级玩笑,别给别人罚酒的机会。

其次,有求于对方,对方又是资源掌控方时,要看对方的兴奋点在哪。

如果双方都是生意人,即使在酒桌上,也有对产品价格和服务的底线,谁都不会做亏本的事。产品好、价位低、服务好、有赢利空间、互惠互利是根本。酒桌上把自己撂倒了,当面人家会说你豪爽好交,背后没准说你傻。谁都喜欢和有诚信、人品好的人做生意,人品和诚信是靠时间来检验的。如果项目有风险,再怎么喝,再拉拢关系也没用。

能谈成的生意都是提前做很多铺垫的。从上至下推项目,效率低且让人反感,最好是上层对上层,下层对下层,中层对中层,由业务单位提需求,麻烦最少风险最小。

最后,酒桌是联络感情的,不是谈生意的。

在酒桌上你可以展示自己的人品、博学,让人觉着你很靠谱,但切忌一味地谈业务,喝到兴起,点拨一下业务效果最好。

为了展示你的人品和博学,投其所好,你需要掌握很多信息。每个销售都有一个小本子,记录客户的名字、个人信息、家庭信息、兴趣爱好以及在单位与同事提关系,等等。如果你用心,就会找到他的兴趣点,在谈项目的时候换位思考,从他的角度考虑他的真正需求,达成共赢。

生意不是一次谈成的,需要不断积累信任度,一个项目没谈成,不等于下一次没有机会。

综上,酒桌是联络感情的,不是谈生意的。如果你怀着利用的心情去喝酒,对方定然会有所察觉,如果你怀着交流和发现的心情去喝酒,对方可能给你机会。

潜规则

①把对方当人,而不要当作达成某种目的的工具。因为你这么想时,对方能感受到。

②别直奔主题。寻找共同的兴趣爱好很管用,在30人以上的场合聊子

女教育问题几乎百发百中。

③聊生活、工作，尽量别带上你的目的。此举不仅能拉近距离，更能让你寻找到对方的需求，把你的有求于人转变为互相满足需求。

④不卑不亢，以互惠互利的姿态去对待自己的短期求助对象，以谦虚谨慎的态度去对待短期内有求于己的对方。这样酒醒后，双方至少能在彼此的心目中，留下一个值得尊敬的印象。

延伸阅读：喝酒间隔要多长时间才算适当？

大家都知道喝酒要适量，要量力而为，与下次喝酒的时间间隔要掌握好，以减少对自己身体的影响。那么喝酒间隔要多长时间才算适当呢？

专家研究指出，每次喝酒的相隔时间在三天以上最为适宜。人饮酒后，脂肪容易堆积在肝上，酒精会刺激胃黏膜使之遭到损伤。一个身体正常的人，酒后机体恢复正常，大约需三天左右的时间。酒精在体内如果被分解成氢和乙醛，经过六至十小时左右，会被分解成水和二氧化碳，这些水和二氧化碳通过小便和出汗排出，或者经呼吸过程从肺排出。在这个过程中，乙醛和氢会破坏肝组织，致使肝上积累脂肪形成脂肪肝。一般的人体内酒精浓度达0.08%以上时，肝便会受到损害，此时即使服用解酒效果最好的解酒药也没用。

专家指出，频繁且过量饮酒还会引起急性胃炎、急性胰腺炎。酒精浓度超过40%的烈性酒会直接刺激胃黏膜，引起急性胃炎，严重时还会引起胃渗血和溃疡。所以，饮酒必须有间隔，而且一定要掌握好喝酒的时间间隔。

提示一：按理想速度饮酒

理想速度，即不超过肝脏处理能力的饮酒速度。肝脏分解酒精的速度是每小时约10毫升，酒中所含的纯酒精(乙醇)的量，可以通过酒瓶标签上标示的度数计算出来。举个例子，酒精度数为16%的250毫升酒，酒精量为250毫升×0.16=40毫升。

如果一个人花四个小时喝完，那么平均每小时摄入的酒精量是10毫升，刚刚符合肝脏的处理速度。按照这一速度喝酒，能最大程度地降低酒精对肝脏造成的负担。

提示二：喝清水，恢复体内水分平衡

酒精有改变肌体细胞内外水分平衡的作用。通常，体内水分的2/3都在细胞内，但是酒精增加后，细胞内的水分会移动到血管中，虽然整个身体的水分不变，但因细胞内的水分减少了，所以人会觉得干渴。

不论哪种原因，充分摄入水分都是没错的。自古以来水就是缓解酒后不适的良方之一。在满满的一杯水中混入三小撮盐一口喝下去，会刺激胃，使食物易吐出。

提示三：饮用运动型饮料和果汁也有效

过量饮酒的第二天早上，我们常常感觉嗓子干渴，这是体内残留有酒精和有害物质乙醛的表现，我们应想办法尽早将其排出体外。

含无机盐和糖分的饮料，除了有水分补给作用，还有消除体内酒精的作用。运动型饮料和果汁效果就很好，特别是运动型饮料，其成分构成接近人的体液，易被人体吸收，不仅对宿醉有效，如果同酒一起喝，可防止醉得太厉害。

饮用含有茶多酚和维生素C的茶，或者用柠檬和蜂蜜做成的蜜汁柠檬水，对于宿醉也很有效。

需注意的是，不管哪一种饮料，如果太冰，有效成分都不易被吸收，所以应喝常温或温热的。

提示四：吃柿子，帮助分解酒精

柿子是富含果糖和维生素C的水果，古时即被用作防止醉酒和消除宿醉的有效食品。甜柿中所含的涩味成分，可以分解酒精，所含的钾有利尿作用。

提示五：多食贝类，强化肝脏的解毒作用

以蚬贝为例，它的蛋白质的含量可以与鸡蛋相提并论，而且，由于含有均衡的必需氨基酸，能够促使肝脏恢复功能，不会对肝脏造成负担。

贝类食物通常含有丰富的维生素B_{12}、牛磺酸和糖原。维生素B_{12}和糖原

对促进肝脏的功能发挥着重要作用,氨基酸中的牛磺酸与胆汁酸结合后,可以活化肝脏的解毒作用。

提示六:喝芦荟汁,降低血液乙醛浓度

芦荟带刺的绿色部分和其内部的胶质中含有多糖体、糖蛋白等物质,能降低酒精分解后产生的有害物质乙醛在血液中的浓度。因此,在饮酒之前,如果喝些芦荟汁,对预防酒后头痛和恶心、脸红等症状很有效。

此外,芦荟中的苦味成分芦荟素有健胃作用,可治疗宿醉引起的反胃和恶心等。

提示七:吃富含蛋白质的食物,减轻肝脏负担

蛋白质和脂肪在胃内停留的时间最长,所以最适合作为下酒菜。

为避免摄入过多高蛋白质食物导致发胖,你最好选择鱼贝、瘦肉、鸡肉、豆制品、蛋、奶酪等。含有优质蛋白质的牛奶和奶酪等乳制品、鸡蛋、豆腐、扇贝,以及用这些食物制成的汤,对肝脏功能有益,且不会对胃造成负担。

有人喝酒后喜欢吃口味重的食物,如油分多的拉面,这会给胃肠带来负担,延长醉酒的不适感。不如选择水果、加蜂蜜的牛奶、酸奶、鸡蛋等易消化且能提高肝脏功能的食品。

【C篇】

舌尖上的应酬——和谁吃

中国最有名的基金经理开出天价,只为和股神巴菲特共餐,获得匪浅的教诲……和谁一起吃午餐,如今似乎已经成了某种象征。

吃饭在中国是门学问,跟谁吃饭更是有讲究。跟谁一起吃饭,决定了你会成为哪种人。所以千万别独自用餐!

第一章

职场篇
——跟谁一起吃饭，决定了你可能要成为哪种人

看一个人在单位混得怎样，要看他都跟谁一起吃午饭。跟领导一起吃饭，升迁的机会多；跟同事吃饭，人缘好，年底评先进的票数多；一个人吃饭，基本会被划在圈子外，成为没前途的办公室隐形人……

想要自己的职业生涯有所突破，就要学会选择跟谁一起吃饭。千万别独自用餐！

升职路上的突破
——成为上司的"饭搭子"

职场道路上，对你影响最大的就是领导，领导将是你职场升迁最重要的贵人。如何成为领导的"饭搭子"，是你进入职场第一个需要研究的课题。

虽然大部分人没有想过主动约上司一起共进午餐——这是因为我们常常与上司保持着远距离关系，尽量不要与上司正面接触是办公室最保

守的生存之道——但如果我们可以跨出一步，在轻松的午餐时间与上司聊些心里话，那这顿午餐对我们来说，将有着非凡的意义。

1.如何请——时机不是等来的,而是"找"来的

午餐是上班时间最放松的时段,也是经营人脉最佳的时段。有的职场新人到公司已经几个月了,却没有机会跟领导说句话,怎能让领导看到自己的才华,发现自己的优点。

时机不是等来的,而是找来的。

机会一:电梯偶遇

中午下班,同事陆续出去吃饭,小李在电梯口刚好和领导碰上:"王总,去吃饭啊,我发现一家不错的川菜馆,味道很正宗,一起去尝尝吧。"

对于这样自然的邀约,领导除了提前已经有约,一般不会拒绝。这样亲民的时刻,做领导的自然也没必要端着架子。

要让事情变得事半功倍,还要提前下足功夫。

要点一:观察领导吃午饭的时间。要制造刚好在电梯口碰到的假象,不能太早,也不能太晚。太早了,在电梯口干等,电梯上上下下几趟,你岿然不动,自然会让同事狐疑。太晚了,领导已经乘电梯下去了,你就只能与之失之交臂。

要点二:提前了解领导是什么地方的人,喜欢什么口味的菜,最喜欢的菜品是什么。领导喜欢吃什么菜系,你就推荐什么餐馆。点菜时要点领导喜欢的菜品,这样才能吸引领导的注意。最重要的是,要尽量表现出自己的口味跟领导一样。同样口味的人在心理上总是更容易亲近些。

要点三:找适合的谈资。吃饭的时候最怕无话可说,话不投机。无论你之前安排得多么天衣无缝,两个人没有话题,谈不到一块,这顿饭就是不成功的。你要搜集领导的爱好,领导喜欢体育,可以先看看最近热门的体育新闻,喜欢音乐,就多看些乐评,储备点音乐知识,喜欢电影,就多搜些影评。对领导的信息调查越详尽越好,领导刚刚升迁,可以说些祝福的话;

领导乔迁新居,可以与之谈装修、谈家具、谈小区环境、谈物业管理;领导刚荣升为爸爸或妈妈,就多谈育儿经;领导是爱美的女性,就称赞她的品味,跟她谈服饰品牌。每个领导都有自己喜欢的领域,有自己热爱的话题,顺着领导喜欢的话题讲,可以迅速拉近你和领导的关系。相谈甚欢,不但可以增加彼此的食欲,还让领导愿意再次跟你就餐,多了让领导成为你"饭搭子"的可能。

机会二:商谈公事

快到饭店,陈东拿着文件去敲领导办公室的门:"钱总,这个策划我做得差不多了,还有一些细节把握得不是很到位,想请教你。"在领导翻阅策划案的时候,陈东装着无意间看到领导腕上的手表:"啊,都到饭点了啊,真不好意思,这个时候打扰您。要不咱们边吃饭边说吧。"

除非领导是个工作狂,或者这个策划案非常紧急,否则领导一般不会断然拒绝。边吃饭,边谈工作,不失为一个向领导证明自己实力的好方法。

要点一:既然是谈工作,一定要选环境好,安静的场所,最好选择在咖啡厅、商务会所等地。对此,你要事先做一番调查,不要因为嘈杂的环境影响你跟领导的商谈。

要点二:在饭桌上商谈公事,重点不在请教领导,而在于给领导展现自己。陈东说是向领导请教,其实是要领导看到自己在做策划时候的巧思。你一定要先用心把策划做得非常出色,让领导看到亮点,最好是做A、B两个版本,然后把自己的思路、想法跟领导沟通,让领导看哪个更适合。这样做一则可以通过领导的选择,判断出领导的好恶,一则,可以让领导看出自己的敬职敬责。

要点三:谈自己对公司的建议,但不要带任何贬损。在相谈甚欢的情况下,领导如果向你问起对公司的看法,对公司的意见,你一定要有所保留,提出一些建设性强的意见,让领导看出你是一个有想法有见地的员工,而不要对公司的现行制度大肆批判,贬损,否则会让领导对你的工作态度、人品有成见。

机会三:有问题想反映

你应该先观察领导的心情,确定他并没有特别心烦或恼怒,再主动向

全球最昂贵的用餐礼仪课

领导提出邀约。向领导邀约一起吃午餐时,可用比较轻松的口吻说:"领导有没有空,一起吃个饭吧!"或是"领导,我知道有家餐厅不错,要不要一起去试试?"态度要轻松、自然,不要让人看出你另有用意。

不过,面对不喜欢拐弯抹角的领导时,你可以开宗明义地向他表示:"我有些事想找你商量,不知是否可以一起吃个饭?"或是"我在工作上遇到瓶颈想向你请教,不如我们一起吃个饭聊聊好吗?"聪慧的领导大多会答应邀约,因为员工也算是公司的资产,身为掌管这些资产的在上位者,谁不愿意多花心思与员工多做了解、沟通?

2.如何吃——一不小心,就可能影响到你的职业生涯

老实内向的孙志韬,因为刚从校园毕业不久,说话做事显得非常稚嫩,所以平日里常少言寡语,只管埋头做事。

工作日的午餐时间,同事们经常结伴出去点餐,孙志韬则常选择点外卖,一边玩电脑一边吃。"同事的午餐邀请,我一般都不敢去。"对孙志韬来说,很多邀请下都埋藏着职场陷阱,没准哪位同事有意差遣他。一个月前,一个资深老员工就用一顿普通规格的午餐让孙志韬顶替了她国庆期间的值班任务。

上司的午餐邀请则更让孙志韬忐忑不安、心有余悸:"我工作这一年多来,被我们领导请过一顿午餐,那顿饭吃得我终生难忘。"那是去年年底,领导在午餐时间特地开车带着他去一家饭馆吃饭。整个饭局的前半段,领导都在和风细雨地关心他,从他的家乡风情、家庭情况、成长经历聊到他在广州的生活习惯和工作情况。

直到饭局快结束,一直忐忑着的孙志韬才明白领导请他吃午餐的真正意图。

原来,单位新引进了末位评级制度,每个部门到了年终都必须评出一个"C"级员工。"身为领导,我知道部门同事都很卖力工作,成绩也是不相上下,所以这个名额摊给谁我都很难交代⋯⋯你是新人,业务上还有很多

进步的空间,而且,即便今年被评为'C'级,单位还是会给你们时间继续学习和考察的……"领导话说到这个地步,孙志韬唯有回答:"领导放心,我不会介意这次评级的,以后我会更多向前辈们学习的。"

跟在领导身后跨出饭馆的大门,孙志韬如释重负的同时,心里不免有些委屈,"领导的饭局不好赴啊,搞不好就是场鸿门宴。"他由衷感慨道。

项羽为刘邦大摆鸿门宴,赵匡胤杯酒释兵权,一顿看似平常的请客吃饭竟然暗藏着无限玄机,生出惊天动地的变故来。饭局如战场,不是吃饭那么简单,尤其是跟领导吃饭,一句疏忽就会影响到你的职业生涯。

最纠结的——去还是不去?

领导突然请吃饭,去不去,是很多人纠结的问题。有人担心在旁人看来与上司关系过于亲密,太平无事时还好,万一有事发生,被同事所排挤。与某一位上司经常共进午餐,无疑会被认为是一种公开站队的行为,在一个具备一定规模的公司里,有形无形的派系斗争多多少少会存在着,站队行为无疑是把自己推向了危机的前沿。

这样的顾虑并不是杞人忧天,但相比于跟领导一起吃饭的好处,做点牺牲还是值得的,只要把握好跟领导吃饭时的谈话内容,不要在办公室表现得狐假虎威。

如果你确实有事,就要学会拒绝的技巧,不要让领导误以为你是不想跟他一起共进午餐。你可以跟领导说自己确实有重要的事情要做,改天回请。

链接:拒绝的技巧

人生是不断地说服他人,以寻求合作,即人生是不断地遭到拒绝和拒绝他人。

在社会交往中,直截了当地说出拒绝的话很难,然而,有时候又不得不拒绝对方,这就要求我们掌握拒绝的技巧。

拒绝者首先要态度和蔼。不要在他人开口要求时予以断然拒绝。对他人的请求迅速采取反驳的态度，或流露出不快的神色，或藐视对方，坚持完全不妥协的态度等，都是不妥当的，应该以和蔼可亲的态度诚恳应对。

拒绝对方时要开诚布公，明确说出事实。不据实言明，模棱两可的说法，会使对方摸不清自己的真正意思，而产生许多不必要的误会，导致彼此关系的破裂。

拒绝时不要伤害对方的自尊心。特别是对你有恩的人，来求你帮忙，的确非常难以拒绝。不过，只要你表示尊重对方的意愿，率直地讲出自己的难处，相信对方是会谅解的。

拒绝对方，要给对方留一条退路，也就是给对方留面子。你必须耐心地把对方的话听完。当你完全听完对方的话后，心里应该有了主意，这时再来说服对方，就不会使对方难堪了。

拒绝时，不能把话完全说死，特别是在商界，你要让对方明白，此次遭拒绝，尚有下次机会。

如果你有把握可以拒绝对方的话，只管堂而皇之地与对方面对面而坐。如果要对付的是一个难缠的人，拒绝他时，你最好避免直接接触对方视线，选择位置时以斜、横为佳。如果你知道怎样选择地点来拒绝对方，还要考虑到时机问题。有时候，拖延一段时间，审慎选择机会，也是一种拒绝人的技巧。

如果某个异性当面向你表示爱意，你又不乐意接受其爱，就可用拖延法说"不"。他邀你跳舞，你可以这样回答："以后吧，有时间我会约你的。"

在社交场合，不妨试一试下列方法。

有意推托：如"转告一声倒可以，就怕她产生误会，还是你直接同她讲一声为好"，"这件事由我出面恐怕不太好"。

尽量回避："我没看清楚"，"我没注意"。

故意拖延："今晚有事，以后再说吧"。

保持沉默："让我再考虑考虑"。

另有选择："好是好，不过我更喜欢……"

婉言回绝:"我很理解你的心情,这样做对你我都没有好处"。

一般来说,拒绝人者占上风,遭人拒绝者占下风。遭人拒绝时,凡事要看开一点,既然多说无益,不如漂亮、干脆地来个撤退。

虽然你在遭到拒绝时,心情是不可能愉快的,但是,你还是要顾全大局,尽量带着微笑,留给对方一个美好的印象。有时候,拒绝并非是就此论定,你仍需努力善后,才会有一个结果。如果这时候,你不气馁,不抱怨,重视善后工作,下一次交涉就有可能获得成功。

最担心的——喝酒怎么办?

陪领导吃饭,下属最担心的就是喝酒,尤其是女性。陪领导吃饭少不了要喝酒和挡酒,作为女性以不能喝酒为借口推辞,宾客一般不会勉强,但可能由此而冷场,把喝酒的重任推回给领导。遇到这种情况,聪明的做法是主动出击,即在第一轮,你代表领导去敬酒时利落地喝完,第二轮客人来回敬时也喝完,到第三轮再把握尺度,视当时的环境、身体反应和酒精度数及质量来综合衡量是继续喝还是随意。

在中国,喝酒是宴客气氛的重要推手,为求宴席活跃和显示个人诚意,有人往往不顾身体因素主动出击,结果喝伤了自己,顾此失彼。当喝酒成为一种显示自己诚意的时候,最好的应对方法是果敢利落地举起酒杯,不要扭捏,尤其是女性。同时聪明的你要学会示弱,强调自己酒量有限,不胜酒力,否则会被纠缠。

过来人指出,酒场上有这么几条总原则,是职场新人必须要掌握的。

原则一:绝对不能喝多

新人要明白,会喝酒,关键在于一个"会"字上。所谓"会",不是指喝得多、酒量好,而是指懂得把握喝酒的场合、喝酒的对象、喝酒的时机以及喝酒的量。职场新人的潜能,并不是靠酒量体现出来的,而是在日常工作中体现出来的。一个人的潜能大小,与酒量无关。有的人不喝酒,反而显得与众不同。领导爱的是人才,并不是好酒之徒。不过,中国的酒文化太发达,职场新人往往避免不了要喝酒的情况。新人在喝酒时切记一定不能过量,能喝也不能多喝,如果因酒误事,反而会给领导留下恶劣印象。

原则二：不能喝者不要喝

有的人酒量好，有的人酒量差。如果自己不能喝，就诚实地讲出来。男生可以说："我真的不能喝，大家请尽兴。"女生更好办，一般只要大方地讲："我从来不喝酒。"就可以过关。当然，不能喝，绝对不是一点也不喝，有时人家敬酒，你一点也不喝，就显得太不近人情。所以，不管喝不喝，请都在自己面前摆上一杯葡萄酒，必要的时候，抿一抿，意思一下。另外，不能喝者不代表在酒桌上就没话说，适当地准备几个笑话，或是照顾一下喝得有点多的同志，也会受到欢迎。不会喝者千万不要硬充英雄，让自己醉得一塌糊涂，否则酒后失言失行，会给对方和领导留下"靠不住"、"没分寸"的不良印象。

原则三：第一次敬酒很关键

在自己的能力范围内，你可以通过敬酒表示出自己的热情和礼貌。第一次敬酒很关键，因为这是大家了解你酒量的一次"摸底考试"。如果你真的不擅喝酒，就告诉对方这个事实，然后少喝一点，来表示自己的诚意。这样，第二次敬酒的时候大家心里就有了底，不会强逼你再喝酒。如果你有一定的酒量，也要"含蓄"，无论是敬客户，还是敬领导，都要看着对方的酒杯，如果对方酒量不错，你可以接着敬；如果对方有点勉强，你马上说自己醉了比较好。当然，嘴上说醉，行为可不能醉。

原则四：千万不要喝假酒

我还要郑重提醒的是：千万不能假喝酒！作为职场新人，别人对你人格的第一印象十分重要，也许这第一印象就来自于酒场。你可以说你不会喝，但是不能把白水当酒，也不能将酒偷偷倒在地上，会造成很不好的影响。

原则五：给领导解围不能一上来就"冲"

在酒场上，沉稳绝对比"冲"好。对自己喝酒的能力了解得清楚一点，同时表现得谦虚和实在，就容易把握住自己。当然，在关键时候，假如你能够恰到好处地敬酒，该出手时就出手，替领导解围，也会为自己的职业生涯加分。在酒桌上如果得到领导的赏识，领导可能下一次还会叫上你，如果不能给领导解围，领导下次就不会带上你了。

原则六：不要反过来灌上司喝酒

小Z第一次陪老板出去吃饭，饭前办公室的一个前辈说，有人给老板灌酒的时候要帮老板挡酒。小Z按照前辈的箴言，吃饭的时候很主动地接对方递过来酒。几杯过后老板清醒得很，小Z倒是头晕了。敬完了客户，小Z走到老板面前让老板也一起喝，对此老板只能硬着头皮喝。第二天清醒了后，小Z把吃饭的过程告诉前辈，前辈听罢开始数落小Z不懂事，哪有一边帮老板挡酒，一边给老板灌酒的。

3.聊什么——记得他是你上司，不是朋友

和上司一桌吃饭，有人毫不顾忌，出了问题。

吴丽丽的公司领导为了犒劳新员工，特意请她们几个刚入职的到一家意大利餐馆吃西餐。

几位同事都比较谨慎，即使领导和颜悦色地让她们点单，客气地说"随便点"，也不敢懈怠，礼貌地请领导先点。领导点了一款中档牛排，几位同事立刻有了参照标准，点跟那款牛排差不多价位的菜品。可吴丽丽这个爱吃鬼，点了一款最贵的套餐，周围同事对她使眼色，她一副不以为然的态度："没听领导说随便点吗？"饭桌上，吴丽丽还肆无忌惮地开着领导的玩笑，甚至口无遮拦地问老板是不是男人有钱就变坏。领导异常尴尬。别的同事赶快将话题岔开，但显然，领导已经对她留下了很坏的印象，没过多久，吴丽丽因为业绩不达标被辞退。

请记住老板的身份，即便他表面上对你很友好，你们也不可能成为真正的朋友，所以跟老板说话一定要有分寸，以表示敬意。

(1)别讲员工的八卦

酒桌专家送给大家八字箴言："时时如战、保持警戒！"专家说，有些领导因平时身处在高位，不容易听到下层员工的心声，因此会利用和员工一起吃饭的机会趁机套话。而身为员工，当然不能"傻到最高点"，要仔细观察领导套话时的语气和表情，小心应答，以免员工之间的"最高机密"被全盘托出，日后遭人排挤、孤立。

(2)别讲对领导的意见

别以为成了老板的"饭搭子",就成了老板的朋友。朋友之间可以相互贬损,指出缺点,与领导却不可以。

(3)别当着老板面埋单

既然是请领导吃饭,这单自然要自己买。餐后对服务员大喊埋单只会让一旁的领导尴尬,让你请领导的心意和效果就大打折扣。最好的方式是在用餐结束后,你直接去前台将费用结清,这样就避免了当着领导的面给服务员钱,让领导尴尬。

(4)别当成工作汇报餐

如果中午领导跟大家一起聚餐,除非你想反映的事项是大家都认定的弊端,提出来讨论时大家会举双手赞成,否则还是"找别的场合再说吧"!

因为平时工作已经够紧张忙碌了,难得大家有机会可以一起坐下来好好吃顿饭,在轻松愉快的用餐时间里,没人喜欢绷紧神经听你在那儿高谈阔论、纠正缺失。就算你说的都是事实,一个有想法的领导,也不可能听信你的片面之词,他一定会适当地评估状况,做最合宜的处理!

再者,有部分领导极度不喜欢会"打小报告"的员工,因为这样的员工只会为他"制造问题",让他在忙碌的工作之余,分神去处理其所反映的事项,所以除非是领导自己主动问起,否则最好不要自己起头,也不要在其他员工面前畅所欲言、大肆批评,不然最后自己在员工的圈子里是怎么死的你都不知道。

让你在办公室左右逢源
——和同事一起吃午餐

智职招聘对7000名职场人士的进餐伙伴做调查,有46.5%的人选择和要好的同事一起吃午餐,21.4%的人则表示没有这么强的小圈子概念,"赶上谁是谁"，也有少部分人选择自己吃或找朋友、家人吃饭。

午餐是职场人一天中难得的放松时间，也是同事之间可以全方位接触的时间，如果能通过午餐与同事进行一些私人的沟通和交流，对促进同事关系的融洽会有积极的作用——虽然我们无需特意去拉近和同事的关系，但长期脱离同事间的活动也是不可取的——一个人在职场中过于孤僻，对个人的发展会产生一些障碍。

关于公司政治与影响力的内容中有这样一个测试：一周之内，你平均有多少次和同事共进午餐？这道题是用来判断你在午餐——这一用于了解周围环境的活动上，投入的时间和精力是否足够。或许你会觉得，这过于夸大了职场中某些细节的作用——但是如果你曾经听说过"蝴蝶效应"，那么就会认为在吃午餐这件事上稍微花点脑筋，完全是理所应当的。

在一个单位里，午餐时间算是鉴别你的人际关系、交际能力的最常见也最自然的场所。一起吃午餐的交情或许可以让你预知明年的升职机会，也可能让你被视为公然地站在了某个小团体之中。

同事们在饭席之间，聊的绝大部分是公司运营的状况，或是厂商客户的八卦，偶尔会提一下私人生活。有些主管甚至会利用同事聚在一起的午餐时间，讨论一些重要的经营课题，以降低严肃性，通过闲聊观察同仁们的实际反应。

和同事吃饭，是深入了解对方的好机会。我们从对方喜欢吃的菜色、用餐的习惯、态度，多少能观察出他的性格。此外，活络的用餐气氛，有助于彼此放下心防，建立信赖与合作关系。

和同事交流产业消息、客户八卦，就某方面而言，也有助于凝聚部门的团结，因为凝聚向心力的最佳法则，就是联合"内部"抵抗"外部"。深谙个中门道，加官封爵自是水到渠成。

1.好机会——抱团吃午餐

如今,同事关系在人们的日常工作和生活中变得越来越重要,很多公司都有了不成文的习俗:升迁者要请其他同事吃饭。身在这样的大环境中,你也应当入乡随俗,不然就会显得过于小气。

每个公司的规模不一样,企业文化也有所不同。比方说一个十人以内的办事处,午餐很可能是各自带便当,也可能是大家合伙雇了个做饭的钟点工;而数百人的企业则有可能是浩浩荡荡地去食堂解决。但是不管怎么样,尽量让自己合群一些,总是没错的。

跟同部门的同事一起吃饭,不但能让自己更快地融入这个集体,还可以让不方便在上班时候说的话在饭桌上以非正式的口吻说出来。

饭桌本身就具有社交的独特优势,除了能从饮食口味、经济状况乃至于性格特点等各个角度观察同事以外,如果你够细心,其对工作、部门、公司的看法也可见端倪。

跟不同部门的同事吃饭,则是扩大信息来源、加强横向沟通的好机会。在这种非正式的场合里,更容易了解到在办公室里不大容易了解到的边边角角的信息——什么经理最近换了新车,小王的客户跟老婆离婚——这没准在关键时候能派上用场。在公司调整、变化,或是在有重大举措即将出台的时候,多跟同事抱团吃饭,有助于你从不同角度全面了解大局,对自己在关键时刻的关键举动有所助益。

懂得和办公室同事共进午餐的艺术,远比懂得如何和客户厂商吃饭来得根本且重要。毕竟,先安内才能攘外,如果你连公司里的关系都摆不平了,再会抢订单,又有什么用?

比起和客户餐叙,和同事共餐是更困难。同事之间相互竞争却又合作,利益关系一致(替公司部门赚取最大利益)却又分殊(替自己争取升迁加薪)。特别是竞争激烈的商业组织,表面上很和谐,私底下却是暗潮汹涌。

和同事吃饭，是门大学问，需要花时间揣摩学习。若不能掌握好与同事的关系，在外面再会打拼都是没有用的，因为同事们的几句闲言碎语，就能让你的功劳瞬间化为乌有。

到了中午用餐时间，老是躲开同事自己出去吃饭的人，在上司眼中，肯定是不合群、无法融入组织的；反之，还没到中午，就积极热情地拿出订餐手册，询问部门同事中午要吃什么的人，则是热心过头，被贴上"狗腿"标签的机率很大。

对此，最好的作法是，一周五天，几天和同事用餐，几天和客户、朋友吃饭，视情况而定，绝对不要把时间全都留给客户或同事。

为什么是"午饭团"呢？就是一群人有自己要说的话，在小团体里能谈得来，能找到共同点。在职场上混得好的人，能融入好几个"午饭团"，和这群人吃很愉快，和另一群人吃也很愉快，这是一种本事。

便当族的午餐聚会

很多上班族习惯带便当，尤其是女性。带便当卫生、省钱，确实有诸多好处，但也影响了你中午跟同事难得的相聚时间。如果自己带了便当，不妨多做点菜，跟同事们分享，这不但可以小秀一下自己的厨艺，更能拉近与同事之间的距离。

你最好偶尔"忘了"或"不想准备"便当，和同事一起吃饭聊天，否则真可能被同事遗忘掉。有时候即使便当带了，但如果大伙儿突然临时决定出去吃好料的话，你要懂得识时务，找理由说不吃便当，要跟大家一起出去。如果同事们习惯订便当在办公室聚在一起吃，你就不要老是一个人跑出去吃饭。

落单了怎么办

刚刚加入公司的新人很可能会在临近午餐的时候有些微焦虑：其他人成群结队、熟门熟路地走了，尴尬落单，不知道该叫外卖还是去找快餐店。

融入新环境需要时间，这是很自然的。别人体察到你的情绪，是你运气好遇到了体贴的同事——但别人没有义务要这样做不是吗？如果你因此就患上社交恐惧症，无疑会给职场生涯带来极大的负面影响。所以我们不妨把吃午饭看作一种交际方式,当做与同事建立友谊的机会,别人不向你提出邀约,你可以试着主动加入,很少有人会拒绝一个开朗热情的新同事。

2.要当心——吃饭"吃"出是非

由于工作午餐不像面试、会议、见客户那样正式,所以大部分人在吃职场午餐的时候不会那么认真严肃,比较放松随意。所以在午餐时间,我们有可能听到一些无意中说出来的真心话,从而更加真实地了解一个人。心理学实验表明,我们会把愉快的感觉和正面态度附着在任何与好的食物紧密相关的事物上,因此我们容易喜欢上饭桌上见到的人以及饭桌上听到的点子。也就是说,饭桌容易拉近彼此的距离,使结盟变得更容易。若饭桌上谈论的是生活上的话题时,更容易弱化职场概念,让我们将餐桌上的人视为生活上的朋友。

实际上,大部分职场人在用午餐时候的话题极为丰富,从时事政治、热点新闻、明星八卦到领导的一举一动、对公司某个决策的看法等无所不包。对此如果我们过于谨慎,会让人感觉不真诚;过于木讷,会让人觉得不好相处;过于会说话,八面玲珑,则可能被周围人所接纳。所以席间话题的选择要把握好"火候"。同事之间的谈话,最好选择与工作无关的轻松话题,像与老朋友那样的调侃式的对话在用餐时要小心使用,不要无形中得罪了同事。席间也不要谈同事的隐私,否则如被心怀不轨的人听到,很可能会被添油加醋地到处宣扬。

如果你希望吃一顿有信息量的职场午餐,在餐桌上聊些职场内容为好;但如果你希望秉承安全第一的原则,将话题局限于生活中的吃喝玩乐、兴趣爱好是最好的。所谓说者无心,听者有意,纯粹地探讨工作也不是不可以,但涉及是非、看法的,闭口不谈为妙。如果别人要谈,我们要抱着不可不信也不可全信的态度,听过就算。

从事秘书工作的沈芳与同事一起吃中饭时,基本上都当听众。她是离老板最近的人，自然也是谈资最多的人，所以有些同事会千方百计来套话。有一次大家相谈甚欢，说着明星的八卦，沈芳一时嘴快，把老板情人节让她订花送给一位女士的事说了出去。说者无心，但听者有意，这件事情很快在办公室传开，让老板很没有面子，最终沈芳被辞退。

发发牢骚，说说闲话，本是职场人员减轻压力的最有效方式之一，但是，在餐桌上与人说闲话不能过于坦诚，不要涉及个人隐私，听人说闲话时不可不信也不可全信，对说闲话的人应予以宽容和怜悯。

除此之外，同事之间聚餐时一定不要批评上司。有些人在白天受了上司的批评后，喜欢晚上约个同事喝一杯，然后对同事发发牢骚。这种事情一定要避免。不论多么值得信赖的同事，在工作与友情无法兼顾的时候，也可能会变成"敌人"。

3.谁埋单——先观察，默认团体模式

如果不是谁遇到升迁、发奖金之类的喜事需要请客，同事之间正常的搭伴吃饭谁来掏钱就成了一个敏感的问题。处理得好，会让同事关系更加亲密，处理的不好，会让一顿饭成了同事嫌隙的开始。

与同事一起吃饭，点菜的时候要考虑到别人的忌口，别只顾着自己。你点了一盘菜，但别人连动筷子的欲望都没有，这顿饭也是失败的。价钱也是关系着这顿饭是否和谐的另一个关键，除非这顿饭是你自己掏腰包，否则不要点过贵的菜，给用餐的人造成负担。

同事之间聚餐，往往在怎样付账上有某种默契，如果你是加入午饭团的新人，就一定要留心，看看大家是怎么处理的。

让人厌恶的逃单者

于慧是今年刚到公司的新人，作为单位里唯一的90后，老同事们经常开玩笑，说她是个小丫头，尤其是男同事，都尽量让着她。于慧也乐于装可爱，没心没肺的她总是觉得自己该享受特别待遇。谁让单位的人都比她大呢！

全球最昂贵的用餐礼仪课

刚开始,同事出去吃饭,因为于慧还没领到薪水,同事们都笑着说不用她掏钱,可是,转眼过去半年,早已经过了试用期的于慧还乐呵呵地享受着自己的新人待遇。同事们一起出去吃饭,她从来不掏钱,即便大家AA制,她也坐在那里无动于衷。对这位对人情世故完全不通的人,同事们心里的反感虽没人说出来,但再出去吃饭的时候再也没人叫她。

进入单位就是一个职场人,同事之间都是公平的,没人可以享受特殊待遇,大家刚开始没让于慧掏钱,是碍于于慧还没拿到工资,但这不代表于慧能一直享受免费的午餐。拿到第一个月的工资后,于慧完全可以请同事们一起吃顿饭,拉近和同事的关系,但于慧完全忽略了,这难免让之前为她垫付饭钱的同事心里不满。大家AA制,于慧还装傻充愣,会让同事们认为她是一个爱贪小便宜的人,自然,于慧成了同事眼中最不愿要的"饭搭子"。

在金钱上占小便宜是最容易遭同事反感的,所以与同事在一起时尽量不要发生金钱纠葛,不要占别人的便宜。如果吃饭的时候是同事帮忙叫的外卖,你一定要记得把钱给对方,别为了那点钱让对方对你的人品产生怀疑。但对同事你可以大方点,偶尔为同事买杯咖啡,带个早餐。千万别站在对方旁边提醒他忘了给你钱,这样小气的样子同样遭人反感。

在职场上,总有帮别人或请人帮忙的时候,有人说"欠人情才能时时畅通",有人说"及时还人情才不失礼"。要是你到现在还没领悟"还人情"的技巧,那么,你离职场"迷茫哥"的距离就不远了。难道非得沦为大家的"笑料"才决心改变吗? 活在当下,改变即刻开始!

遵守午餐团默认埋单模式

曹墨到新单位不久,很怕吃午饭时落单,所以一到吃饭的时间就殷勤地问大家中午去哪里吃饭。同事也还算客气,一起吃饭的时候叫他跟着大家一起去。饭后,说要埋单的时候,曹墨看到一位同事掏钱,赶忙把自己的那份递过去,说:"咱们AA吧。"同事把钱退给他,说:"我们都是轮着来,这次我来,下次你来吧。"之后曹墨看到别的同事看他的眼神一脸的尴尬。

作为初加入午饭团的新人，埋单的时候一定要细心观察。看大家是AA制还是轮流来，你的提议打破了他们之前的默认模式，可能会让同事反感。

李立跟单位的几个女同事去吃饭，之前他少有跟女同事私下接触的机会，所以一心想在饭桌上树立自己的良好形象。李立想，男人跟女人一起吃饭，当然应该是男人埋单。于是饭后埋单时毫不犹豫地掏出了钱包。没想到女同事并不高兴，反而说这样会让她们以后跟他一起吃饭有压力。李立起初坚持自己的立场，但看到同事不是客气，是确实不高兴了，赶紧改口："那你们平时都怎么分呢，我可是第一次跟单位的女同事一起吃饭。"李立的示弱让女同事不再介意，她们说："我们跟男同事吃饭都是搞AB制，男同事埋单出大头，女同事出零头。"李立赶忙说好，按照女同事的提议埋单。

不同单位的人有不同的埋单习惯，不同性格的人有不同付钱的习惯。我们在埋单之前要冷静观察，别意气用事。

做最好的团队领袖
——与下属共进餐

俗话说"一个篱笆三个桩，一个好汉三个帮"，能力再强的上司，要把事业做得风生水起，也离不开下属的合作与支持。

很多中层，手中掌握的资源有限，不可能经常给员工加薪和升职，只能利用手中现有的一点权力进行吃饭上的"小恩小惠"。此招能博得下属的好感，融洽人际关系，为工作增添"润滑剂"，向来屡试不爽。

但是，在实施前我们一定要找到一个合适的理由，否则，会让下属反感，吃力不讨好。

1.原则——在请下属吃饭时，一定要适当给予对方鼓励

财务部马经理结算了一下上个月部门的招待费，发现有一千多块没有用完。按照惯例他会用这笔钱请手下员工吃一顿，于是他走到休息室叫员工小杨通知其他人晚上吃饭。

快到休息室时，马经理听到休息室里有人在交谈，他从门缝看过去，发现是小杨和销售部员工小李在里面。小李对小杨说："你们部门的马经理对你们很关心嘛，我看见他经常用招待费请你们吃饭。"

小杨不屑地说："他就这么点本事来笼络人心，遇到我们真正需要他关心、帮助的事情，他没一件办成的。就拿上次公司办培训班的事来说吧，谁都知道如果能上这个培训班，工作能力会得到很大提高，升职的机会也会大大增加。我们部几个人都很想去，但马经理却一点都没察觉到，也没积极为我们争取，结果让别的部门抢了先。我真的怀疑他有没有真正关心过我们。"

听罢，马经理满腹委屈。

这个故事对很多中层来说并不陌生，中层的"小恩小惠"反倒招致下属的抱怨，究竟是为什么？是因为方式不对，如果员工最重要和最基本的需求没有得到满足，"小恩小惠"就变了滋味，没有了效果。

公司的招待费用省下来，按道理是要上缴回公司的，马经理没有权力用来请员工吃饭的，消息传出去，部门的威信就会降低。

那这个事就不可以做吗？实际工作中有很多人在做，而且做得很好，老板也是默许的。一般来说，开明的老板认为，只要是在预算内的钱，你能节省下来，就是你的本事。再说招待费的数目不是很大，你没有装到自己的口袋中，没用发票来冲账，也没有和自己的朋友吃饭，而是用来招待同事，主观上还是为了工作，可见你的心里还是有公司的。所以一般来说老板会默许。

但这个事是可以做，不可以说。

我们看看马经理接下来是怎么做的。

小李起身走了，马经理和小杨回到他的办公室，马经理没有说去哪里吃饭，而是问小杨："最近工作怎么样？有没有什么事需要我帮忙？"

"没有什么特别的，一切正常。"小杨谨慎地说。

"哦。过几个月公司有个管理培训，不知道你有没有兴趣。"马经理试探地问。

小杨脸上顿时发出光来，抬头注视着马经理的眼睛，急切地说："培训是好事情呀，上次的培训，我们部门没人参加，我们还后悔呢，没有抓住一次学习的机会。这次有机会您一定要帮我们争取呀。"

马经理点点头，看着小杨说："上次的培训我还以为你们不喜欢呢，也没有人催我，你也不提醒一下。既然喜欢就要努力争取嘛。不争取就得不到，我们公司就是这样的。再说我每天的事情很多，可能照顾不了那么多，你们也多原谅。下次培训我一定帮你争取。"

小杨感激地看着经理说："那就多谢您了，我明白了，多谢照顾。"

马经理身体向后一靠，放松地说："培训回来可要给我们上课的，不能光你学了就算了，要教我们的，哈哈。怎么样，你通知一下其他的同事，今天晚上我请客，就当是我赔罪。"

小杨感激地说："多谢经理了，你又要破费了，我这就去通知。"

小杨转身往外走，快要出门了，马经理说："小杨，等一下。"

小杨回头说："还有什么事，经理？"

这时马经理严肃地说："以后注意点，别让其他部门的人知道我们经常有活动，否则影响不好。"

小杨连连称是。

这样处理之后，不仅上次培训的误解得到了澄清，还提醒了员工注意保护部门内部的小秘密，吃饭的理由也找到了，何乐而不为呢？

请下属吃饭，要记得四个原则。

原则一：在保健因素没有到位之前，激励要素是没有用处的。

原则二：有些事情可以做，不能说，更不能让别的部门的人知道。

在请下属吃饭时，要适当给予对方鼓励，给其打打"兴奋剂"，这样下属才能感受到你的良苦用心，从而更好地配合你的工作。

原则三:真正宽容下属。如果下属曾与你产生分歧,甚至发生争执,只要他是一个可造之材,事后你可以请他吃饭表示和解。你该适度进行一番自我批评,点明双方的争执是由于一时过于主观引起的。你最好能以幽默缓解彼此的紧张情绪,体现人性化的一面,让下属明白你是个就事论事的人,决不会在背后做小动作,公报私仇。最后真诚地鼓励他,让你们能更默契地合作。

原则四:不要摆出一副施恩者的样子,要把你的下属想成是跟你一样有价值、有智慧的人。他们只是目前的资历不如你,或者你们各自具有不同的优势。

2.沟通——你必须洞悉下属的心理,了解下属赴宴时普遍存在的问题

兵法有云:"攻心为上。"人心最难了解,也最难赢得。要想当好领导,唯有笼络下属。而对下属诚恳、真挚,才能凝聚成坚不可摧的向心力。作为一个有心的领导,你必须洞悉下属的心理,了解下属赴宴时普遍存在的问题,才能有的放矢,避免下属食不下咽,又感受不到你的良苦用心,从而无效沟通的局面。

如何与下属沟通是需要技巧的, 好的方式方法往往可以获得事半功倍的效果,试试下面的方法吧。

(1)寻找共鸣点。这一点很重要。与意见不和的人说话,要努力地去寻找共同点,引起对方的注意。以下属为例,面对下属时,我们应该一开始就强调一些大家都相信并感兴趣的事,然后再围绕其适当地提出一些问题,使听者愿闻其详,接着带领听众一起去热烈地追寻答案。在追寻途中,将你所知道的十分清楚的事实告诉他们,他们便会被你引导,进而接受你的结论。一个领导者的言论,虽然像众口难调的饭菜,但不论歧义多广、多尖锐,总是会有某一共鸣点能让你与下属产生心灵共鸣。

(2)要懂得曲"说"通幽的道理。在日常生活中,我们对不同的人不同的事,需要采取不同的说话方式。有人不喜欢听直来直去的话,特别是谈一些不高兴或者是别人忌讳的事时,旁敲侧击地把话说出来,会让听者觉得很受用。听者思而得其意时揣摩的含义越深、越多,你的话就越有吸引力、说服力和感染力。用此法同有矛盾的和有不同意见的人说话,还会使矛盾在柔婉之中自然而然地失去火力,既不激化矛盾,又能解决矛盾。

(3)"言有尽而意无穷,余意尽在不言中"。即把重要的、该说的部分故意巧妙地隐藏起来,却又能让人家明白你的意思。

(4)一个代表企业形象的企业家应该具备一种宁折不弯的气势。"人活一口气,佛争一柱香"。只要有正气,再聚理成势,以势助气,才气愈旺,胆愈壮。有气有胆,说话才仗义,腰板才硬朗,形象才高大!

(5)作为一名领导者,适度得体的赞美应建立在理解他人、鼓励他人、满足他人的正常心理需要, 及为人际交往创造一种和谐友好的气氛基础上。带有不可告人目的的曲意迎合是为人所不齿的。

(6)在现实生活中,微笑是经营良好人际关系、化解各种矛盾的润滑剂。微笑就如同早晨的阳光,既能给你的下属带来温暖,又会使他们对你产生宽厚、谦和、平易近人的良好印象。微笑能缩短你与下属之间的距离,产生心理上的相容性。

达到商业目的
——与客户吃中谈,谈中吃

做生意的人都说客户是上帝,想搞好与客户的关系,既然如此,宴请是免不了的。请客吃饭是工作中很重要的一部分:许多没有达成的协议可以在饭桌上达成,许多合同细节上的争议可以通过吃饭解决,许多没有谈成的业务可以通过一顿饭来谈成。

商场宴请,实质上是把谈判桌上的敌对关系转换成酒桌上的伙伴关系。销售宴请还有刺探军情,投石问路,为同对手的不对称竞争做铺垫等多种妙用。所以,怎样在有限的条件下通过吃饭达到商业目的,是每一个商务人士需要思考的问题。

就吃饭而言,有三个重点:如何请出来,怎么吃,如何边吃边工作。

1.坚持请——诚意和说法

请人吃饭,有两点是很重要的,即诚意和说法。

所谓诚意,是坚持、耐心和毅力百折不挠的混和物。简单地说就是如果这个客户很难请出来,就要不停地邀请。

邀请时更为重要的是"说法"。例如:

"上次听说您到我们这儿出差, 时间紧也来不及上我们公司看看,这次我无论如何得请您,尽一尽地主之谊……"

"今天实在感谢您对我们公司产品的指教,晚上我来做东。"

"听说这儿新开了家店不错,我自己去吃公司当然不能报销,您就牺牲一次,让我沾回光……"

"我刚预订了一个店的一个汤,据说规定要煲三天。您三天后有时间吗？无论如何给个面子……"

除了常规便饭以外,尽量不要在众人面前发出邀请。提前一天或几天,在晚上用手机通知是较好的办法。

邀请时有几点是值得注意的:

①如果邀请单独的客户,建议顺便问候他的家人,以表达你的诚意和亲近。

②避免把有矛盾的客户请到同一桌上,如果实在无法,请分两次请。

③可能的话,尽量多提前一点时间发出邀请,不要让对方感觉他是凑

数的。

④事先一定有个大致的心理预算,包括酒水。不要在埋单的时候过于意外,更不要违反公司的有关规定。

⑤点菜前一定要询问客户是否有忌口,对重要的客户,最好先侧面了解一下他的口味。

⑥如果是比较重要或花费较大的宴请,最好事先亲自去看一看菜单。

⑦事先请同行或朋友了解一下当地不错的餐厅。

⑧吃饭不在乎花费多少(前提是要在公司政策允许的范围内),关键是要给客户留下深刻的印象。客户是经常有请吃的,所以你偶尔换一下口味,能给其留下深刻的印象。比如说西餐,虽然他可能一点都不喜欢,但是会对形式和新的口味留下印象。就像很多人印象最深的旅游是最辛苦的那一次。

⑨你是请别人,所以你自己的口味是无所谓的。同样,你觉得是不是划算也是不重要的。

⑩穿着不妨随便些,避免给对方留下"工作的延续"的印象。

2.吃中谈——细节决定成败

吃饭对你来说一样是生意的一部分,如果说应酬的场合,大家多多少少带着假面具,那么,细节就显得非常关键。敬酒、发名片等一些小细节,也能起到关乎成败的作用,甚至决定了你在别人心目中的印象!

虽然有时免不了逢场作戏,但这并不代表可以忽略细节与技巧。有人说"细节决定成败",饭局也不例外。这些小细节、小技巧看上去不起眼,但作用却不可忽视。

一次,郑珍和一个声名显赫的大老板共同吃饭,同席被邀请的还有为数不多的几位大领导。按道理说郑珍与这些人的档次不同,没这个资格,却不知为何却被邀请。

那个大老板也是个直爽的人,当着大家的面直夸郑珍,还说出了一些郑珍自己都不曾留意过的事。他说，以前的几次饭局，他观察了郑珍多次，让他印象最为深刻的是郑珍对待酒桌上的人都一视同仁，敬酒的时候绝不会忽略任何一个人。

这能说明什么问题？郑珍认为这是些很基本的礼节。正纳闷的时候，她听到大老板做了这样一句总结："能做到这一点是非常不容易的，很多人在酒桌上都只是挑领导、看对象来敬酒。而她甚至连某某带来的陪酒小姐都敬到了，没有忽略掉一个人。"

那个大老板欣赏的，原来是郑珍不会看不起人的特质。

确实，饭桌上的一些细节能看出一个人的本质。有时候一个小细节会成为致命的弱点，能把你费尽心思维护的形象毁于一旦。

小而言之，细节可决定一次饭局应酬；大而言之，细节可决定你人际网络的拓展。因此一定要高度重视。

下面我们来看一下，饭局中都有哪些细节和技巧。

(1)前期的准备

应酬是为了抓住对方的心而制造的机会。所以，约定应酬时，不要站在自己的立场上考虑，而应衡量对方的心思，这一点非常重要。

①事先了解对方的年龄、职务、工作性质以及本人的喜好，这样才能找到令对方满意的应酬地点。前往迎接时，车辆是直接开到对方公司，还是在哪里会合对方才方便……这些都必须考虑。为了对方能清楚知道要赴的场所，你必须明确地转达。对前往应酬场所的道路，你事前必须记住。

②把握好邀请对方的时机，太早邀请会使对方提高警戒心。周末时，不论餐厅还是酒店皆难预约，所以要及早预订。

③应酬的目的要明确：是为了接近对方，还是为了加深彼此的交情？目的不同，场所也不一样。

④在对方尚未放松时，就搬出工作的话题，是下下之策，只会徒增对方的警戒心。你必须等到对方内心充分放松时，再找机会谈论工作。不能因为花钱应酬，就急于得到回报。

⑤记住应酬的"主角"。不要去"自己想去的店"，或强迫对方去卡拉OK。应酬的目的是打开对方的心，如果因为希望收获成果而强迫对方接受

自己的喜好,只会令对方痛苦。

⑥不要令对方觉得无聊。你可事前调查对方的兴趣、喜好、交际方式、回家时的交通问题等。如果自己没有才艺,就专心扮演听众的角色。即使不胜酒力,也要偶尔喝一些切不可以破坏气氛。

(2)应酬的规则

①强迫性的邀请是禁忌。你要站在对方的立场,态度自然地邀请。

②自己一方的主人,原则上要和对方职务相称,或高于对方。

③座位错误会令主宾不悦,让应酬失败。

·定食(日本料理):面对入口的正中央是主宾位置,其次重要的依次为主宾的左、右,主人靠近入口处。

·中餐、西餐:主宾位于入口内侧,其次为主宾的左右,和定食一样。

·吧台:众人分坐左右,将主宾围在中央。

·计程车:司机后的位置为主宾,其次为后侧靠车窗、中央的位置,接待的一方坐在前面。

④不要强邀对方再去另一家酒店喝酒。尽可能到对方熟悉的地方,但不能让对方付账。

(3)饭后的礼品

赠品的选择应以令人回味无穷为关键。为使对方印象深刻,可以选择令对方感动的礼品。令人清爽的赠品、令人觉得清爽的时机、清爽的赠送态度,都非常重要。

①不要送非常便宜的东西。下一番工夫,找出可以打动对方的东西。

②第一次就赠送很贵重的礼物,会给对方造成负担,令对方敬而远之。土产之类的礼物,对方比较容易接受。

③对于有名人士等,不要赠送普通的礼品,而应选择可令他们真正高兴的礼品。

3.谈中吃——两个小时的闲聊,五分钟的工作

吃饭对你而言是工作,所以事先你必须有明确的主题。但是,谁都讨厌八小时以外的时间还在絮絮叨叨聊那些工作中的事情。通常较易让人接受的做法是:两个小时的闲聊,五分钟的工作。

虽然只有五分钟谈工作,你还是必须准备两个小时的谈资。所以,吃饭前先买张当地的晚报翻翻是个不错的准备。

如何在闲聊中插入你的主题,完全依赖于谈话技巧。这是个过于庞大的话题,每个人都有自己的感觉和风格,这里不再赘述。

说来说去,吃饭讲究一个气氛,千万要维持轻松、惬意的谈话环境。我们经常见到,某销售在饭桌上谈兴正浓,突然手机响起,答曰:"等会再打过来,我正和客户吃饭呢!"好不容易营造出来的朋友气氛顷刻破坏殆尽。所以我们一定要谨慎。"我正和朋友吃饭呢!"是一个不错的回答。

作为一个职业商务人士,最最重要的是,你要记得你为什么要跟客户吃这顿饭。在结束以前,你一定要把你想说的说了,并尽可能得到自己想要的信息、承诺等等。如果大家热闹过了、轻松过了,该做的工作却没提,那前面说的那些全都没有了意义。

现在很多公司对业务员请客吃饭,都有花费的标准,因此,能否点好,吃好,花钱少,就取决于业务员在点菜方面的造诣了。

业务员工作之余,应先花点时间了解一些酒楼、饭店的菜谱和菜价,并比较用餐环境和服务档次,请客时才不至于不知所措。

另外,业务员应在约定的请客时间之前三十分钟到达酒楼,一是出于礼貌,另一个是可以根据人数先订好合适的包厢,以及一部分菜,让酒楼先做准备,不至于大家入座之后等很久才上菜,可以点一些有特色但又实惠的菜。

需要注意的是,业务员切不可自己先将菜全都点好,否则即使你点的菜适合客户的口味,也会给人一种过于看重金钱的感觉,无形中使请客的

效果大打折扣。如果点菜时客户推辞,你要尽量让大家"一人先点一两个自己喜欢吃的菜,剩余的你来点"。客户在看菜单时,业务员可以在旁边稍做解释,或者请服务员在旁边予以说明。自己在点菜时,要适当询问客户是不是爱吃。

延伸阅读:女性如何应对"黄段子"

第一课 装聋作哑

假如你听到有人口无遮拦、乐此不疲地讲荤话,你大可以想想老祖宗"非礼勿视、非礼勿听"的古训,装聋作哑,坚壁清野,决不把自己价值连城的笑声送给那些低级趣味者,当那人讲着讲着发现无人喝采,尤其是无女士喝采时,便会自觉没趣。于是大家耳根清静,皆大欢喜,歌舞升平,何乐而不为?

第二课 怒目而视

如果你所处的场合男多女少,你不鼓掌不喝采,他仍然可以轻而易举得到多数男士的笑声,那么你只能用目光进行无声的抗议。当你杏眼圆睁,同仇敌忾,冰冷不屑的目光像利剑一样狠狠插入他的小眼睛时,他断不会以为你在暗送秋波并因此想入非非。他会羞愧难当,神色慌乱,把头低下,阵脚大乱,口齿不清,将话题强行咽下。

第三课 旁敲侧击

也许是因为饭桌上素菜太少,而男人多是肉食动物,意志薄弱,经不起拉拢腐蚀,所以大多堕为"追腥族"。你如果觉得他们制造的噪音有损于你的耳膜、耳鼓、耳垂和心脏健康,那么可以微笑着告诉他们,此处是公众场所,大家都需注意口腔卫生,免得唾液横飞,弄脏这一桌好菜,让大家吃下去闹肚子、内急时找不到厕所,劳命伤财!你晓之以情、动之以理、苦口婆心的说服教育工作,必然能使对方良心发现,改邪归正,戛然而止。

第四课 王顾左右

假如那人还不识相,借着酒劲,毫无愧色,你只好直截了当地制止他。

你可以站起来,频频向他提问,诸如英国人是否都是英雄、美国人是否都是美人、司马迁跟司马光是否同父异母、岳飞跟张飞是否师出同门等时常在电视综艺节目上出现的智力问题。连珠炮似的提问,会使他从全神贯注的状态中解放出来。原本有备而来,现在猝不及防,他的脑子准会搅成一锅粥,导致文不对题,张冠李戴。如此一鸣惊人的讲述不仅无法激起大家的笑声,反而会招致公众的耻笑。群众基础既已失去,他必然会如坐针毡,暗暗叫苦,到了点儿,还不乖乖埋单认罚?

第五课　以毒攻毒

假如他老奸巨滑还不做罢,你还可以咳嗽两声(注意:咳嗽的神情、手势、体态、音量各项指标均需学习有关领导的讲话),然后提高嗓门,讲些其他话题,他不是黄段子多吗?你可以跟他讲些红段子、蓝段子、黑段子、白段子,或者干脆发起其他别开生面、有利于精神物质文明建设的游戏。大家的眼球被你吸引,说话的声音必然会盖过他的声音,这时候你请他讲黄段子他也不会再讲下去。

第六课　单刀赴会

人间正道,邪不压正。每当敌人卷土重来之时,正义总是能够不失时机地显示自身的力量。对那些俗物,当含蓄只能助纣为虐,当头棒喝方为不二法门的时候,你不妨坦诚地说出自己对那些黄段子的听后感。他如果是个有身份的人,你就告诉他,他已经在做一些跟自己身份不相称的事情了。他如果是颐指气使的上司,你就告诉他他早已违反了"三大纪律八项注意",在打自己的耳光了。假如以上方法还不见效,你只能奋起还击:"假如你的母亲、姐妹、女儿在场的话,你还能这样稳如泰山、口若悬河地讲下去吗?"我想,面对这样的问题,如果他身上披着一张还算得人皮的皮,必然会如临大敌,畏之如虎。

第七课　金蝉脱壳

热衷于黄色"出口"者,大凡都有极强的权力欲和表演欲。他自身所掌握的权力,年轻女性的有无、多寡、美丑以及认可程度,无一不决定着他的"出口额"。一般而言,手中权力越大的人,讲黄段子往往越肆无忌惮,对你的频频暗示,他能装聋作哑;对你的义正辞严,他能置若罔闻。你想不出万全之策,那么,只有三十六计、走为上策了。

第八课　顺其自然

树林子大了什么样的鸟都有,黄段子也是如此,爱之者趋之若鹜,恨之者掩鼻而过,喜之者削尖脑袋,怒之者人人喊打,谁也不能强求对方接受自己。所以对于黄段子问题你可以静心思考:它们除了跟你既有的观念与习惯相悖以外,对你还有何器质性及功能性损害?讲述者究竟是想哗众取宠,还是有着动机上的故意?你对黄段子的反感,是一时讨厌,还是一向深恶痛绝……没准想通了,你会理解那些爱好者。

假如你上了以上八课你还是想不明白,或者无法运用,那么只有逆来顺受一种选择——你既无暗示的机智,也无明示的胆量;既无新潮的观念,也无反抗的勇气,只有跟风箱里的老鼠取取经,学习怎么样两头受气了。无数事实证明,这是万全之策,一不会伤害朋友,二不会得罪上司,绕来绕去,只能自我牺牲。

第二章

生 活 篇
——有"局"方有情,懂得拉什么人上你的餐桌

> 从世俗人情讲,饭局是情感的加油站;从官场生态讲,饭局是结交权贵、趋炎附势的名利场;从社交处世讲,饭局是交流思想、增进共识的联络办;从工作应酬讲,饭局是凝聚人心、加深印象的联欢会。
>
> 当你人脉的资源足够多的时候,财运会自然而然地跟来。

人脉从身边开始
——跟亲友共餐

身在职场,陪客户、陪领导、陪同事,要应付各种各样的饭局,哪场都不敢掉以轻心,人累,心更累。想一想,自己有多长时间没回家陪伴侣孩子吃过晚饭,又有多长时间没陪父母吃饭? 亲戚朋友、老同学,你有多久没和他们聚过了? 工作不是生活的全部,家人、朋友同样重要,多抽些时间,陪陪父母家人、跟朋友同学聊聊吧!

1.孝顺父母——吃到美味的菜，记得打包带回家和父母一起分享

人在社会上混，交往办事拉关系，总免不了要请别人吃饭。有一天，你突然发现：自己请人吃饭，请过领导、请过朋友、请过客户……却唯独没有请过自己的父母。

这显然不是因为父母不重要、不值得请，而是因为你对父母有习以为常的忽视。

人脉首先要从亲人做起，不要忽略你的父母，抛开功利的东西，一个不孝顺父母的人，其为人一定好不到哪里去，又有谁愿意和这样的人交往呢？

很多人会说，想请父母出去吃顿饭，并不是件简单的事情。他们肯定会推三阻四，比请领导吃饭都难，因为，父母都很节约，在他们眼中吃一次KFC不如买一整只鸡。

所以我们一定要选好餐厅，最好在埋单的时候做点手脚，或报个半数，或偷偷付账。

每次回到家，爸爸妈妈都会做你最爱吃的菜，可是有几个人知道爸爸妈妈最爱的菜是什么呢？

30多岁的林辰虽然跟父母住在同一个城市，但平日工作繁忙，有时周末还要加班，一两个月才能抽空去一次看父母，每次回去，父母都会做他最喜欢的粉蒸肉。而他也喜欢回到父母身边那种踏实的感觉。林辰一直想带父母出去吃饭，所以专门选了一家高档的粤菜馆，想让爸爸妈妈尝尝海鲜：父母辛苦这么多年，还没吃过鲍鱼和鱼翅。当他满怀欣喜地带着父母来到餐馆，父母一看到菜单上的价格就说太贵了，不吃了，弄得林辰一脸尴尬。他和妻子劝了半天，两个老人才同意。可是一顿饭，妈妈唠叨了好几次，在回去的路上，还一再说："太浪费了，有钱也不能这么花。"弄得林辰心里不快，老人心里也堵。

有次林辰跟一个同事约了饭局。那家店的樟茶鸭很不错,同事临走时又点了一份,说是带给父母,自己父母舍不得出来吃,他每次在外面吃到好吃的菜品,就打包一份带给父母。

这真是一个好方法,自此,林辰每次参加饭局,吃到美味的菜品,都想着给父母打包回去一份,然后给父母说,请客户,菜点多了,不吃就浪费了。每次林辰带着打包回来的食物,都会和父母一边吃饭,一边聊天,气氛十分温馨。

2.吃顿便饭——处理好亲戚、邻里关系

现代社会,高楼大厦里,人和人之间的关系变得冷漠起来。请亲戚和邻居吃顿饭,主动打开交往之门,是很有必要的。这类吃饭不必很正规,当你家中有什么美食的时候,便可请他们到自己家中做做客。

(1)善待穷亲戚

亲戚间应该互相尊重,平等对待,一视同仁。逢年过节红白喜事,都一样热情对待。亲戚间只有年龄、辈份的差别,而不应有贫富的差别,不应有门楣之见。

亲一些人,疏一些人,在有些亲戚面前唯唯诺诺毕恭毕敬、低三下四,在另一些亲戚面前趾高气扬、不可一世,由此造成一些亲戚家门槛踏破,另一些亲戚家门可罗雀,是为世人所鄙弃的。如果自己各方面条件都好,你在与亲戚交往中,应更谦虚谨慎,更主动;亲戚在生活上遇到困难,应尽力相助,做到"富不自贵";应该明白,自认高人一头,就等于自己把同别人交往的渠道堵死了,最后只会落得个孤家寡人的境地。

在我们的实际生活中,一些人与亲戚交往是以贵贱贫富而定的。"贫居闹市无人问,富住深山有远亲"正反映了这一情况。亲戚间交往是富有人情味的,如果受金钱、地位的影响,必定会变得不正常。

社会地位低、经济收入少的亲戚要自尊自重,不能为了从富有的亲戚那里得到一些好处,就想方设法地巴结逢迎。亲戚不论富贵贫穷,在

人格上都是平等的,不能以贫富分尊卑,因此,在与富有的、有地位的亲戚交往时,应当保持自己的人格尊严,珍重自己,尽量依靠自己去克服困难。

而有地位的亲戚少不了有人找来请求帮助。一般说来,亲戚有难处来求,应当热情接待,表现出愿意热心帮助的态度,不能慢待对方,更不应因为亲戚有事相求而表现出厌恶的情绪。富亲戚或者有地位的亲戚应尊重别人,切忌财大气粗、盛气凌人。比如,与亲戚交谈时,要格外认真地倾听,不能漫不经心,应付了事,不应自视清高,小瞧对方,不尊重对方。

亲戚间交往,要平等相待、一视同仁。逢年过节,你来我往互相应酬,不可厚此薄彼,招待时要一样的热情。婚丧人事,众多亲戚聚会,让座敬茶,宴请吃饭,入席敬酒,先后顺序只能根据年龄辈分来办,而不能以贵贱贫富来定。

亲戚之间,无论是自己的亲戚,还是爱人的亲戚,都应该平等对待、一视同仁,不宜注意"门楣",分"亲"和"疏"。有的人对自己的父母、兄弟姐妹好,对爱人的父母、兄弟姐妹就另眼相待:每月给自己父母生活费几百元,给爱人的父母却只有几十元,甚至分文不给;自己的兄弟姐妹结婚办喜事给几百元彩礼,甚至上千元,爱人的兄弟姐妹结婚只有一二百元。这是很不妥当的。

明朝嘉靖时期,有一位大臣叫张居正,此人为官清廉,秉公办事,在朝野中权力极大,连嘉靖皇帝也要敬他三分。张居正在家里是一个好丈夫、好父亲,特别是在对待亲戚关系上,不分"亲"和"疏",深得亲戚的敬重。张居正的妻子来自一个贫苦的农家,但她聪明贤惠,在嫁给张居正后,操持家务,颇有大家风范。

张居正与妻子互敬互重,举案齐眉,对待亲戚一视同仁,并不因为他们是农民,而不屑于与他们往来,或者有分"亲"和"疏"。有一次,张居正的岳父病重身亡,尽管从礼法地位上说,张居正不必前往探望,但他却没有这样做。他向嘉靖皇帝请了假,带领全家人赶回去,尽了孝道。这个举动,深深感动了所有的亲戚,大家都称张居正是个"好宰相"。

不分"亲"和"疏"也是"门楣之见"应注意的一个方面,注意到了,则在处理亲戚关系的问题上能游刃有余;忽视了或处理不当,将会造成亲戚关系的破裂或疏远,于己、于亲戚都不是一件好事情。

(2)别斤斤计较

《盐铁论·毁学》中有这样一句话:"君子怀德,小人怀土;贤士殉名,贪夫死利。"意思是说作为君子,不要像小人一样贪恋那点蝇头小利,用通俗点的话来说,就是不要太斤斤计较。

在与人交往中,谁都不喜欢那种把什么都分得清清楚楚,不让自己吃一点亏的人,因为这种人会让别人觉得,与他交往非常累。同样,在与亲戚交往时,对亲戚要求十分苛刻,总想尽量捞得好处,一旦亲戚有了困难,却不去关心和帮助的举动具有典型的市俗习气,是不可取的。与亲戚交往,气量要大一些,切忌斤斤计较。你给我半斤,我给你八两,你敬我一尺,我敬你一丈,才有利于关系的发展。

(3)远亲不如近邻

俗话说"远亲不如近邻"。的确如此,除了属于自己的那个温馨小家,邻家成为我们必须接触的最小单位。亲戚之间,相连的是血缘关系,而邻居之间,没有固定联系,只能靠自己掌握合适的度,去把握好关系。邻里,"近在咫尺",他们的适时帮助,体贴照顾,能解燃眉之急。

有一个好邻居,如多一良师益友,有一种好的邻里关系,能让自己受益无穷。在如今钢筋水泥的建筑中,人们不得不去重视和"良师益友"的关系。在我们看来,掌握一定的技巧,做一些该做的事,把握邻里关系就会轻而易举。有许多人的行事原则是"各家自扫门前雪,休管他人瓦上霜",这样一来,既不得罪别人,也能把自己的事处理得井井有条。可是,既然自己有余力,何不多扫几处雪?人们都希望在自己困难时,有人能伸出援助的手,邻里之间,也同样。要别人帮助自己,应以帮助别人为前提,这样的互帮互助,才能让自己的希望成为现实。

互相帮助,才能让自己从中受益,这点我们不难理解,但仅仅是意识到这一点还远远不够,我们必须将思想与行动相结合。许多事非常悦耳动听,要结合实际去做却不容易。更多的时候,我们该让自己成为一个有心人。看见"他人瓦上霜",立刻付之于行动,为和美的邻里关系打下基础。

他人的门前雪,不仅要扫,而且要多扫。看到邻家之难,尽自己心意去帮助了,并不代表此事就此结束。做了一次帮助邻居的事,会让邻居欠你一次人情,也许邻居会用一次聚会或其他方式巧妙地还了人情,今后,大家仍然"各扫门前雪"。要想拥有邻居的信任,以"多"帮为妙。在自己有余力的时候,能够多做些的应该多做。当邻居认识到你是如何值得信任时,要想有和美的邻居关系,并不困难。

有一位局长的邻居喜欢计较些小事,一日,她发现局长夫人手提的小筐与自家的相似,而自己的小筐又于几日前不见了,就问局长夫人是否错拿了自己的筐。局长夫人虽知真相并非如此,但也了解邻居的脾气,什么也没有说,只是笑眯眯地把筐送给了邻居。后来,邻居又找到了自己的那个筐,十分抱歉地将筐还给局长夫人,而局长夫人笑嘻嘻地说了句:"不是你的,那我就拿走了。"

这位局长夫人把邻里关系处理得恰到好处,出现问题的关键不在于那个筐到底是谁的,而在于多用一份心思,多体谅别人,做到恰到好处。和美的邻里关系是用心积累而成,何不站在对方的立场上,让自己多为对方想一些?争夺小利小惠时,难免伤了邻居和气,我们应该放宽眼光。古语有云:"塞翁失马,焉知非福?"为了和美的邻里关系,我们要不为小事斤斤计较,多为邻居想一点。

在邻居结束繁忙的工作,疲惫地归来时,你一两句简单的问候就能让他倍感温馨。在许多时候,人们对自己很熟悉的人,并不注重礼节,但有心人会认为适当的礼节是非常必要的,它不但能提高自己的文化修养,而且还能在一定程度上拉近人与人的距离。

这样的"礼"并非见面鞠躬等正统大礼,而是融入一点关心,诚心诚意的一两句话。你会发现,这点很容易做,也有很好的效果。

(4)以信任增进感情

今天,在市场经济的冲击下,人们对别人的信任度不断减弱,人与人之间筑起了厚厚的玻璃墙。可信任别人是处理邻里关系一个不可缺少的方面。

　　人们总是对信任自己的人有好感,总觉得和他相处很容易也很快乐,自己能从与其的交往中了解到自己的价值所在。与陌生家庭相处也是同样的道理。想要相处得好一些,就必须有足够的信任度。这里的信任并不等同于盲目信任,而是对邻居的能力、人品等方面的信任。邻居会从你的信任中看到自己,并对你形成良好的印象。信任已成为和美邻里关系的一个重要方面。

　　表现自己对邻居的信任感的一个方面是:接受、采纳邻里的意见。对邻居正确的、有建设性的意见,我们应该持积极的态度,并审视自己是否有这样的缺点存在,若有便采取一定的措施改正,以促进彼此和睦相处。

　　有一对年轻夫妇与一对已过"金婚"的恩爱夫妻成为邻居。年轻人的生活丰富多彩,常又玩又跳常唱卡拉OK,而老年夫妻生活好静,老爷爷喜欢浇浇花,或坐在灯下看书,而老奶奶常看看电视,或早早地躺下休息。年轻夫妇很懂礼貌,每次出去游玩都不忘给邻居家带点特产,逢年过节,也会把老人叫到自己温馨别致的小屋中,做几个好菜,像模像样地吃一顿,但年轻夫妇总觉得两位老人与他们相处,隐隐有些不愉快。一天老爷爷叫年轻小伙子去他家,有些犹豫地说出了自家喜静的特点。

　　年轻人听了之后,才发现自己忽略了这一点,于是笑着对老人家说:"您早说就好了。"从那以后,两家的关系犹如一家,先前的不愉快也烟消云散。

　　年轻人的成功之处在于欣然接受了邻居意见,这成为和美邻里关系的一条纽带,可联系着彼此。如此再古板刻薄的人,也会容易相处。

和朋友吃饭
——饭局有价,关系无价

日常生活中,还有一类是和朋友进行的饭局,按道理说这类饭局应该轻松一点,但是,亲密并非无间。人与人相处时最容易因为交往密切,而忘记了应做换位处理,出现问题。

越是朋友,越是要注意:每个人都有自己的性格,特殊经历和独特的人生体验,对同一事物、同一件事情,不同的人有不同的感受、不同的认识,吃饭也不例外。

1.求同存异:坦然对待不同的"口味"

小小和李丽是好朋友,小小特别喜欢吃辣的,但是李丽却一点也不能吃。小小每回和李丽吃饭都要很多辣的菜,还告诉李丽吃辣的很多好处,要李丽也像她一样。李丽为了迎合小小试图尝试,可是每回不是弄得自己闹肚子就是长了一脸的疙瘩。李丽觉得和小小吃饭是一件让人惧怕的事。最主要的是,她不想因为别人而改变自己,因此与小小越来越疏远了。

尊重朋友,首先要承认自己和朋友有不同之处,并坦然对待这些不同。

在一些生活小事上,我们很容易做到求同存异,张三爱吃甜的,李四爱吃辣的,张三不会试图让李四改换口味,和自己一起吃甜的。但在一些对朋友来说很重要的问题上,我们一些善意的举动,可能会引起朋友的不满,最终费力不讨好。

李艳和沈佳同住一间宿舍，两个人是形影不离的好朋友，李艳性格沉稳，做事细心；沈佳忘性大，上课忘带笔记本，衣服晾出去忘了收进来都是常有的事。有一次沈佳缝衣服把针丢在床上忘了找，还被扎了一下。李艳非常关心沈佳，认为她得改掉忘性大的毛病，否则大学毕业进入社会，在工作上不知要出多大的错误。

李艳告诉沈佳放东西要各有各的位置，做事要有条理，等等。总之，相当于替沈佳制定了一个行为指南。开始，沈佳积极性挺高，但忘性大的毛病犯了时，她又什么都不记得了。李艳不厌其烦地劝她，忘了就提醒她，见她错了就毫不客气地指出来，让她下次记住。时间长了，李艳没烦，沈佳烦了。谁愿意被复制成另一个人呢？

李艳希望沈佳变得和自己一样，做事细心、有条理。但沈佳就是沈佳，不是李艳，她的做事方式、脾气性格不可能和李艳变得相同。沈佳忘性大，并没妨碍两人的友谊，反倒是李艳的一片好心却招来了沈佳的不快。

如果一个人总是试图让朋友变得和自己相同，朋友肯定会被吓跑，最后这个人连一个朋友都不会有。

朋友之间肯定有某些共同点，共同的兴趣、爱好，某些共同的利益，需共同完成某些事，有共同的志向等等，这些是两个人成为朋友的基础。但是每一个人又都是有个性的实体，你不要试图改变他，否则会让你们的友谊离你越来越远。

宇宙间找不到完全相同的两片树叶，世界上也不可能存在完全相同的两个人。即使是双胞胎，也都有各自的性格和特点。

2.未雨绸缪：不能变成酒肉朋友的糊涂账

张鹏与李坤是同宿舍的好友。俩小伙子戏称宿舍是他们的家庭，所有的东西都没有"标签"，甚至工资也混在一起，两人为这种很"铁"的关系而骄傲。不久，李坤有了女友，经常出去逛商场，吃饭，等等，于是两人的"合作经济"出现了危机。

起初，李坤觉得没什么，张鹏也不在乎，后来张鹏提出实行AA制，李坤考虑再三同意了。事有碰巧，一天张鹏的母亲病了，张鹏回宿舍取钱时，面对的是空空的抽屉。张鹏不由得问李坤："钱哪儿去了，工资不是才发了几天吗？"李坤说："为女友买了条项链。"张鹏无言地离开了，去别人那里借钱为母亲看病。

从此两人的友谊出现了裂痕。有一天，两人提及此事，大吵了一架，从此两人间纯真的友情画上了句号。

张鹏和李坤忘记了"人亲财不亲"的古训，忽视了朋友是感情一体而不是经济一体的事实。友情对财物往来的不平衡有一定的承受能力，但是，如果钱物往来出现过分倾斜，超过了友谊所能承受的极限程度时，友谊就难以包容，矛盾就会到来。所以，为了友谊而算账要区别不同情况，弄清钱物及人情账往来的状况，求得双方在"量"上的大致平衡，防止过分失衡。

中国有一句古话叫"亲兄弟，明算账"。朋友交往，有的人很讲义气，不分你我，我花你的钱，你随便用我的东西，像一个人似的，可是这种情谊发展到后来往往会因为扯不清的经济账而心存芥蒂。

所以，最好的关系也要分清你我，这是处世的经验。你是你，我是我，才是正常的与人性化的。

在与朋友有合作事宜时，我们更要责任清楚、权益分明。

在合伙生意中，特别是和好朋友一起合伙时，大家往往会因为权益问题而生出种种矛盾。当初在学校时，或在某单位共事时，彼此好得跟一个人一样，不仅钱财不分，连衣服都没有分过彼此，一旦合伙做生意，自然也不好意思把钱财分清楚。

可是，这种隐患时间一长就会发作。到了年终、月尾结账时，发现生意是赚了钱，但赚的钱全部都稀里糊涂花光了，大家的心里就会开始计较了，你认为他花的多，他认为你花的多。

一开始，大家基于过去的友情，会不好意思公开指出来，等到了忍无可忍提出来时，必然会严重地伤害了彼此的感情。好朋友一旦决裂，会比不是朋友还严重。到了这种地步，除了大家分手，再也没有更好的办法。

　　我们身边,因为责任和利益的问题,知交好友甚至是夫妻、父子对簿公堂的事并不少见。这里面的原因,多是大家在心里各算一本账,在算账的过程中,总会有意无意地向自己这一方倾斜,所以算来算去,总是自己吃了亏。

　　与其走到这种地步,不如一开始就未雨绸缪,把一切都说清楚,必要的时候,通过法律手段规范一下。当大家都明白自己的职责和权限的时候,相互牵连不清的事自然也就消失了。

3.亲密有间,不是所有的"美味"都要一起分享

　　许小茹对任何事情都充满了好奇心。她有一个癖好,就是喜欢从各方面去了解自己关心的人和事,无论是好的还是坏的,她都照单全收,她的朋友有时候会开玩笑地对她说:"小茹啊,你再这样下去,早晚有一天变成特务。"她嘻嘻地笑,也不答话。

　　许小茹总觉得自己多去了解别人,便能够在适当的时候伸出援手,给予朋友帮助,但是她忽略了一点,那就是有些时候并不是所有的事情朋友都愿意与她分享。

　　这天正巧是水水的结婚纪念日,许小茹充当起了朋友聚餐的"负责人",自作主张地喊了很多朋友,和大家定好了聚餐的时间和地点。这时候,有一个陌生的电话打了进来。

　　打电话的人是这样解释的:"我是水水的一个朋友,你可能不认识我,但是我听水水提起过你。今天是水水的结婚纪念日,不知道我是否能够参加呢?我和水水也有段时间没见了。刚才我打她的手机,没有打通,所以就冒昧地打电话给你了。"

　　"当然可以了,完全欢迎,你今天晚上8点直接到大酒店就可以了。"许小茹欣然地答应了。

　　在去饭店的路上,许小茹对这个陌生来电充满好奇,她总觉得这个男

士不会只是水水的普通朋友那么简单。

带着问题，许小茹来到了饭店。一切就绪后，她用眼睛扫视了一下，很快就找到了给她打电话的那个男士，于是就坐到那个男士身边，开始问东问西。对许小茹来说，她对这个人的好奇胜过了这顿饭带给她的诱惑力。

这顿饭水水吃得很勉强，因为那个男士是她的初恋男友，但是她又不能在老公的面前表现出什么，水水真想冲到许小茹的面前叫她闭嘴。

要保持正常平稳的生活节奏，就千万不要陷进各种是非当中去。我们虽然要与朋友们保持亲密关系，但是不能任意侵犯他们的私人空间，不能因为自己的"八卦"而给别人制造麻烦。

如果想让他人放心地与你交往，你就不应主动探求对方的隐私。如果你不知道自己要讲的话题是不是对方的隐私，而你又对这个话题非常感兴趣，就可以巧妙地想办法试探一下：如果属于对方的隐私，那么就此打住；如果不是对方的隐私，话题便可以继续下去。

为了不主动招惹是非，我们要注意自己的生活态度，不可热心过度，总想包办对方的一切，否则会使对方有一种压迫感，因为没有人愿意让别人的意志取代自己的意志。即使是大家朋友，相互之间也要留有一定的距离。

延伸阅读：吃饭，第一次约会的最佳选择

和女孩第一次约会做什么？最佳的选择当然是一起吃顿饭了。

在餐厅就餐，由于有吃的过程，你不必担心有冷场的尴尬。如果感觉对方不错，你完全可以故意拖延就餐时间，细细酝酿餐后的助兴活动。

第一关：点菜

点菜的主动权当然要交给女孩，其实，这不是要体现男人的风度，而是去考量这个女孩。

从女孩喜食的食物，你可以大致了解女孩的性格。喜甜女孩恬静，

好咸的女孩固执,爱辣的女孩开朗,口味平淡的女孩骄傲等,尤为值得重视的是,女孩是否考虑你的饮食习惯,是否尊重你的口味特点等,从这一点可以看出,女孩的细心以及你在女孩心目中的第一印象是否良好。

第二关:就餐过程

就餐的过程是考量女孩的第二关。

习惯将双手放在餐桌之下的女孩比较拘谨、内向,成为贤妻良母的几率很高。

习惯双手交叠放在自己的餐具前的女孩自信、执著,掌控全局的能力很强。她对男士的要求很高,特别是在事业上。

手持筷子,边吃边聊,目光不断在你的眼睛和桌上的菜肴上下扫射,夹菜、聊天都不耽搁的女孩真实、大方,喜欢享受生活。不过,她的性格很粗放。

如果女孩喜欢吸吮筷子、不停地搅动菜肴的女孩素质低下,没有受过多少教育。

就餐时,两人喝点什么很重要。

如果女孩主动提出喝点红酒,这绝对是一个梦幻、浪漫的女孩。和这样的女孩交往,成本很高,我奉劝那些底气不足的男士,尽快结束这并不属于你的缘分,不然,你会在虚荣和窘迫中煎熬。

最后一点,也是最重要的是,第一次约会,吃两碗饭的女孩你要毫不留情地和她说拜拜!

时下的外出就餐,吃饱肚子早已不是就餐的目的。特别是女孩,生怕多吃一点会让自己多添一丝赘肉。如果女孩在约会时要吃米饭,并且要吃两碗,那么有两种情况:

第一,无论这个女孩外表多么时尚,表现的多么高贵,其骨子里的贫民气质根深蒂固。这样的女孩不仅多疑,好占便宜,而且性格乖张,你和她以至她的家人会很难相处。

第二,这个女孩是真的饿了。但即便是饥肠辘辘,在第一次约会时也应该顾及一个女孩应有的优雅。这样的女孩精于心计,婚后成为女权主义者的几率很高。

当然，即使女孩在吃过一碗后再要第二碗，男士也必须要保持风度将单买了，然后对女孩说："吃饱了么？"当女孩打着饱嗝点头时，你千万不能问她是否需要打包，因为她有可能说糖醋排骨味道很好，能否再来一份打包回家，让她家人也尝尝。

所以，第一次约会时，选择和女孩一块儿就餐吧！

【D 篇】

舌尖上的设计——吃成事

如今，愈来愈多的公务、商务人士开始相信，餐桌是一个绝佳的交流平台，以餐会或酒会来款待同业、政界要人、名人及重要客户是个获得信息的好方法。宴会上，食物留存在口齿间的美妙感觉会使人情绪愉悦、放松。如此，陌生人可以由不熟悉变成熟悉，一直心怀戒备的人可以与你变成知己。

即使是简单的一顿餐，有时也能让你收到事半功倍的效果！

第一章

宴 道
——用饭局打造你的个人效应

人生在世,并非闲云野鹤,饭局在所难免。

要防止饭局带来的负面影响,首先要调整吃饭的心态,若把必要的应酬当成苦差,只会加重自己的身心负担;另一方面,若不分轻重缓急,所有饭局,都照单全收,不仅浪费时间、精力、金钱,还必然影响日常作息和精神状态,加剧"亚健康"的危害。

如果你信奉"君子之交淡如水",对友谊是重质不重量,就要有目的地评估饭局价值。

如果因工作性质,下班后经常聚餐,先不要轻易拒绝,让自己尽量多去体验本职工作中的"圈内规则和气氛"。另外,我们应该分辨同事、朋友的不同类型。那些厌倦饭局应酬的对象,我们平时发短信关心一下,或送上一本对方喜欢的书籍或者电影票,也能起到很好的交际作用。

安排的应酬,可以不是吃饭,而只是宾主尽欢的活动。在应酬形式的设计上,我们可以兼顾自己的喜好。比如如果双方都喜欢运动,不妨相约一起去健身或者爬山,然后再一同午餐,效果一定比在烟酒弥漫的空气中聚会好得多。

只有正确地评估了饭局的价值,才能让自己在一场场饭局交际中取得胜利。

形象篇:你的饭局形象价值百万

俗话说:"三分画七分裱,人靠衣着马靠鞍。"同样,在人员众多的饭桌上,我们也希望自己的形象能得到他人的肯定。现代社会,服装打扮已较为自由,参加宴会也没必要再像以前那样,从头到脚刻意修饰一番,服装也不必过于考究。然而,我们的穿着不可太过随意,因为这是对主办人的一种不尊敬。为此,我们一定要做到"光彩"赴宴,打造出出众的饭局形象。

1.作为饭局的主办人,我们该如何穿着?

中华饮食源远流长。在这自古为礼仪之邦,讲究"民以食为天"的国度里,饮食礼仪自然是饮食文化的一个重要部分。饮食礼仪因宴席性质、目的的不同而不同。不同的地区,饮食礼仪也是千差万别。但不可否认的是,无论在什么情况下,我们在饭桌上的形象都至关重要。尤其是饭局的主办人,有板有眼、有"范儿"的打扮才能服众,才能达到宴请他人的最终目的。

泉是一名形象设计师,对自己的日常打扮很重视,每一个细节,他都很在意。但最近的一件事,却让他很头疼。

原来,一个星期前,泉被老板升职为公司的设计总监,同事们知道后,整天缠着泉,让他请客。不喜欢设宴应酬的泉看自己是难逃此劫了,于是,一番安排后,将宴会设在了公司附近的某家星级酒店。

那天,泉的老板也来了,大家都精心打扮了一下,尤其是那些女同事,一个个都艳惊四座。

到达酒店后,让大家失望的是,泉居然迟到了。更令大家惊奇的是,泉居然还穿着昨天穿的那件牛仔T恤,众同事和领导都瞪大了眼睛。

有好事的同事问泉:"你今儿也太不给面子了吧!怎么就这身打扮?"

泉反问道:"这身打扮怎么了?我觉得挺好的呀。"

老板一听气氛不对,就主动出来打圆场说:"泉是出了名的随意,大家也不是第一天认识他了。"尽管老板这么说,同事们还是觉得心里不痛快。

于是,大家都沉默不语,随后,饭吃到一半,大家就都找借口离席了。

为什么这些同事都不给泉面子,饭吃到一半就离席了呢?这是因为大家都觉得自己没有得到应有的尊重。

尽管老板已经为泉作了一番解释,但这番解释并不足以说服这些同事。

在现实生活中,我们发现,有些人能借助自己的饭局如鱼得水,而有的人却经常被"冷落",这其中有个重要的因素就是自身的形象。

如果饭局主办人与被请之人所预想的形象差别过大,就没有影响力和发言权可言。

人有一种本能的愿望,希望和价值观相同的人进行沟通和交流,这不是阶级化的思想,而是眼睛这一无情的器官传递的一种情绪。

所以,给人留下的第一印象非常重要,是饭局交际成功的第一步。

在现实生活中,"第一印象"是客观存在的,这种印象的形成在很大程度上是由一个人所流露出来的素养、品位和格调所决定的。爱美是人的天性,但是如何挑选适合自己的颜色和衣服,让自己呈现出最好的状态,让人家看起来觉得舒服,就是一门学问了。

那么,作为饭局的主办人,我们该如何穿着才能显得有"范儿"呢?

(1)有自己的穿衣风格

作为饭局的主办人,我们的打扮必须具有个性美,能体现出与众不同。如何穿出这一效果?有人认为,只要穿名牌就准没错。其实不然,有些人即使穿上很名贵的衣服,别人也看不出效果,因为颜色、款式并不适合他;相反,有些人并没有在衣服或配饰上花多少钱,但依旧能穿出让大家看一眼就感到舒服的效果。同样,颜色没有好坏之分,但是是否与自己相配却非常重要。

（2）个性并不代表特立独行

通常来说，通过服装打扮，我们能在一瞬间就判断出这个人与那个人的差异，能马上感受到谁与自己是同类，谁与自己是异类，大概了解这个人的个性如何。这就是所谓的第一印象。一向对颜色敏感的人会根据对方的衣服颜色作判定，对流行敏感的人则会从时髦感或衣服的搭配来判断对方是哪类人。如果品味相同就会有亲近感，品味不同自然会有疏离感。因此，作为主办人，在穿着上虽然要有"范儿"，但也不可过于特立独行，否则会被他人拒于千里之外。

总之，作为饭局的主办人，穿着平常服装赴宴有失礼仪。一个人的修养特别容易在饭桌上表现出来，饭局交际的难度就体现在这里。如果你因为时间匆忙而穿着随便，很有可能给被请之人留下不良印象。

宴会现场的完美绅士

为了让身为男士的你在宴会上体现完美的自我，轻松成事，在这里我着重例举五个赴宴的着装要素。

①西装

西装是当今最常见、最标准，男女皆宜的礼服。男士选择西装以宽松适度、平整、挺括为标准。西装最大的特点是简便、舒适，能使穿着者显得稳重高雅、自然潇洒。西装与衬衫、领带、皮鞋、袜子、裤带等是一个统一的整体，只有彼此统一、协调，才能衬托出西装挺括、光彩夺目的美感。

西服上衣一般不能与其他裤子搭配着穿。在颜色的选择上，藏青色、灰色和铁灰色是象征权力的颜色，普蓝色意味着友善，而精致的细条纹图案则可以为你的服装增添一些情趣和变化。

②领带

领带的下端应长及皮带上下缘之间或不短于皮带的上缘。领带与西服的颜色要互相衬托，而不要完全相同，暗红色、红色和藏青色可以用做底色领带的主色和图案要精致，不抢眼，最好选择真丝面料，因其优雅且四季皆宜。领带图案可选择小巧的几何印花或条纹，柔和的涡旋纹也是不错的选择。

衬衫、领带与西装三者的搭配要和谐。西装和领带的花纹不能重复。如果衬衫是白色的,西装是深色的,那么领带就不能是白色的,而应是比较暗的颜色;如果衬衫是白色的,西装的颜色朴实淡雅,领带就必须华丽、明快一些。当然,除了应充分考虑衬衫、领带、西装的色彩协调性外,这三者的色彩关系还应该结合你的肤色、年龄、职业、性格特征等来选择。

③腰带

腰带应是真皮材质,颜色应为黑色、棕色或暗红色。皮带的颜色应与鞋相配,皮带扣的造型要简洁。

④袜子

赴宴穿着深色西装,袜子则选择深色为宜,或者选择西装和皮鞋的过渡色。袜子的颜色宜选与长裤相配或相近的,穿黄褐色裤子时例外。穿黑皮鞋一般选择黑色袜子。袜子要长及小腿中部,尼龙袜或薄棉袜均可。如果穿着棉毛裤,应该用袜子覆盖住可能会露出的腿脚部分,以免有邋遢之感。

⑤鞋

出席宴会应穿皮鞋,不能穿凉鞋、球鞋或旅游鞋,除非请柬上有说明可穿便服。选择黑色系的皮鞋为上上之选,其次可以选择深咖啡色皮鞋。鞋的颜色不应浅于裤子。黑皮鞋可以配灰色、藏青色或黑色西服,深棕色的鞋配黄褐色或米色西服的效果最佳。此外,皮鞋的鞋面一定要整洁光亮。

总而言之,为了给所有与宴者留下好印象,玩转宴会现场,切忌不修边幅前去赴宴。

提醒:别让妻子包装你

不要让你的妻子包装你,即便她是"时尚先驱",因为在你的商务宴会上,你的服装要体现的不是格调和时尚,而是成熟、权力、威严和领导力。

现如今,追求潮流时尚的太太们,为了突出自我、追求新奇,总是力求将自己的丈夫打造成看起来最潇洒、最时尚的人,却常常忘了宴会的氛围,丈夫在现场的地位、身份与职责。而丈夫们总觉得女人在着装打扮方面比男人有品位,往往放心地把自己的外在包装交给妻子。

秉持着勤俭持家的念头，一门心思朝"钱"看，专门买价格便宜或者质量较差的处理品，而对服装的质量和档次毫不关心。她们常常让丈夫穿着毫无品位的劣质服装前去赴宴，留给与宴者低俗、乏味、好贪小便宜且毫不重视自己前途的恶劣印象。

一个人的穿着往往代表着他的身份与地位，而廉价的服装常常让男人抬不起头来，让他们在社交场合屡屡受挫。如此男人们的心境会变得越来越消极，无法成功，也就无法获得领导的赏识，如此恶性循环着。

有人说，如果你想挣百万美金的工资，就必须在外表上给人以百万美金的感觉。你值多少钱，能从你的服装上看出来。所以，渴望成功的男人们，不要再盲目地让你的妻子包装自己了。

OL优雅风范是这样练成的

美丽的装扮是女性的武器。人们往往通过外表来判断他人，女性如果美丽的话，不仅会得到周围人的好感，还会被重视、被关注，从而能够更大方自信地行动。

不过，女性要不被轻视，并不需要是绝世的美女，只要拥有适度的、能够使人产生好感的自信就可以了，既有得体穿着仪态，不失礼仪，也不喧宾夺主。

要满足以上要求，我建议你注意以下要点：

①平时多翻看即时的服装讯息杂志，或服饰专栏，如强调流行讯息，并整合服装相关资讯的《时尚》、《ELLE》、《时装》等时尚类专业杂志。

②分析自己的身材及品味，挑选符合个人气质风格的品牌系列，再依场合的需求做考量。

③考虑服装的功能变化，与其他配饰组合成另一种风格，达到多次穿着的经济效益。如简单而精致的洋装，可以搭配蕾丝刺绣外套，或换独具特色的典雅披巾，增加晚宴气氛。即使只是一枚别致华丽的胸花，都能令人看出你的巧思及品味。而且，巧妙的组合式晚装，可避免同场合"撞衫"的窘况。

除了以上个人主观条件因素的考量外，贴切完美的整体造型，也能让你获得极佳的评价。我们可以从几个层面来分析：

①服装造型:中式风格服饰,可分为袍装类或组合式晚装。袍装类服装由于曲线优美,适合东方人的身材,颇受一般女性的喜爱。在国宴或婚宴场合穿着,是一种隆重的礼仪表现。而西式晚宴服,应选择能修饰自己身材,陪衬个人气质的款型。除了修长及踝的长礼服外,款式俏丽,素材精致的小礼服,是年轻女性宴会时的另一种选择。在商业界社交场合,或时尚界所举办的社交活动上,女性可将个人独特的创意巧思加入服装造型里,让自己别具一格的时尚魅力吸引众人的目光。

②搭配品:合适的搭配品,可有画龙点睛之效,而过多的装饰品,却犹如画蛇添足,会掩盖自己的气质光芒。所以,请看看自己,拿掉多余的饰品。你只可选择其中一种做为集焦的饰品,其他力求其简单而协调。譬如,今天的宴会,你挑了一套材质精致,色彩绚丽的中式袍装。那么,华丽精巧的小提包,则是另一处聚焦。

③发型彩妆:发型是令人直接感受到精神及个性的地方,不同的发型,可塑造出不同的视觉效果。至于彩妆部分,除了基本的彩妆外,你可依服装的色彩,多加流行元素加强晚宴的华丽效果。别忘了修剪手上的指甲(穿凉鞋式高跟鞋,也应注意脚指甲的修剪),涂上适合的指甲油或护甲油。你也可抹上独具魅惑但不刺鼻的香水,以求完美。

2.如何给自己打造最好的"餐桌光环"?

光环就是个人魅力。很少有人天生就个人魅力超群,要使自己成为一个受大众欢迎的人,你可以在社会的大课堂里悉心接受磨炼,提高自己的文明与教养。

一个人在社交生活中,应该从以下几个方面增加自己的修养。

一是有礼节。寒暄是语言的礼节。当下有五个最常见礼节语言的惯用形式,表达了人们在交际中的问候、致谢、致歉、告别、回敬这五种礼貌。问候是"您好",告别是"再见",致谢是"谢谢",致歉是"对不起",回敬是对致谢、致歉的回答,如"没关系"、"不要紧"、"不碍事"等。

二是有分寸。这是语言得体、有礼貌的首要问题。要做到语言有分寸，必须配合语言要素，在背景知识方面知己知彼，明确交际的目的，选择好交际的方式。同时，要注意如何用言辞行动去恰当表现。

三是有学识。高度文明的社会，必然十分尊重知识，十分尊重人才。富有学识的人将会受到社会和他人的敬重，而无知无识、不学无术的粗浅之人将会受到社会和他人的鄙视。

四是有教养。说话有分寸、讲礼节，富于学识，言语优雅，尊重和谅解别人，是有教养的表现。我们要尊重别人符合道德和法规的私生活、衣着、摆设、爱好，在别人确实有缺点时委婉而善意地指出。别人不讲礼貌时，我们要本着谅解的态度，视情况理智地处理。

当我们目标明确，知道要把自己打造成什么样子时，就可以按照想象中的形象来塑造自己。每个细节加起来，就是一个完整的大概念。这时候，无论是你的风度素养还是思想见识，都已经发生了脱胎换骨的改变。

如果你正处于"上流"的位置却时不时露出一些"下流"的举止，那么无论你是谁，都难以得到人们的尊敬；相反，如果你身处下层，举止谈吐却符合上层的文明，那么你的上升空间将非常广阔。

"门面"做得好，饭才吃得好

俗语说"人往高处走，水往低处流"，找有实力的人做生意乃是天经地义。

冯立出身农村。当年他省吃俭用，考托福去美国留学，寒窗苦读多年，不知道洗过多少盘子。回国后，他继续含辛茹苦熬了几年，没有过一天舒适日子，好不容易才搞了一个金融产品公司。冯立见公司的生意还算不错，就想学别人上市集资，扩大规模。

于是，他开始约见投资银行的金融大玩家们。按照生意场上的规矩，见面难免要吃饭应酬。但是，冯立有个多年艰苦生活养成的习惯，喜欢约人在他的办公室楼下吃饭，一是能节约时间；二是节约交通费。而且，他的饭局作风也比较另类：为了省钱，他通常将几个不搭界的人请在一起，方便自己一次见几个人，谈几件事情。

结果，两个月下来，投资银行的人都怕他，圈子之中更把他的饭局传为笑柄。毕竟，每一种生意都有不同的玩法，投资银行替你融资，自然需把你的公司包装得光鲜利落，才好将你推销给有钱人。想让人家心甘情愿拿钱出来，总要有舍得花本钱塑造形象的意识。

冯立想找人拿钱，又不把自己打造成为适合别人投资的对象，失利也就是当然的了。在什么山上就得唱什么歌，人在江湖，就得按照江湖的游戏规则。冯立凭自己那一套省吃俭用的方式包天下，肯定不是获得成功的好法子。

所以，当你和"重要客户"或者"重要人物"打交道时，讲究一下档次也在情理之中。

对待重要客户，每一个公司都非常重视，并且会花大力气去努力保持这种良好的持久合作关系。

重要客户是对公司生存和持续性发展起决定性作用的人，是公司利润的主要来源，更是公司稳定发展的基本保障。宴请这些重要客户时，东西好不好吃不是那么重要——重要的是，吃东西的环境和档次一定要高，要讲究排场和面子，如此才能说明你对客户有足够的诚意。

邀请重要客户吃饭，首选"大腕餐厅"或四星级以上的饭店，以海鲜类餐厅、日本料理、法式大餐等为优。

上述饭店通常环境相当高雅，装修得豪华气派、富丽堂皇，足够"排场"。而且，这些地方有很多舒适的单间、雅座，能保证你与客户的沟通不会受到外界的干扰。主客脸上有光，心中舒畅，对你们的合作来说，是一个良好的开端。

有了"面子"，还要"撑得起"

找好门面固然重要，但对方还会看你的个人形象是不是能"撑得起"、"罩得住"这个"面子"。

一个人的形象，并不是单指的穿衣和外表长相，而是外表与内在相结合的、一个流动中的印象。它包括你的穿着、言谈、举止、修养、生活方式、知识层次、家庭出身、住在哪里、开什么车，和什么人交朋友，等等。它能清楚地为你下定义：你是谁，你的社会地位和圈子，你如何生活，你是否有发展前途。

优雅的举止和文明得体的谈吐,往往是你征服别人的第一步。

于嘉是一家建筑设计公司的行政助理。她的老板姓陈,是位知识分子型的企业家,白手起家打下一片天地,如今在业内小有名气。

一次,于嘉陪老板陈先生在茶楼见一位客户,三人边品茶边商谈合作事宜。相谈正欢时,茶楼的一位服务员小姐来送点心。他们点了三份茶点,这位服务员忙中出错,只送了两份上来。那位客户见此情形勃然大怒,一边拍桌子一边埋怨茶楼怠慢客人,把那个年轻的服务员吓得除了连声道歉,再也说不出什么话。

陈先生倒是非常平静,只吩咐服务小姐再补一份点心,接着又和客户谈起来。

在回公司的路上,陈先生告诉于嘉中止与这位客户的会谈,另找合作伙伴。于嘉不解,陈先生说:“他遇事太冲动,不像是能稳住大局的人,如果我们与他合作,可能会因为一些小事磨合不好而节外生枝。”

优雅的举止,可以使人显得有风度、有修养,给人以美好的印象,反之,则显得不雅,甚至失礼。

现实生活中,我们经常碰到这样的人:或是仪表堂堂,或是漂亮异常,然而一举手、一投足,都表现得粗俗不堪。这种人虽金玉其外,却是败絮其中,容易招致别人的厌恶。

所以,在社会交往活动中,外在的美固然重要,但高雅的谈吐、优雅的举止等内在涵养的表现,更为人们所喜爱。

链接:坐、立、行走的基本礼仪

一个人气质高雅,突出表现于:仪表修饰得体,言辞幽默不俗,态度谦逊,接人待物沉着稳定、落落大方、彬彬有礼,让人一见便肃然起敬。站在这样的人面前,如同走进典雅的殿堂,令人脱去几分俗气,平添几分庄重。

要让自己举止端庄,风度翩翩,我们应当从举手投足等日常行为方面有意识地锻炼自己,养成良好的站、坐、行姿态。

下面介绍一下关于站、坐、行三方面基本的举止礼仪。

站如松

所谓站如松，主要是指站姿要正要直。人的正常站姿，是在自然直立时的姿势。站如松的基本要求是：头正、颈直，两眼向前平视，闭嘴、下颌微收；双肩平且微向后张，挺胸收腹，上体自然挺拔；两臂自然下垂，手指并拢自然微屈，中指压裤缝；两腿挺直，膝盖相碰，脚跟并拢，脚尖张开；身体重心穿过脊柱，落在两脚正中。

在站立时，切忌无精打采地东倒西歪，耸肩勾背，或者懒洋洋地倚靠在墙上、桌边或其他可倚靠的东西上。站立谈话时，两手可随谈话内容适当做些手势，但在正式场合，不宜将手插在裤袋里或交叉在胸前，更不要下意识地做小动作，如摆弄打火机、香烟盒、衣带、发辫，咬手指甲等。否则不但显得拘谨，给人以缺乏自信和经验的感觉，也有失仪表的庄重。

坐如钟

所谓坐如钟，是指坐姿要端正。人的正常坐姿是：在身后没有任何依靠时，上身应挺直稍向前倾，头平正，两臂贴身自然下垂，两手随意放在自己腿上，两腿间距与肩宽大致相等，两脚自然着地。在正式社交场合，背后有依靠时，不能随意地把头向后仰靠，显出很懒散的样子。

在日常生活中，我们不可能时时都这样端庄稳重，但是为了保证坐姿的优美，你必须注意以下几点：

一是落座以后，两腿不要分得太开，尤其是女性；

二是两腿交叠而坐时，悬空的脚尖应向下，切忌脚尖向上，并上下抖动；

三是与人交谈时，勿将上身向前倾或以手支撑下巴；

四是落座后应该安静，不可一会儿向东，一会儿向西，给人一种不安分的感觉；

五是坐下后双手可相交搁在大腿上，或轻搭在沙发扶手上，但手心应向下；

六是如果座位是椅子，不可前俯后仰，不能把腿架在椅子或沙发扶手上；

七是端坐时间过长，会使人感觉疲劳，这时可变换为侧座；

八是在社交和会议场合，入座要轻柔和缓，直座要端庄稳重，不可猛起猛坐，弄得坐椅乱响，造成紧张气氛，更不能带翻桌上的茶杯等用具，以免尴尬被动。

总之，坐的姿势除了要保证腿部优美以外，背部也要挺直，不要弯胸曲背。座位两边如有扶手时，不要把两手都放扶手上，给人以老气横秋的感觉。

走姿优美

行走的姿势是行为礼仪中所必不可少的内容。每个人行走的时间总比站立的要多，而行走又一般是在公共场所进行，所以，我们要非常重视行走的姿势。

走路时，两只脚所踩的应是一条直线，而非两条平行线。特别是女性，走路时如果两脚分别踩着左右两条线走，是有失雅观的。此外，走路时，膝盖和脚腕要富于弹性，两臂应自然、轻松地摆动，使自己走在一定的节奏上，否则会显得非常不协调。正确的走路姿势应是：轻而稳，胸要挺，头抬起，两眼平视，步度和步位合乎标准。

谈资篇：成功的饭局上都聊些什么？

诺罢·拉文做每周工作计划时总是先确定他要同哪些人碰面，然后每个礼拜安排四个早餐、四个午餐和两个晚餐来跟他个人或业务目标有关的人士聚餐。对方可能是客户，也可能是朋友，或是某些有影响力的人，也有可能是潜在客户或其他人。

这是极简单却非常有效的方式，因为在饭局上人们的情绪大都会非常好，更容易结成深厚的友谊。利用饭局，我们不但可以进一步加强与客户现有的关系，甚至能得到某些很有价值的回报。

那么，成功的饭局上都聊些什么呢？

1.饭局话题四步走——循序渐进,由浅入深

商务饭桌上,有人一味奉承低俗不堪,有人黄色段子层出不穷,有人海阔天空不着边际,有人自言自语狂妄自大,也有人穷追不舍誓达目的,令饭局索然无味。作为饭局的主持人,你能否察颜观色,雅俗共赏,分别对待,成功引入话题比在饭局上吃什么东西还重要。

第一步:应约初到,客气寒暄无关痛痒

第一阶段,客人刚到饭店,风尘仆仆,身心都未进入饭局的状态。作为主人的你不要急于跟客人说太多的话,因为客人正忙于将随身的物品(提包、大衣等)放好,与同桌的人客气寒暄。

在此阶段你应该吩咐服务员协助挂放客人的提包和大衣,倒上热茶,准备热毛巾恭候。如果饭店有沙发闲谈区并配有餐前小食的话,让服务员引领客人前往。不停地吩咐服务员,既不会让场面冷落,又不需要客人急于应酬主人,能让大家都有个缓冲的时间。这个阶段的话题,无非是一些多余的客套话,如:表示欢迎及感谢赏面;路上的交通;餐馆的位置是否难找;如果有被邀请的人员没一起前来,询问原因,等等。

第二步:餐前闲谈,以"半正式的话题"引入目的

第二阶段,主客甫坐下,正餐前闲谈,等上菜。这时大家渐入角色,真正的饭局才开始。

此时的话题很重要,犹如会议的开场白,客人一般都在静静地等待安排,不会随便开口。吃饭当然要以轻松自在为原则,哪怕是心怀目的也不能直奔主题。所以你应以半正式的话题引入此次宴客的目的,比如:经常麻烦某某,这次特意一起吃饭表感谢;听说某某的酒量很大,特意见识;听说这家饭馆的菜做得很有特色,特意一起品尝……这样的开场白,既淡化了大家心照不宣的目的,又能让大家摆脱拘束。

一两句开场白之后,就可以引入其他轻松的话题:关于酒水、关于菜

色、关于一些餐桌上的见闻,也可以拿一些自己在吃饭时闹出的笑话供客人们付之一笑以期其他客人将他们的见闻或经验掺入话题。

第三步:开始吃饭,天南海北打开"话匣子"

第三阶段,正式上菜,众人开始吃饭。经过餐前闲谈的环节,作为主人的你一般就能发现客人群体中比较善谈的个体。这时,你可以先以这些善谈的客人作为突破口,多制造一些话题使其他内敛的客人参与谈论。饭菜的美味,客人一般难以抗拒,所以这时的话题可以自我一点,少一些发问。

这时的话题最好是轻松的内容,如:每个菜色的介绍,体育赛事,时事政治,经济动向,娱乐趣事,养儿育女心经等。这些话题总有一项符合在座的客人,没有太多的功利性,能让他们打开话闸子。

第四步:饭饱酒足,蜻蜓点水搭好桥

第四阶段,饭饱酒足,客人们相谈甚欢,即将离席。饭局自始至终都应在轻松的氛围下进行,但商务饭局总有其目的,此时若再不点题,那就悔之晚矣。此时作为主人的你应根据自己的目的及所托的轻重,对客人作出蜻蜓点水式的暗示,如:保持联系,过两天去办公室拜访你,之后的申请有劳操心等。客人愿意赴约,便已心中有数,所以不必多说。

2.饭不能乱吃,话不能乱说

"病从口入,祸从口出。"古今中外,由于嘴不严,导致失败甚至误了卿卿性命的例子比比皆是。所以,身在饭局,我们要把好口舌关。

如果不能够巧舌如簧令同事和上司皆大欢喜,还不如保持沉默。对于工作中的机密,我们更应该守口如瓶,否则即使能力再强、前途再好,也终会毁在自己的一张嘴上。

(1)别几杯酒下肚就"交底"

李达是一家电脑公司的技术人员,跟老板相处得就像哥们儿。一天下午,李达加班加得很晚,老板请他吃晚饭。几杯酒下肚,李达头脑一热,说他也想开一家电脑公司。

老板一愣,但很快恢复了正常表情,并鼓励李达说:"年轻人就应该有闯劲儿,我支持你。"

李达说:"我现在的技术还说得过去,但对销售还是一知半解。"老板说:"一边工作一边学习嘛!凭你的能力,再干上两年就能独当一面了。"李达说:"你放心,两年之内我是不会走的。"

一周后,公司又招聘了一名技术人员,李达也接到了解聘通知。李达一脸茫然,去找老板,老板一本正经地说:"在我的公司里,你已经没有什么需要学习的了。你应该多干几家公司,多积累点儿经验,我是从你的自身发展考虑才忍痛割爱的。"

李达这才明白都是因为自己跟老板交心,才让老板抓住如此"富有人情味"的把柄!

饭局教训:不管关系多么亲密,老板永远是你的老板,他是"资"方,你是"劳"方,你们很难有共同的利益和语言。人在江湖,应该把底牌牢牢地抓在自己手里,综合各方面的力量,能远也能近,这样更容易赢得权力并加强自身的影响力。

(2)学会适当的"沉默"一下

公司准备提拔一名年轻人做办公室主任,小波和另一位同事都是候选人。他们俩实力不相上下,而且两人私交很好。

有一天,经理请小波吃饭,告诉他公司初步决定由他来接任办公室主任。小波很开心,前一阵子自己为升职一事焦虑万分,现在压在心里的一块石头终于落下来了。

喜悦之情溢于言表,舌头就特别灵活。那天的小波特别健谈,从公司的近忧到公司的远景,谈得头头是道,经理听得连连点头。

不知不觉,最后小波竟然聊到了那位同事,说了一些那位同事闹的笑话,以及一些对那位同事不利的事。

几天之后,正式任命下来了。让小波大跌眼镜的是,主任并不是他,而是那位同事。经理语重心长地对他说了句:"年轻人,沉默是金啊。"后来,小波了解到,和他谈过话后,经理又和那位同事谈了话,委婉地提及小波可能出任主任,希望他能够支持小波的工作。同事对小波的评价非常中

全球最昂贵的用餐礼仪课

肯,也正是这一点让经理最后舍小波而取那位同事。

饭局教训:适时的沉默体现着一个人的修养,小波的多言让经理看到了他的浮躁和轻狂,也让经理觉得他的人品还有所欠缺,因此在最后时刻,改变了主意。

(3)嘴上留道门,做人莫揭短

商场如战场,当职场人作为公司一员代表公司出去应酬的时候,处处都要加以小心。不论是正式谈判还是随意交谈,话题可以轻松,但"弦"一定要绷紧,否则,很可能出问题。

前一阵,金先生为了谈一笔健身器材的买卖,与几位相关工作单位的代表一起去外地考察。在会所里,大家谈论的话题都是比较轻松的,不知不觉就扯到了养生、健身的问题上。谈话间,一位女士顺口说了一句:"胖人都得控制饮食多锻炼,否则很容易得糖尿病,越胖的人风险越大。"这本是句建议性的话,可是这几位老总中,偏偏有一位大腹便便的人。可能这位女士也意识到自己有些言过了,于是又补充一句:"我可没说您,您别往心里去。"胖老总顿时满脸纠结的表情。本来很轻松的气氛,一下子变得凝重起来。

饭局教训:"揭短"有时是故意的,是互相敌视的双方用来攻击对方的武器;"揭短"有时又是无意的,是因为某种原因一不小心犯了对方的忌讳。但是有心也好,无意也罢,揭人之短都会伤害对方的自尊,轻则影响双方的感情,重则导致友谊破裂。有时,看似不经意的言语,有可能会让对方产生好感,也有可能招来反感。应酬时说的话,都是有含义的,越是位高权重的人,说出来的话越有深意,所以我们要提高警惕。

(4)面对任何诱惑,都要坚守底线

赵明是一家大公司的技术部经理,不仅在专业领域有很大的建树,而且做事果断,有魄力,老板很器重他。一天,有一位相识的港商请他到酒吧喝酒。几杯酒下肚,港商一本正经地对他说:"老弟,我想请你帮个忙。"

"帮什么忙?"赵明觉得有点奇怪。

港商说:"最近我准备同你们公司洽谈一个合作项目。如果你能把相关的技术资料提供给我一份,将会使我在谈判中占据主动地位。"

"什么？你让我做泄露公司机密的事？"赵明皱起了眉头。

港商压低声音说："你帮我忙，我是不会亏待你的。如果成功了，我给你15万元的报酬。这事只有天知、地知、你知、我知，对你没一点儿影响。"说着，港商把15万元的支票塞到赵明手里。赵明把支票收了起来。第二天，他给港商提供了一份高度机密的公司技术资料。

在谈判中，赵明的公司一直处于被动，结果整个项目谈成后少挣了好几百万元。事后，公司查明了真相，毫不犹豫地将赵明辞退了，那15万的支票自然也被追回。

饭局教训：面对任何诱惑都不能丢了最基本的做人的原则。在任何时候我们都应该坚守自己的做人底线。

底线是做人的标尺，守住底线是做人最起码的要求。

现在有许多人走向失败，是因为他们总想事事成为人先，无所顾忌，任意妄为，跨越雷池。殊不知任何一个名利的诱惑之下都深埋着一个陷阱，稍有松弛，就有可能落入圈套，再也没有机会爬起。

TIPS：饭局谈话之道

我们要了解对方的长处，也要了解对方的不足。要善于择善弃恶，多夸别人的长处，尽量回避对方的缺点和错误。"好汉不提当年勇"，没有人愿意提及自己不光彩的一页。

有时候，对方的缺点和错误无法回避，我们必须直接面对，但你指出对方的缺点和不足时，要顾及场合，采取委婉含蓄的说法，避免发生冲突伤了对方的面子。

我们偶尔也要说说无关紧要的"心事"给你周围的人听，以降低他们对你的揣测与戒心。

后续篇：如何成为饭局达人？

饭局只代表你认识了这个人，而将每次饭局上的人际关系精心梳理，根据不同层次的人脉资源分类，确定相应的联系、拜访、聚会等频次，才是人脉学上的资源经营管理。

"古之立大事者，不惟有超上之才，亦必有坚韧不拔之志。"这是胜利者对成功经验的高度概括。他们深知：对前途失去信心的人，永远也享受不到成功的喜悦，惟有不断奋斗，坚持到底，辛勤耕耘人脉的沃土，才能构建广袤的人脉天地网络，最终达到"四海翻腾云水怒，五洲震荡风雷激"的人脉境界，实现"振臂一挥，应者云集"的大成人生。

1.记得那些请你吃饭的人

中国人心里都清楚，接受别人请客吃饭的要求，基本上就是接受别人托你帮忙的要求，即使这次是以联络感情为噱头。这是因为，面子观念极强的中国人讲究"份儿"，既然已坐到了大家面前，就不能只吃饭不办事。

一旦你在饭局中承诺给人办事，必须倾心尽力地去办。若"口惠而实不至"，只说不做，只吃饭不办事，那就不够意思，是"白吃"，是食言。如果自己实在能力有限，或者因原则所限不能办，应在聚会前就推辞掉，决不能大包大揽，事后丢在一边。

有许多人存在这样的心态：对方帮自己办事，如果办成了，理所当然地要感谢对方，如果事情没有办成，就不必感谢对方了。

其实，这种心态是不对的。对方即使没有帮你把事情办好，但也尽了自己的最大努力，下次有机会他可以帮你把其他的事情办好。

东汉末年，朝廷腐败，战争连绵。刘备与关羽、张飞在桃园结为兄弟，决心光复汉室。

曹操为争天下，蓄谋除掉刘备，发兵二十万，分五路下徐州攻打刘备。刘备因寡不敌众大败，单抢匹马投奔青州袁绍。当时关羽护卫着刘备的两个夫人死守下邳，曹操用计攻破下邳，派自己的部将、与关羽有过一面之交的张辽去说服关羽暂栖曹营。

是时曹操对关羽礼遇有加，摆宴席请关羽坐上座，会见众谋臣武士。尔后又拨给关羽一座府邸，赠送早已准备好的金银器皿及十名美女。自此三日一小宴，五日一大宴地款待关羽。

即使这样，曹操依然没有留住关羽的心，当张辽受曹操之命去探听关羽动向时，关羽表示："我自然知道曹丞相待我的厚恩。但我与刘备、张飞誓共生死，决不背弃。"后来，关羽打听到刘备的下落，将曹操所赠金银财帛原数留下，护送两位嫂子找大哥去了。

表面看上去，曹操收买人心的举动并没有成功，关羽身在曹营心在汉，终于还是和刘备聚合，继续站在与曹操敌对的阵营里。可关羽和曹操的这段交情，没有一回头就被抹得干干净净。

曹操在赤壁之战中失利，被孙刘联军打得落花流水，带着一些残兵败将仓皇出逃，在华容道上碰到关羽带兵拦截。关羽感念昔日之情，一咬牙放走曹操，曹操这才得以重整旗鼓，卷土重来。

有这样一种认识，很多人会因为别人的帮助而感激，却很少有人因为吃了别人的饭而感恩，这其实是错误的。

的确，吃饭办事，是一种利用关系，但在这种关系背后，难道就没有一点人情和感恩的成分吗？

在一个"与成功者对话"的论坛上，一位听众请教台上的企业家："您觉得一个人成功的秘诀是什么？"企业家没有讲一番大道理，而是告诉在座的各位："保持一颗感恩的心。只要你对人对事对物都保持一颗感恩的心，你一定会成功！"这段话赢得了阵阵掌声。

没有谁对我们的帮助是理所当然的，感恩是认定别人帮助的价值，从而达到感情交流的一种有效手段。如果你能回馈别人对你的帮助，那么彼

全球最昂贵的用餐礼仪课

此的关系会因此而发生变化：彼此之间的距离缩短了，感情有了呼应和共鸣。如此，对方在兴奋欢悦之余会给予你更多的关照，更好的回报。

"回馈"这个词通常会给人一种很现实的感觉，带有功利的色彩，可是，这种互惠互利的回馈并不只是功利的表现，也不是只在谈到"功""利"时才能使用这个词。

感恩的话，如果在工作场合不好说，便可以在饭局中应当表示一下，这不但能让曾经提携你的人心中舒畅，还能强化其他在座者对你知轻重、有情义的印象。

王新军刚本科毕业，由于工作比较卖力，取得了一些成绩。参加工作半年后，他所在的部门一分为二，需要提一个中层干部，领导想培养年轻人，所以虽然王新华工作经验有些欠缺，但还是提了他。

接道理说王新军应该很感激提拔他的领导，可是他的表现让领导很不满意。在一次本部门内部的饭局上，轮到王新军敬酒时，他和搞技工的刘工一面碰杯一面表示自己的钦佩之情，转到领导这里时，却轻描淡写地过去了，让领导面上很是无光。

此后，又发生了两件事，一是王新军因业务上的事情与领导发生了一点儿利益上的冲突，对领导态度很不好；二是和王新军上司的对立的一部分人到总公司告上司，王新军和他们站到了一起。

领导将这两件事和王新军平日的态度一对照，深感此人"狼子野心"，再也不拿他当可造之材了。而在旁观者眼里，这王新军也无情无义，成为不知天高地厚的代表。

十年过去了，王新军在这个单位再也没有得到任何提拔。

我们要记得那些请我们吃饭的人，并心生感恩。而适当的时候，向别人表示你的感恩之情。这是饭局社交中，一种积极有意义的心态。从你那里得到过感谢的人，会希望将来再次受到你的感谢和肯定，因为他对你的帮助能够被你认识和赞赏。

中国自古素有"礼仪之邦"，讲究"情"字是中国人的一大特点，而这一特点也恰巧是国人最大的弱点，"生当陨首，死当结草"，女为悦己者容，士为知己者死"的说法，都验证了这一特点。因此，聪明的人会利用感情去投资。

魏敏是一家公司的董事长，是一个懂得用小恩小惠来拉人心的管理者。她的公司有一个司机，经常胃痛。魏敏知道之后，就嘱咐他多注意饮食，每次公司让他出车时，魏敏都要给他带上一包饼干，以防他半路上因饥饿而犯胃病。

魏敏在公司总是笑脸迎人。看到有些职员因手头紧，伙食差，就会自掏腰包让他们出去吃好的。有一次由于公司的午餐大家不太爱吃，她干脆派人去饭店点菜带回来，在会议室里聚餐。遇到因为忙于发货而耽误了吃饭的员工，魏敏会请他们出去吃饭，还额外发给他们一些补贴。她的这种小恩小惠让公司上下关系非常融洽，公司的效益节节高升。

人都是有感情的，都难逃脱一个"情"字。但想获得别人的感情，自己首先要多付出。尽管在当今社会，由于生活节奏的加快，人与人之间的关系较之以前稍显淡漠，但是"人情生意"却从未间断过。要想办事顺利，就要提前准备筹划，为自己储备人情。

著名的英国玄学派诗人约翰·邓恩曾说："每一种恩惠都有一枚倒钩，它将钩住吞食那份恩惠的嘴巴，施恩者想把他拖到哪里就能拖到哪里。"这句话形象地将互惠原则的作用描述得淋漓尽致。人类富有感情的心理以及道德因素的影响，使人们对帮助过自己的人常会产生亏欠感，进而在试图寻求内心平衡时，成为施恩者的拥随者。

应当注意的是，施予小惠不能急功近利，要着眼未来，从长计议。略施小惠是一种要点滴积累的工作，如果你一下子给予对方很大的好处，对方一定会怀疑你会要求更大的回报而回避。所以施小惠时，要顺其自然，水到渠成，不要让人感觉到有丝毫的做作。如果你平时不注意对别人小施恩惠，只在关键时候想要拉拢别人，别人会对你不屑一顾。

在与人交往中，并不是只有那些倾囊相助的义举才能让人对你产生信任和感动。有些时候，小恩小惠更能拢住别人的心，让别人心甘情愿地为你付出。

在我们大多数人的印象里，饭局是地位低、手中资源少的人向地位高、有更多支配权的人寻求关照的一种手段。事实上，只要你是社会的一员，就需要与其他人进行沟通和交换,以领导者为例,他们同样需要"私人关系"的润滑。

现代心理学研究表明,情感是一种双向交流的心理现象,有所给予才会有所获得。如果你只拥有某种权力,但却不能征服人心,就不算有权力;如果你有一颗富于同情的心,那你会拥有许多仅靠权力所无法获得的人心。中华民族最为重要的心理特征之一,就是讲究人心、人情。领导关心爱护下属,下属才会尊重拥戴你,才会心甘情愿地接受你的领导。只有领导者和被领导者双方情感融洽,才会形成巨大的凝聚力。

美国前总统尼克松在《领袖们》一书中写道:"我所认识的所有伟大的领导人,在内心深处都有着丰富的感情。"换一种说法就是这些伟大的领导人都很有人情味,很善于关心下属、理解下属。而只有善待下属、富有人情味的领导,才有可能攀升到"伟大"的高度,才能征服下属的心,让他们永远为你尽忠效力。

如果说以上对下的饭局效用在于凝聚人心,那么,以下对上的饭局更侧重于一种表达。这不仅仅是要表达你的忠诚和善意,更是通过这个平台让领导者了解你的心愿,看到你有担当大事的能力。

真正懂得交往之道的人会在自己能力范围之内尽量"给予"。他们会考虑到对方的立场、需要,仅凭一己之力帮助对方,并沉醉于此种喜悦当中。而受到这种"给予"的人,只要稍微有心,绝不会毫无回礼,而会在能力所及的情形下与对方合作。透过这种交流,双方关系会愈来愈亲密,终至成为真正的朋友。

刘丽是某小企业的总经理。该公司长期承包大建筑公司的工程,所以,刘丽需要和这些公司的重要人物搞好关系。她的高明之处在于,她不仅奉承公司的显要人物,对年轻的职员也殷勤款待。

平时,刘丽总是想方设法对那些大公司员工的情况做全面了解。当她发现大公司里某个人大有可为,以后极有可能成为该公司的要员时,不管他多年轻,她都尽心款待。因为她明白,十个欠她人情债的人当中,会有九个给她带来意想不到的收益,她现在是在为以后收获更大的利益投资。

当年轻职员张强被提升为部门经理时,刘丽专门找了个时间前去祝贺,并向其赠送礼物。等张强下班之后,她还盛情邀请他到高级餐馆用餐。张强从来没有来过这种高档的地方,自然对她的招待很感激。张强想:自己以前从未给过这位总经理任何好处,现在也没有掌握重大交易决策权,可见这位总经理是真的爱惜人才,是个值得结交的人。

更为高明的是,刘丽在用餐时对张强说:"我们企业能有今日,完全仰仗贵公司的帮助,而你作为贵公司的优秀职员,我向你表示谢意是应当的。"给张强减轻了心理负担。

没过多久,张强凭借自己的实力,成为公司的上层领导,而刘丽与之的交情自然就起了作用。在竞争十分激烈的时期,许多承包商倒闭、破产,由于有张强的大力支持和帮助,刘丽的公司仍旧生意兴隆。

你有需要,我帮你满足;你有困难,我帮你解决。那么,在将来,如果我有需要,不等我去请求,你就会来帮助我。你的帮助,既不是报恩,也不是为了还债,而是尽朋友的责任,这样的动机,就叫做互助。

我们一定要明白:帮忙是互相的,切不可像做生意一样,赤裸裸地把每件事都办得清清楚楚。忽视了感情的交流,会让人兴味索然,让彼此的交情维持不了多长时间。

2.多充实你的"吃饭资本"——一个完美的饭局不是一两天 能设计出来的

请客吃饭,不在于饭,而在于局。一个完美的饭局不是一两天能设计出来的,而一个饭局达人,首先要掌握一定的处事知识。

处事知识即日常生活中的应酬知识,诸如访友、求职、待客、赴宴、送礼、赠物、寒暄、探病、致歉、打招呼,等等。所有这些,都各有一套成文或不成文的习惯。这些习惯不需要特地去学习、钻研,而是靠在平时的生活中耳濡目染。

其次,要掌握一定的世事知识。

世事知识指的是社会生活的方方面面常识、经验、教训、风土人情、习俗、典故等等。世事洞明皆学问,人情练达即文章。人们要想丰富自己的语言修养,就要多了解世事。一个不谙世事的人,是做不到侃侃而谈、妙语连珠的。

一般而言,世事知识是在社会实践中获得的。比如来到异乡他地的人,对当地的世事知识比较缺乏,这时候就应该认真了解、询问,做到入乡随俗。如果照搬甲地的世事,不顾乙地的世事,便会自讨苦吃。

有一次李鸿章出访美国,在一家饭店宴请美方人士。开席前,他按中国人的惯例讲了一番客套话:"这里条件差,没有什么可口的东西招待各位,粗茶淡饭,谨表寸心。"不想饭店老板火冒三丈,认为李鸿章诋毁了饭店的声誉,非要其公开赔礼道歉不可。

李鸿章说的这些话在中国无可厚非,却不符合美国人的习俗,所以造成了误会。

接着,我们还要掌握必要的文化知识。

天文、地理、历史、文学、艺术、哲学、经济、法律等方面的知识能陶冶情操、提高修养、开阔视野,从而使表达者的言辞更具感染力、吸引力。

最后,我们必须掌握人情世故。以下例举出我们每个人也许都能用到的日常生活中的18种人情世故,希望大家能用心记住,因为这些人情世故经常被很多更年轻的朋友忽略。

①即使不是大人物,我们也要用请教的态度口吻与他们说话,因为人不可貌相,很多良师益友往往来自不起眼的生活与工作中。

②在吃饭的场合做主动的点菜者,因为点菜不是尊贵者做的事情。请注意询问对方的喜好,而不是只点自己爱吃的东西。上桌的时候要尊重主人的安排,不要贸然先行入席。

③经常找到朋友、伙伴与同事值得肯定的方面。即使老板也需要被你肯定。但是对上位者的赞扬应尽量在私人场合,而对于一般朋友与同事则应公开赞扬。

④在受到别人对自己的相貌、处事、人品赞扬时,不要表现出理所当然的样子,也不要假意否认,而应表示感谢,尤其感谢朋友的肯定与支持。

⑤学会使用便条,包括借条、领条、请假条、申请信。如果你很主动地

使用这些便条会让其他人觉得你很规范。如果你还懂得请其他人这样做，你就能更好与他们有凭有据地打交道。

⑥在朋友或者同事有客人来的时候主动倒水，会让朋友与同事很有面子，也会让客人觉得你的朋友与同事很有威望。这会让你的朋友与同事特别感谢你。

⑦即使你是新手或者地位比较低的人，也要勇于不耻下问，主动询问别人的需要，而不要等领导或者资深的同事对你表现出亲和，因为他们这样表现往往需要你付出特别的努力。

⑧记得在别人不在座位的时候很热情地帮其接听电话、接收信件、传递信息。也别忘记提醒团队的同事与同学，一些你知道的重要的日程安排。

⑨在征询了他人意见之后再进入他的房间，阅览书架上的书或者其他室内物品；在经人同意的情况下用对方的电脑，坐在对方的私人座位上。

⑩出席别人的活动需要有邀请，如果不能出席应提前通知，迟到的话要在适当的时间告知主人，到了以后要解释，带未经邀请的朋友要事前通知主人。

⑪不要向别人索要礼物，收到别人的礼品不管是不是喜欢都要表示感谢，因为送礼者很在乎你的反应。不把一个朋友送的礼物转送给另一个朋友，否则会很不礼貌。

⑫在有多个出席者的场合，请主动介绍自己的朋友给其他人，或者主动在你认识的朋友之间穿针引线。那些缓解了陌生感的朋友会特别感谢你。

⑬有不同地位的朋友在的场合，你要保持微笑，体贴地招呼那些内向的、不为人注意的、有点自卑感的朋友。

⑭有好东西吃的时候不要吃独食，主动地与他人分享。在有好事情的时候能想到别人会让别人觉得你是把他们当好朋友的。

⑮他人做错了事，不要用情绪性的方式加以批评，要就事论事，避免评价别人的人格、个性与家庭教养。批评时要提出解决方案，同时不忘肯定别人的长处。如批评时能用较幽默的语言，负面效果就更少。被批评或者遇到尴尬的时候能幽默地自嘲，也能提高交流的建设性。

⑯好汉不吃眼前亏。如果问题争执不下,你不要继续火上浇油,而应冷静下来,多收集一些数据材料,等想得更明白点再说。

⑰在你没有充分把握的时候,请用"争取"与"尽量"这样的口吻回答别人的邀约。诺言是指100%做到的事情。如果你有三次甚至更多的对同一个人没有履行诺言的记录,那个人通常不再认真地对待与你的约定,这就是所谓的信用问题。

⑱虽然在商言商,但是我们要尽量不谈回报地先为别人做点什么,在心理上赢得比别人优越的债权感。

本章链接:难以启齿:那些最尴尬的"突发情况"

很多关于人际交往的书都会谈到饭桌的礼仪问题,但是困扰我们的往往不是那些大众都已经耳熟能详的礼节,而是一些隐私的、尴尬得让你恨不得钻地洞的"突发情况",以下我们对某些常见的尴尬情况给出了最合适的应对方法,希望能帮助你摆脱窘境。

1. 在正式的宴会场合突然听到惊天动地的黄色的笑话时,该如何回应?

A.大声笑。

B.装作听不懂,然后低声问别人他们在笑什么?

C.保持仪态,会心一笑。

D.跟着大家笑,但其实听不懂。

正确答案:C

解答:听到黄色笑话到底该怎么回应才恰当,困扰着很多女性,大声笑容易让人觉得太世故,甚至有人会戴上有色眼镜地想这女人能行走江湖多年肯定不单纯。

装作听得懂或装作听不懂其实都是没有自信的表现,懂就懂,不懂就不懂,没必要勉强自己,社交场合怡然自得最重要,因此只要保持仪态,会心一笑即可。

2.宴会中发现自己妆掉了该怎么处理?

A.当众补妆,反正不用花太久时间。

B.到化妆室补妆。

C.请旁边的女性朋友帮忙。

正确答案:B

解答:当众补妆是非常不礼貌的行为,尤其是有些女性补口红时,那张开的血盆大口看起来可怕极了。通常几个女性好友在一起,一开心就常忘我,出现请旁边女性友人帮忙补妆的情况。千万别因为大家都是女人就忘了分寸,还是到化妆间补妆,较为从容自在。

3.用餐时,盘中的食物突然飞了出去或掉到地上该怎么办?

A.赶快捡起来。

B.装作没看到,继续用餐。

C.请服务生处理。

D.惊呼,然后跟大家道歉。

正确答案:C

解答:用餐时盘中的食物掉了或飞出去真的是很尴尬,这时我们绝对要处变不惊。自己弯腰去捡并不恰当,还会把手弄脏,装作没看到或惊呼跟大家道歉,容易坏了用餐气氛。因此自然挥手请服务生过来处理,是最好的选择。

4.用餐或参加会议到一半,发现自己肠胃不适,很想放屁该如何是好?

A.不管其他人的想法,先解放了再说。

B.尽量忍住,忍不住就分段放。

C.贼喊抓贼,放完屁后问谁弄脏了空气。

D.暂时停止呼吸,若无其事走地到另一个角落。

正确答案:B

解答:放屁是社交场合最棘手的问题之一,无奈这是生理问题,纵使尴尬得令人想钻进洞里也不得不面对。当众解放,或自己暂时停止呼吸,让众人置身于臭味而不顾,实在非常失礼;贼喊抓贼,试图栽赃别人,小心恶有恶报。对此,最恰当的方式是尽量忍住,来得及的话最好到户外释放,当真箭在弦上无法可施时,一定要尽量分段排气,这是降低音量和臭味的唯一办法!

5.用餐时肉渣或菜渣塞到牙缝,该如何处理才适当?
A.拿出镜子剔牙。
B.用指甲把肉渣或菜渣抠掉。
C.先用手捂嘴再用牙签剔牙。
D.用小餐刀剔牙。
正确答案:C
解答：处理塞到牙缝的食物最恰当的方式是用双手或手帕捂住嘴后再用牙签剔牙,以免影响他人的用餐情绪。当众拿出镜子龇牙咧嘴剔牙,真的很可怕。至于用指甲或小餐刀来处理嘴中的肉渣或菜渣更像恐怖电影般,会让在座的人食不下咽!

6.你口中还有食物还没吃完却有人问你问题的时候,该怎么回应?
A.先点头响应,吃完口中食物再说话。
B.立刻响应,表示礼貌。
C.先发出几声没有意义的声音,跟对方表示自己口中有食物。
正确答案:A
解答:口中还有食物的时候,千万不要张开嘴巴说话或发出声响,否则那情景会相当可怕。最好的方式是先点头表示响应,等到把所有食物都吞咽下去后喝口水,再说话。

第二章

成 事
——赢得饭局,赢得人脉,赢得财运

> 面临各种各样的饭局,一个处世高手能分清场合,"看人下菜碟",最大限度地与交际对象沟通,使参加的每一个饭局,都发挥出它应有的效果。
>
> 饭局不是关键,关键的是饭局背后隐藏在心底深处的欲望表达。说得俗一点,就是通过这个饭局,你想要达到何种目的? 如何赢得人脉,赢得财富?

从饭局到财富
——名人的饭局之道

世上本来只有饭,吃的人多了,也就成了局。人世间最大的痛苦不是没饭吃,而是有太多非吃不可的饭。有事要赴饭局,没事更要赴饭局。中国的社交文化基本上就是饭局文化。

一周一个饭局是正常人,一天一个饭局是大红人,一天三个饭局是交际花,一天多个饭局是餐厅服务员。

上流社会的饭局是发布会,主妇们的饭局是八卦会。草根饭局的核心在于饭,精英饭局的核心在于局,名人饭局的核心在于名人。

很多爱情都是从饭局开始的。从大饭局吃到二人饭局,再到二人烛光饭局,再到二人家庭烛光饭局,再到二人烛光晚餐饭局。饭局和爱情的经典范例就是郭靖和黄蓉,他俩的故事告诉我们:女人喜欢乱点菜,而男人要勇于埋单。

饭局是一种生活方式,应酬是一种生存方式:饭局是享受,应酬是忍受。

应酬有三种心态:请吃的是《阴谋与爱情》,吃请的是《傲慢与偏见》,最终双方靠《理智与情感》来解决。应酬很多的男人背后都有一个怨妇,完全没有应酬的男人背后都有一个超级怨妇。

饭局不是万能的,但是没有饭局是万万不能的。听听"当局者"们如何看待饭局之道吧。

1.商业名人怎么请人吃饭拉单子?

我曾经看到一篇文章,讲述了作者被丁磊、张朝阳、汪延请吃饭的不同经历和感受,从侧面体现了三位的为人区别和职业风格。

2001年年底的时候,我曾经在不到一个月的时间内接连见到了丁磊、张朝阳、茅道临、汪延等三大门户的掌门级人物。其后,我还作为陪客被丁磊和汪延两位重量级人物邀请同桌吃饭。当然,这并不是因为我是什么大人物,只不过当时我服务的那家PC公司正好是三大门户需要争取的广告客户而已。按照Intel的规定,Intelinside计划的广告中有一个相对固定的比例必须做网络广告,这也就使得每家PC公司手上都有一笔广告费等着投向网络媒体,三大门户因此把PC公司作为全力争取的客户。

2001年正是互联网的低潮期,其时新浪、搜狐、网易三大门户的日子都不好过,那时候大家都不知道除了广告,短信网游之类还能赚钱,更不知道何时能实现盈利。而且三家各有各的危机，网易股价长期在一美元徘徊，面临退市的风险；而新浪刚刚送走王志东，汪延刚刚被推上前台，一切都是百废待兴；搜狐则除了张朝阳的做秀外，可说一无所长，被公认为最没有特色的门户。

如果我没记错的话，我最先见到的是汪延和茅道临。茅汪二人可能正好要在广州搞媒体见面会，汪延顺便出面请我们总经理吃饭，我是陪客；后来张朝阳要在广州搞客户联谊会，并发布所谓的新的广告形式，因而顺便出马来我们公司拜访；丁磊可能从来没想过自己还要出面拉广告，不过在我告诉网易的业务员新浪搜狐的掌门都已经亲自出面之后，他还是被业务员生拉硬拽来请我们吃饭了，可能是来得匆忙，他只得带了女朋友一起赴宴，没错就是他那个台湾女朋友。

丁磊——相当直率和坦诚的人

不知道其他人的感觉如何，我觉得丁磊是个相当直率和坦诚的人，但不一定随和。在表达自己的观点方面丁磊非常自信，很少掩饰什么。但我想正是这种直率的性格，让见惯了商场上尔虞我诈和假话套话的人，很容易跟他成为朋友。当然，我没有这个资格。

丁磊是在广州中信广场一楼的一家日本料理店请我们的，在我们到的时候，他已经先于我们到达那里了。近来，网上关于丁磊和张朝阳的婚姻问题曾引起过广泛的争论。张朝阳刚刚结婚了，估计想知道丁磊女朋友是谁的人就更多了。我想我应该是少有的见过丁磊的台湾女朋友的人之一。为什么丁磊会带她一起来，至今我也不清楚。我猜想可能丁磊正好这段时间在陪女朋友，但没办法被拖出来见客户，为了不对女朋友爽约，只好一起来了。

由于见面的时候，丁磊是坐在那里的，所以很难估计他准确的身高，我估计在一米七左右，体型偏胖，脸型较大，跟很多地方看到的照片上的样子是一样的。

简单的寒暄之后，大家就开始有意找一些话题东拉西扯，总的来说气氛是比较好的，尤其在丁磊的带动之下，套话说得很少。当然，虽是丁磊为拉广告而来，但双方自始至终都没有去涉及这一话题，丁磊出马已经是一

全球最昂贵的用餐礼仪课

种姿态，其他的自然就不用多说了。

印象中比较深的是，丁磊见面不久就说："PC这么没有技术含量的东西，你们还能把它做到这个规模，很不容易啊。"一点没有因为我们是做PC这行的，而隐瞒自己的观点。我们总经理也特别仔细地向丁磊介绍了大规模生产和普通DIY的区别，这里就不多说了。

我专门向丁磊了解了一下网易那个"网聚人的力量"的广告制作的情况，丁磊承认确实花了一百多万美元，但他认为这个广告非常值，效果非常好。

我们也跟丁磊的女朋友简单聊了一下台湾互联网的情况，比如台湾最大的门户是哪一家之类的。应该说，丁磊的女朋友不是很漂亮，但很有大家闺秀的气质。而之所以来吃日本料理正是因为她比较喜欢。日本料理一向很贵，在这家店吃就更不用说了，当然以丁磊的身份，这根本不算什么。至于具体吃的什么，这里就不多介绍了。

临走的时候，丁磊还特意送了三张《哈里波特》的电影票给我们，并特别推荐说，他认为这部电影真的不错。

丁磊是一个极具商业眼光，同时魄力很大的人。这从他最早推出免费邮箱到果断卖掉，到后来率先看到短信和网络游戏的商业价值，都可以证明这一点。很多人都说，丁磊即使不做互联网，也会是一个成功的商人。而他做了互联网后，他也成了中国到目前为止对互联网脉搏把握最准的人。

这从他的请客方式中能不能看出来呢？我觉得可以看出来。既然这个客户是有价值的，就大力去做，而做的过程中也舍得投入，且各方面的功夫都做得很足。

汪延——太节省

其时，汪延接替王志东出任总经理不久（这是我看到的汪延名片上的头衔，按其简历上的资料，了解到当时已出任总裁）。所以，每到一地拜访客户应该是他的主要工作。

汪延请客的地方是在广州火车东站附近的一家粤菜馆，这家餐馆档次不算低，但在广州不能算是高档餐馆。

汪延跟茅道临一样，个子都很高，估计在1米85公分以上。在谈话风格上，汪延跟丁磊很不一样，一见面就开始说新浪的成绩和发展规划，很少能停下来听别人说话。

当然，最让人吃惊的是点的菜，除了一条鱼之外，似乎就只是鱼香茄子煲、青菜煲之类，在这样高级别的会面中，我还从未见过像这样没有一道档次高点的主菜的，最后埋单，总价应该不到200块，而且是人民币。

当然，菜是汪延的一个下属点的，但显然得到了他的首肯。

对汪延的情况我了解不多，但从他的请客方式来看，他很有台湾公司的做事风格，理念谈得很多，实利给得少。当然，汪延只是高级打工仔，注意节省也是应该的，但这似乎和国情不符，尽管应该承认，那天的菜，味道还是不错的。

张朝阳——容易做秀过头而忘记根本

与其他两位在餐厅见面不同，张朝阳是先到我们公司来拜访的。张朝阳说话不多，给人感觉是很朴实的那种人，跟他到处做秀的形象其实有很大的差别。

张朝阳当时正在广州搞一个广告客户招待会，所以那次拜访的时候，他顺便邀请我们去参加招待会。拜访完后，搜狐的销售人员极力邀请我们去参加那个会，又说了张朝阳非常希望再次一见的想法。

张朝阳的客户招待会定在广州郊区的一家会所，当然这个会所在广州的知名度还是很高的，档次也非常高。但是我们去了那里以后，发现其实只是个新闻发布会，主要是发布搜狐在网络广告上的一些新闻。在发布会正式开始前，我们已经坐在那里了，但张朝阳始终没露面。虽然说会议结束后，还有聚餐，但对我们早就没有意义了。所以我们等张朝阳一讲完，很快就离开了。在整个会议的过程中，张朝阳有多次机会跟我们打个招呼，但显然他并没有真正认出我们，昨天拜访时候说的话纯粹是出于习惯而已。当然，后来张在北京似乎还专门请过我们总经理，两人后来的关系处理得还是不错的。

张朝阳的本质是很朴实的，但似乎容易做秀过头而忘记根本。这和他这次的请客风格是不是很像呢？

2.中国式巴菲特饭局——相对于有形的金钱，无形的经验是无价的

　　自2000年起，巴菲特每年拍卖一次与他共享午餐的机会。2008年这顿午餐被"中国私募基金教父"赵丹阳和段永平一起以211万的天价拍得。对赵丹阳而言，巴菲特一生的投资经验是无价之宝，就像武侠小说中，郭靖与武林高手过招一次后，功力就能够得到极大的提高。赵丹阳携家人和段永平及几位朋友一起与股神共进了三个小时的午餐。他非常肯定地说，在受到巴菲特这样的高手点拨后，自己在投资方面又上了一个新的台阶，这场午餐虽贵，但能让自己日后少走许多弯路。

　　相对于有形的金钱，无形的经验是无价的。如果有机会与金字塔尖的人共餐对话，千万不要吝啬腰包里的钱.，前提是对方的履历让你坚信这一餐一定会物有所值。

　　曾子墨曾在自传里写道："进投资银行面试的最后一关就是吃饭。"饭局上，面试者的一举一动都会被挑剔的面试官看在眼里，记在心里。如果像西部牛仔那样大口啃牛排，铁定是要扣分的。点菜点酒的细节，也来不得半点马虎。点酒时，点最贵的会让人觉得你只看价格没有品位，点最便宜的又会让人觉得你太过寒酸，只有酒单上倒数第二或第三便宜的才是最安全的选择。主菜最好点鱼，龙虾费事，牛排、羊排又有"暴发户"的嫌疑，而鱼既健康，又简单。

　　李开复在微软时，曾被调到全新的部门担任领导。四百多名员工，他一个人都不认识，很难开展工作。于是他每周选出十名员工与他们共进午餐。这样既不占用工作时间，又能与第一次见面的人在一个融洽的氛围中交流。午餐时，他会详细了解每一个人的姓名、履历、工作情况以及他们对部门工作的建议。午餐后，他会根据这些建议，安排部署相关的工作，并给这十名员工一一反馈意见。如此，李开复得以在不长的时间里，认识并了

解部门中的每一位员工，并且在充分听取员工意见的基础上合理地安排工作。

无论对上或对下，饭局都是一个交流工作、增进了解的场所。如果你的领导也像李开复一样有利用饭局了解下属的习惯，那么被叫去吃饭可能是你为数不多的与他在轻松的氛围下交流的机会，一定得备足粮草再上阵。

从喝酒到成事
——成功人士的饭局读心术

之前，我曾说到饭局上存在一种现象叫"抹桌子"，即喝酒时允下谎言，酒醒后以"酒桌上的话不算数"为理由，逃避兑现诺言的责任，要想避免"抹桌子"的情况发生在自己身上，我们必须懂一点心理策略，学一点读心识人术。

1.挑肥捡瘦，从饮食偏好看个性

从科学的角度来说，挑食是一种不好的行为。各种各样的食物都吃，可以提供身体需要的各种营养。但是有的人往往挑肥捡瘦，这也不吃，那也不吃。

(1)爱挑食的人，有很强的危机意识

有的女人很挑食，这也不吃，那也不吃，其实，吃了也无所谓，但是她们就是要挑剔。

这样的女性第六感官很发达，常常凭直觉去判断事物。挑食的女性有

比较强的鉴别能力,无论是对人还是对物,都有一套挑选的标准。

挑食的女性对世界实在是太挑剔了,充满了各种各样的危机意识。应该进一步指出的是,她们这一系列的顾虑,很多都是有科学依据的。如她们知道,长期使用铝制品会导致老年痴呆症。如果有一天科学研究证明,铜器、铁器等等也会引起疾病,那么,她们是不是要使用瓷器呢?

这种人很适合当医生,从事餐饮业等,但是在发明创造方面就稍嫌不足了。

(2)爱吃零食的女性往往心直口快

有的女性非常喜欢吃零食,只要她们醒着,嘴巴一般是不大会停下来的。她们常常是一边说话,一边吃东西。

这种不停地吃东西的行为,其实是一种孩子的行为,所以有些男人认为女人就是孩子。还有些男人认为,爱吃零食的人视野比较狭窄,不能参与激烈的竞争,常常撒娇,很难缠等等。

心理学家研究指出,这是婴儿时代残留下来的坏习惯。

应该指出的是,这样的女性虽然话比较多,但是一般都是有口无心。她们为人比较正直,是很值得信赖的。

这样的女性对丈夫的过错比较在乎,常常和丈夫过不去。但是她们也比较健忘,事情过去也就算了。

(3)口味重的女性爱恨分明

有的女性很喜欢吃很咸、很辣、很酸的东西,这就是人们常说的口重。

这种女性有女性的风韵,也有男性的勇毅;有女性的柔情,也有男性的果敢。她们可以唱柳永的"杨柳岸,晓风残月",也可以唱苏东坡的"大江东去,浪淘尽"。

她们不喜欢林黛玉的"一年三百六十日,风刀霜剑严相逼",也不喜欢王熙凤那种"明是一盆火,暗是一块冰"。她们敢作敢为,但也会幻想白马王子。

这样的女性可以放声大哭,也可以朗声狂笑。她们会为古人下泪,也会为社会的不平而大声呐喊。

这种女性有女人的温柔,也有男人的雄浑,是比较可爱的。

(4)饮食随便的女性对生活随意,对工作卖力

有的人对饮食比较随便,早一顿,晚一顿,饱一顿,饿一顿。出现这种状况,或是因为懒惰,或是因为忙碌,不管什么原因,都是不正常的表现。有的女性在这方面表现特别突出。

饮食不规律的女性,往往凭情绪处理事情,生活的收缩性很大。这样的人不会很守时和守约。委托她们办事,常常隔一段时间就要提醒,否则她们会忘记得干干净净。她们赴宴时至少要迟到几十分钟。

饮食比较随意的女性,在工作中,又会表现出另一种样子。她们对于上司安排的工作,一般会很尽力地去完成。这样的女性不属于享乐型,所以在工作时,常常会干起来就不要命,因此常常得到上司的青睐和重用。

有资料表明,这样的女性是比较任性的,她们往往以自我为中心,不会过多顾及别人的感受。

从开胃小菜,饭后水果等方面也可以将对方的性格摸出个大概。列出参考标准如下。

喜欢吃酱菜的人

较稳重,善于埋头苦干,做事有计划,一般不太看重人与人之间的感情。而不喜欢吃酱菜的人多富于感情,没有架子,容易接近,有钻研精神,且能吃苦,兴趣易因受挫折而消失。

喜欢吃生冷食的人

对大自然有浓郁的兴趣,比较坚强,但不愿表现自己,不太好接近。

喜欢吃油炸食品的人

勇于冒险,有干一番事业的愿望,但受到挫折就会灰心丧气。

喜欢吃烤制品的人

比较专心致志,上进心强,性情急躁,爱出主意但又缺乏当机立断的气魄。

喜欢吃煮、炖食的人

性格温和,和谁都谈得来,富于幻想,但不愿表现自己。

喜欢吃面食的人

能说会道,意志不很坚定,容易丧失自信。

喜欢吃大米的人

经常自我陶醉,孤芳自赏。对人对事处理得体,比较通融,但互助精神差。有点自得其乐,常自我陶醉,不爱帮助别人。

喜欢吃清淡食物的人

注重交际,善于接近别人,个性随和,但独立性不强,不愿意单枪匹马地行事。

喜欢吃酸的人

有事业心,但性格孤僻,不善交际,遇事爱钻牛角尖,没有知心朋友。

喜欢吃咸味食品的人

待人接物稳重,有礼貌,做事有计划,但比较轻视人与人之间的感情,有点虚伪。

偏爱桃子的人

爱吃桃子的人与周围的人关系非常协调,是个善于交际的人,不过解决困难的能力很可能不高。

偏爱水梨

有节制,谨慎,善良有礼,实事求是而不浮华,能配合他人,但保守又消极,有时会由于过于消极而错失良机。

偏爱橘子的人

温良,有协调性,苦在心中也不忘笑在脸上,注重家庭生活,喜欢与知心好友聚餐交谈,虽会因好好先生而吃亏,但大都人缘不错。

偏爱香蕉的人

具行动力,但有时过于任性与莽撞,而让他人觉得为难。男性社交性高,女性有男性化的特质,对于金钱与工作都很积极。

偏爱樱桃的人

优雅,有锐利的审美观,对时尚有独到的见解,但想的比做得多,因为羞怯,不善于自我推销。在爱情路上,容易表现得比较幼稚。

偏爱菠萝

热情有劲,好刺激与变化,遇事都会全力以付,但不愿被束手束脚。对人爱恨分明,所以往往以第一印象决定对对方的好恶。

偏爱哈密瓜的人

优雅而含蓄,心中有远大梦想,不喜欢人云亦云,有坚持自己理念的执著,金钱欲特强,进取心亦然。

偏爱西瓜的人

脾气好,善于忍耐,从不抱怨,也不爱争吵,对他人关心体贴。缺点是缺乏自己的原则。

偏爱草莓的人

乐观、热情,懂得与人相处,更懂得珍惜眼前美好的一切。他们易满足,不妒忌,心境平和,缺点是少了些进取心。

偏爱葡萄的人

爱孤独,爱把自己关在壳子里,但善于保守秘密。有强烈的美感与诗的幻想,不过常给人以冷漠难相处的印象,除非经年深交,否则难窥其内心玄奥。

偏爱李子的人

不能接受别人的批评,难跟别人相处融洽,爱挑剔。

2.抽烟喝酒,从细节中掌握对方心态

在社交场合,以酒为应酬的方式最为常见。通常我们可由饮酒了解对方的性格,或作为理解对方心态的参考。

美国心理学家的研究显示喜好狂饮者通常具有渴望改变自我的愿望。这些人之所以豪饮,乃为了使自己的性格变为自己理想中的模式。因此,他们不是因好酒而饮酒,乃是渴望改变的心理在作祟。

具有这种饮酒的心理的人如果发现能够使自己心理获得最大满足的酒,则会偏爱该种酒。特别喜好某种酒的男性,性格上常异于一般人,具有特殊的愿望或欲求。

虽然酒的品种和性格的关系尚无充分的调查或研究,但我们可以做以下的概要分析。

威士忌

爱喝威士忌的人适应性强,能充分采纳旁人的意见。出人头地愿望非常强,只要有机会便渴望从中赚大钱或期待上司的认可。他们面对女性时非常重视礼仪并表现得十分亲切。

不同的饮用威士忌的方法体现了不同的性格特点。

喜欢喝稀释的威士忌的人,渴望能充分把自己的观念传达给对方,适应力非常强。

喜欢加冰块喝的人,无法确切地用词语或表情传达自己的心意,易被他人意见所左右,但会掩饰自己的感情。这类人在公司里通常会平步青云。

喜欢喝纯威士忌的人,具男性气概、冒险心强,讨厌受形式束缚,对强权势力带有叛逆性。他们富有创造力、独创性又具正义感,表面上对女性态度冷淡,内心却是温柔的。

中国白酒

有些人偏爱烈性白酒,如果餐桌上没有白酒则索然无味、喜爱白酒者一般富社交性而乐善好施,有好好先生的一面,极在意对方的感受,易受吹捧,受人所托无法拒绝。他们对女性尤其亲切,即使失败也不在意。在公司或职场中由于关照部属深受部属们的爱戴,却很难获得上司的认可。在混乱的局面中能发挥卓越的能力。爱喝白酒的人多半为了认同自己而愿为对自己的能力有极大期待的人奉献心力。

洋酒

爱喝洋酒的人多追求豪华的生活,喜爱从事辉煌的工作,在服饰等方面较挑剔。他们中有许多人有国外生活经验,有些人则崇尚新潮。

鸡尾酒

喜好带点甜味的鸡尾酒者很少有豪饮型。与其说他们是喝鸡尾酒,毋宁说是享受那种气氛,或渴望与他人对谈。喜好辣味而非调味的鸡尾酒(如马丁尼酒),是具有男性气概的表现,这种人能在工作上充分发挥自己的个性与才能,具有责任感,举止行动有分寸,值得信赖。

爱喝甘甜的鸡尾酒的人,或渴望邀约他人享受饮酒的气氛,或期待借酒精缓和对方的情绪。

啤酒

美国社会调查研究所的调查显示，喝啤酒是表现轻松愉快心情的一种方式，代表喝酒之人渴望从苦闷的环境中获得解放。

约会时喝啤酒的男性，通常想要表现最原始、最自然的自己。如果其向同行的女性劝喝啤酒，是渴望对方和自己有同样的心情，或内心期待有愉快的交谈。这类人既不矫揉做作也不爱慕虚荣，可称为安全型。

有些人会选择和其公司系统相关的啤酒，而有些人会在啤酒品牌的选择上表现个人的特性。事实上各品牌的啤酒味道相差无几，特别指定品牌只是心理作用中，所以对喝指定品牌啤酒的人，我们要警戒。

选购外国啤酒的人性格上和洋酒派类似。特别喜好德国啤酒的男性，大多是想向女性标榜自己异于一般男性。喜好黑啤酒的男性，通常对强壮的体魄向往不已。

香烟的抽法与性格

毫不在意烟灰过长的人：开会中或工作中不少人会忘了弹掉烟灰，这时通常代表他们正在思考。如果平常都是这样的抽法，多半是对自己失去信心、身体状况不佳、感到自卑的人。

啃咬烟嘴的人：这种人被称为自虐型的人，当单位发生问题后，他们很容易把一切责任归罪在自己身上。虽然有一定办事能力却操之过急，影响了个人的发展。

只是抽口湿润的人：这种人大多情绪起伏不定、易热易冷。因异性问题发生纠纷，是他们工作上最大的阻碍。

嘴上叼着烟工作的人：工作时叼着烟是对自己的工作自信或繁忙的象征，这种动作常见于记者或律师。如果自己的能力没有受到旁人的认可，他们会强烈反抗或意志消沉。

抽烟抽到接近吸口的人：这种人好处心积虑、猜疑心强，是极少暴露真心的孤独型。对待金钱他们虽不至吝啬却会遭受误解。这类人由于从思考到实践有一段颇长的过程因而常错失良机。

急速吸烟的人：这种人比较性急、易怒，对人的好恶十分明显。他们会尝试各式各样的工作,并比只做同一件工作更能获得成功。

略扬起头以嘴角抽烟的人:这类人对自己的工作具有信心,可能成为某个领域的专家。不过,他们处事过于勉强又自视过高,通常与同事格格不入,但具有突破难关的冲劲,将来大有发展。

抽烟时伸直拇指顶住下巴的人:这类人具有强烈的阳刚气,不服输,对于工作上的竞争很热情,对困难的工作具有挑战心。属于高级管理人员。

喜欢抿着下唇抽烟的人:这种人性格稳定具有适应性,不会引人注目。处事虽非轰轰烈烈却很少失败,能按部就班地努力前进,从而获得成功。此类人进公司一两年内,很少有发挥自我才能的机会,三四年后才会渐渐受到上司的信赖。不过,这种人欠缺工作的主动性。

用从鼻孔或嘴角两端吐烟的人:这类人对工作的热情起伏不定,身体状况也不稳定。他们喜好能一决胜负的事物,但做任何事都无法顺遂己意,常因欲求不满而烦恼。

香烟的掩熄法与性格

法国动作心理研究家贝尔杰先生的研究显示,香烟的掩熄方式也能反映一个人的心理状态。换言之,满足自我欲求后的处理方式最能暴露原有的性格。

把仍然冒烟的烟蒂丢在烟灰缸里的人:这种人多半以自我为本位,性格懒散,不能很好地完成他人所托付的事,对金钱也毫无概念。这种人是经常遗忘东西、遗失物品的疏忽型。

按压烟头熄灭的人:这类人体力充沛但常因无法适当处理欲望感到焦虑。不过,他们在工作上积极上进,讨厌半途而废,通常受到上司的信赖。

轻轻敲打熄灭的人:这类人处事非常慎重,会注意对方的言行举止,对人态度也温和。他们的缺点是不能完全表达自己的意见,有时会举棋不定,但具有领导能力。

用水浇熄烟蒂的人:这类人神经质,爱操劳,会因为过于在意他人的意见而终日小心翼翼。如果遭遇夫妻争吵或不快的事情,会影响到一整天的情绪。

用脚踩熄烟蒂的人：这种人具攻击性、不服输。有性虐待的倾向，喜爱讽刺他人。经常对他人的过失感到不满。

喝咖啡的行为与性格

喝咖啡是一种文化，现在有越来越多的人加入其中。咖啡的种类有很多，不同的咖啡品起来有不同的感受，人们往往会根据自己的性格、爱好进行选择，找出最适合自己的一种。

喜欢普通即溶咖啡的人：他们总是力求不浪费自己哪怕一丁点儿的时间。他们只要做事，就急切地想见到成果，尽管这成果不是完美的。他们缺乏足够的耐性，脾气暴躁易怒。但他们善于开导自己，以恢复精神，更好地去做其他的事情。

喜欢冷冻干燥咖啡的人：这一类型的人很重视自己在他人心目中的形象和地位，他人的评价可能会直接影响到他们的心情。他们对新鲜的事物有一定的好奇心理，喜欢探个究竟。他们时常对自己抱有很高的期望，并常在其中迷失自己。这类人乐于模仿他人的一些行为。

使用电咖啡壶冲咖啡的人：他们多有较强的忧患意识，喜欢在事情没有发生之前，做一些准备工作，以防万一。在为人处世各个方面他们都显得相当谨慎，但对于比较熟悉的人则非常热情和大方。他们富有同情心，会主动地帮助他人排忧解难。

使用酒精灯煮咖啡的人：这种人大多有些怀旧的浪漫主义情调，时常会营造出一种相当朴素和谐而又古香古色的气氛。他们有比较传统的价值观念，行为也比较保守，这使得他们有许多大胆新奇的想法都无法付诸实践。

喜欢新奇的混合式咖啡的人：他们希望把自己塑造成一个完全与众不同的人物，并且不惜为此花费巨大的时间和精力。他们不满足于自己是一个普普通通平平凡凡的人物，希望有属于自己的独特观点和行为方式，去吸引他人。

喜欢自己磨咖啡豆的人：他们多是具有十分鲜明而又独立的个性。这类人对自己充满了自信，总是认为没有人能够和自己相比。他们做事有章有序,会尽量达到完美的程度。

喜欢过滤式咖啡的人:这类人多有比较高的生活品味,为了使自己的付出有更多更好的回报,他们往往会延后满足感的到来。他们是完美主义的追求者,认为既然要拥有,就一定要是最好的。

从吃鸡蛋的方式看性格

鸡蛋富含营养成分,这是很多人喜欢它的原因之一。鸡蛋除了能够补充人体所需的各种物质养分外,还可以通过吃法来说明一个人的性格。

喜欢吃炒蛋的人:多善于交际,他们能与其他人很好地相处。这类人不拘于小节,对人对事能持比较宽容的态度。他们不喜欢张扬,也不太希望引起他人更多的注意,但善恶是非多是分得比较清楚的,别人对他好一分,他会回报别人十分,可是如果别人对他恶一分,他可能会回敬别人十分。

喜欢吃煮得过了火候的鸡蛋的人:这类人一般多把自己隐藏保护得很好,他人不会轻而易举地就走近、了解他们。要想认识这一类型的人需要花费很大的力气。这一类型的人,外表和内心一样坚硬,并不会随便地就被什么东西所感动。这类人见的世面很广,或许是见得多,遭遇得也太多,所以才缺乏温情。

喜欢吃煮得半生不熟的蛋的人:这类人外表很固执,但内心脆弱,易向别人妥协。他们的性情是热情而又温柔的,一点小小的事情,都会让他们感动不已。

喜欢法式煎蛋卷的人:多是开朗而神秘型的人物,他们的外表也许很严肃很呆板,但内心却与外表存在着很大的差距。他们总是能够隐藏一些秘密,然后吸引别人来探个究竟。

喜欢吃单面煎的鸡蛋:这一类型人的性格多是乐观的,充满了积极向上的精神,对未来有着无限的向往,并且抱着很大的信心,相信自己能够开创出一番事业来。他们会努力地脚踏实地地去做一些事情。

喜欢吃两面煎的人:这也是一类积极乐观的人,但是他们在为人处世方面相对地谨慎小心得多,不会不加分析和思考就莽莽撞撞地去做某件事情。正是由于这一点,他们避免了许多麻烦和失望的产生,能够很好地有计划地安排自己的生活。

喜欢吃煮荷包蛋的人：多谦恭有礼，不招摇，行为举止恰当得体。他们会经常被一些麻烦缠身，这些麻烦大都不是他们制造的。

喜欢吃蛋白而把蛋黄扔一边的人：这样的人多有比较漂亮的外表，能吸引他人的目光。但是通过接触你会逐渐发现，他们只是空长了一副皮囊，并没有什么内涵。

3.进食方式，从"吃相"看谁值得你信任

我们的老祖宗历来重视吃相的文雅与否：孔子食不厌精，脍不厌细，死了的鱼肉不上席，隔夜的饭菜永不沾。

通过吃相我们可以不去进一步地接触对方就窥得此人的个性。个人进食方式，也可称之为"吃相"。

来者不拒型：这类人对食物不加选择，个性随和，不拘小节，生命力旺盛，多才多艺，可以同时应付多种工作。

吃完一种食物再吃另一种者：有这种吃食习惯的人极富心机，对每一件事都极为专注，不会忽略某人和某事的细微末节。

将食物分割成若干小块逐一食用者：这类人小心谨慎，做任何事都很细致，但有时难免流于保守和顽固。善处守势，不习惯采取攻势。

仔细咀嚼型：这类人办事态度周详、严谨，无把握的事绝不做，爱挑剔，对人过于冷酷。

浅尝即止型：食量小的人，个性保守，行为谨慎，墨守成规，稳健有余而闯劲不足，一般是守业者而非创业者。

独食独享型：总爱单独进食，不愿与人分享的人性格多半坚毅沉稳，责任心强，言行一致，信守诺言，但性格冷僻。

饮食过量型：进食不知节制，爱吃的食物非饱不休的人性格直爽，喜怒溢于言表，从不掩饰自己的感情，且不善于仔细的思考。

风卷残云型：进食速度相当快的人个性豪放．精力旺盛，办事果断，待人真诚，具有强烈的竞争心和进取精神。

狼吞虎咽的男人很注重结果

中国人有句古话叫作"男人吃饭如虎,女人吃饭如鼠",是说,男人吃饭很快,而女人吃饭很慢。

吃饭快的人常常只关心吃饱了没有,饭菜的味道,往往被他们所忽视。一般来说,吃饭很快的人,做事也很快,与当今世界潮流正好合拍。这样的习惯可能让请客的主人有些措手不及,因为菜还没来得及上完,他们就已经吃完了。但主人被这慌乱所带来的不愉快,常常会被他们的干净利落所冲淡。这类人常常给人留下精明能干、生气勃勃的好印象。

吃饭很快的男人认为,人吃饭与汽车加油一样,为什么要慢慢腾腾的?汽车在加油过程中没有必要变换花样,人吃饭为什么要变换花样?

他们这种对吃饭的理解常常贯穿于他们的为人处事中。这种人在上司那里往往比较吃得开,因为很多上司都是看重结果而不太看重过程的。

调查表明,吃饭很快的男人往往是工作狂,干起工作来常常不要命,他们总想在尽量短的时间内完成自己应该做的事情。而手里一旦有一件事情干不完,他们就会心绪不宁,非干完这件事不可。

细嚼慢咽的女性比较善于应酬

有的女性吃饭特别慢,面对丰富的或简单的饭菜,她们往往不动声色,细细打量桌子上的食物,慢慢地准备餐具,或先给自己准备一杯饮料。经过这样一番准备工作,她们才开始吃饭。她们吃得是那样的仔细,就像在专心地欣赏着艺术品。对这样的女性而言,吃东西是很次要的,吃东西的过程才是最重要的。

这样的女性比较善解人意。她们把品尝食品的功夫用到了生活中,使生活变得细腻。她们能够很准确地洞察对方的内心世界。

这样的女性比较适合从事外交、公关等方面的事情。作为家庭成员,做菜是她们的拿手好戏。她们会将简简单单的东西变化出很多花样来。她们会把身边的事情安排得有条不紊,是典型的贤妻良母。一个男性娶这样一个女性为妻,可谓是三生有幸。

附录：

历史饭局
——从老故事里翻新谈资

"革命不是请客吃饭"这句话说明：在特定的中国文化中，"革命"和吃饭绝对不是孤立的两件事情，至少在古代不是。许多重大政治事件，往往都是在饭桌上解决的。

以下这些饭局，你必须了解。也许你会说，这些都是老生常谈了。可是，如果你能从老故事里翻出新花样，把古人的心得结合到实际生活中，便能让自己社交应酬的能力更上一层楼。

1.鱼肠剑——"革命"第一人

最早将请客吃饭作为"革命手段"的是公子光。

故事：

公子光是一代枭雄，他的事业和伍子胥有关系。当年，伍子胥背负血海深仇从楚国逃亡到吴国，心时刻被仇恨所炙烤，父兄的死如同巨石时时刻刻压在他的心头，让他食不甘味，度日如年。

但是，伍子胥很快就发现，吴国当时的大环境根本不适合他报仇。吴公子光是吴国政坛的实力人物，在伍子胥看来，公子光有在国内夺取王位的企图，因为每当伍子胥提议吴国攻打楚国的时候，公子光总是冷冷地说:"那个伍员的父亲、哥哥都是被楚国杀死的,所以才提议攻打楚国,报自己的私仇,他并不是替吴国打算。"

伍子胥的报仇愿望被吴公子光给彻底搅黄了。为了自己的复仇目标,伍子胥决定先帮公子光,然后再让公子光帮助自己实现报复楚国的计划,因此,伍子胥将刺客专诸推荐给了公子光。

公子光到底为什么有夺取王位的野心呢?公子光的父亲是吴王诸樊。诸樊有三个弟弟:余祭、夷眜、季子札。在吴王的几个弟弟中,季子札最年轻也最为贤明,因此深受吴王诸樊的喜欢。吴王的心里有一个埋得很深的秘密,那就是,无论如何将来都要让贤明的季子札当上吴王。于是他决定采用"兄终弟及"的传位方式。主意打定,吴王诸樊就坚决不立太子,死后把王位传给了余祭。余祭死后,王位传给了夷眜。夷眜死后本当传给季子札,季子札却逃避不肯就任。吴国人没办法,只好拥立夷眜的儿子僚为国君。

别人都无所谓,但公子光受不了。他的老爹是吴王,按正常的程序,吴王的位子非他莫属,谁知道老爹却打破了正常的程序,"兄终弟及",将王位"及"到了不相干的另一个人的身上。他这个正宗的吴公子却被动出局,成了一无所有的旁观者。

心怀失落的公子光开始组建自己的队伍,有了队伍就有了依靠,枪杆子里面出政权!这一等就是将近十年。

吴王僚九年,楚平王呜呼哀哉。吴王僚决定乘人之危,派弟弟盖余、属庸率领大军围攻楚国都城,不料却被楚军断了后路。

公子光心中暗喜,出头之日终于到了!外无救兵,内无忠臣,吴王僚到了最危险的时刻。公子光决定在此时"请客吃饭"——请吴王僚吃饭。

公子光为这次宴会做了充分的准备:宴会地点——公子光家,主菜——水煮鱼,服务生——专诸,另有备用男服务生若干。

吴王僚也做了精心的准备,为防公子光施展阴谋诡计,他不惜采用人海战术:从王宫一直到公子光的宅第,密密地布满了自己的卫兵,门户、台阶两旁,也全都是自己的亲信。夹道站立的侍卫,都手持长矛,虎视眈眈。

在这样的严防死守之下,谁也想不到将有意外发生。

就在大家都有些松懈的时候，公子光以脚部疼痛为由请求暂时离席。在公子光的安排之下，主菜水煮鱼随即被服务生专诸端到了餐桌之上。

专诸的出现显然没有引起大家的注意。专诸平静地把鱼放在餐桌之上，之后如同变戏法一样，突然从水煮鱼的肚子里抽出一把锋利的匕首，吴王僚还没反应过来，就已命丧专诸之手——这才叫"说时迟，那时快"！

反应过来的吴王僚的侍卫在第一时间杀死了专诸。局面大乱，公子光埋伏在暗处的武士趁机攻击吴王僚的部下，将他们全部消灭。后公子光自立为国君，成为吴王阖闾。

饭局感想：

仅仅是请了一次客，费了一顿饭，革命就成功了，多么方便的一件事情啊！如果不是以请客的方式，公子光能够接近吴王僚吗？公子光所养的刺客能够对吴王僚痛下毒手吗？

在某种情况下，请客就是最好的"革命"。而"革命"最为关键的要素包括老祖先发明的一种促进彼此情感交融和思想传达的加速器——酒精。在这种催化剂的作用下，人能很快进入忘我的状态，让彼此从陌生到熟识，从熟识到亲密，使得吃饭日益成为工作的第二场所。

在社交饭局中，无论动机和目的如何，我们看到的尽是灯红酒绿的喧嚣世界。无论参与者怀揣着怎样的态度，在这场"工作变吃饭"的大潮中，有多少人可以抵挡住诱惑不去改变呢？

2.鸿门宴——当不速之客遇见毫无准备的主人

故事：

秦末，刘邦与项羽各自攻打秦朝的部队，刘邦兵力虽不及项羽，但率先破咸阳，按约定应封为关中王。项羽勃然大怒，派英布击函谷关，项羽入咸阳后，到达戏西，而刘邦则在霸上驻军。刘邦的左司马曹无伤派人在项羽面前说刘邦打算在关中称王，项羽听后更加愤怒，下令次日一早让兵士攻击刘邦的军队。

刘邦从项羽的季父项伯口中得知此事后，惊讶无比，然后恭恭敬敬地给项伯捧上一杯酒，祝项伯身体健康长寿，并约为亲家。刘邦的感情拉拢，说服了项伯，项伯答应为之在项羽面前说情，并让刘邦次日前来谢项羽。

刘邦的到来打乱了项羽的行动计划。刘邦笑容可掬，似乎没有任何戒备，一脸的讨好与谦卑，怎么看怎么像一个小妾。假如你是项羽，你会怎么办？你好意思怒发冲冠，拔出宝剑，直取刘邦的首级吗？

刘邦是这样表达自己的委屈之情的："我进驻函谷关以后，秋毫不敢有所犯，登记官民户口，查封各类仓库，盼星星盼月亮地等着您的到来，您就是我们的主心骨啊！对于您，我没有也不敢有一丝一毫的其他心思。我想，一定是有小人说了我什么坏话，才使得您和我之间产生了误会。"因为项羽没有任何准备，所以他的思路一直在跟着刘邦的思路走。

听完刘邦的话，项羽感到十分惭愧。出于一种正常的自我解脱心理，项羽说道："那些话都是您的左司马曹无伤说的，不然，我怎么会这样！"很显然，在潜意识之中，项羽在为自己辩解——不是我有意要误解你刘邦，而是你刘邦自己阵营的人在搞离间。

其实，这句话刚一出口，项羽就感到不妥，这不是要害死为自己提供情报的曹无伤吗？就这样，从二人见面的那一刻起，占了天时地利的项羽就一直在心理上处于被动状态。为了缓解这种尴尬，他决定置办酒席，跟刘邦喝酒。他知道，刘邦这小子虽然好酒好色，但酒量却很差，项羽决计要在酒桌上找回自己的自信。

项羽一上来就坐在了主位，项羽和叔父项伯在上席，坐西面东，首席智囊范增面朝南坐，刘邦面朝北坐，张良面朝西陪侍。宴会进行中间，范增好几次给项王递眼色，又好几次举起身上佩戴的玉玦向项羽示意，让项羽干掉刘邦。

可是，不知道为什么，项羽一直保持沉默，一点反应都没有。也许是事前准备不足，也许是配合还不默契，项羽的思维一直处于僵硬状态。实在忍无可忍的范增只好亲自出去叫来项庄面授机宜："该你露一手了，你进去上前献酒祝寿,然后请求舞剑,趁机刺死刘邦那小子。切记切记！”

项庄的那把剑舞得虎虎生风，凛凛寒光让在座的每一个人都感到了杀机。局面惊心动魄,刘邦岌岌可危。可是,项庄出剑的一刹那,项伯及时出现。多亏项伯用身体掩护,刘邦才得以逃过生死大劫。

见此情景,张良只好借如厕之机找来樊哙。樊哙是刘邦的连襟,听说里面情况危急,便靠着自己的一股蛮劲,带着宝剑拿着盾牌闯进项羽刘邦饮酒的雅间。一心救主的樊哙,身体处于高度的兴奋状态,因此,周身洋溢着一种大无畏的革命英雄主义气概,一种视死如归的革命浪漫主义气质。和满座各怀心事的众人相比,樊哙显得雄姿英发。英雄相惜,项羽不由为樊哙的虎虎英气所吸引,由衷地赞叹道:“真乃壮士！赐他一杯酒！”手下的人给樊哙递上来一大杯酒。樊哙将整碗高度酒一饮而尽,宴会出现了一次小高潮。

可以想象,在樊哙进来之前,整个酒席的气氛是沉默的,诡异的,一边是刘邦点头哈腰,低眉顺眼,一边是项羽颐指气使,爱理不理;一边是范增老谋深算,暗含杀机,一边是张良冷眼旁观,沉着应对;一边是项庄舞剑,意在沛公,一边是项伯挺身而出,及时搭救……这不是宴会,这是生死场;这不是把酒言欢,这是斗智斗勇。

但是樊哙的出现,使得场面活跃了,因此,项羽有了眼睛一亮的感觉,他看着豪放的樊哙,大声说道:“再赏给他一只肘子！”手下的人递过来一整只猪肘子。樊哙把盾牌反扣在地上,把猪肘放在上面,拔出剑来边切边吃。

此时, 场上的气氛更加活跃, 项羽喝彩道:“好一位壮士！ 还能再喝吗？”樊哙从容答道:“我连死都不在乎,一杯酒又有什么可推辞的！”大块吃肉、大碗喝酒的樊哙让项羽来了兴致。

喝酒的男人都知道,酒席之上,真正让男人佩服的是对方的酒量,项羽似乎被樊哙的酒量所折服,几乎有了和樊哙一拼酒量的念头。然而樊哙却突然开始发表演讲:“关于秦始皇,我有几句话要说。他有着虎狼一样的凶狠之心,杀人无数,好像惟恐杀不完;给人加刑,好像惟恐用不尽,结果弄得众叛亲离。今天,沛公如此劳苦功高,您不仅没有给他丝毫的赏赐,反而听信小人的谗言,要杀害有功之人。请问这和秦始皇的所作所为有什么区别,这不是走秦朝灭亡的老路又是什么!"

还在兴头上的项羽没有想到樊哙有这么一手,顿时张口结舌,只能一个劲地说:"坐!坐!"

宴会上的气氛更加扑朔迷离,樊哙的演讲揭开了大家心照不宣的秘密,弄得大家尴尬不已,项羽更是被弄得心乱如麻。刘邦抓住这稍纵即逝的机会,借上厕所的机会悄悄逃离了杀机四伏的宴会,跑回了自己的军营。

饭局感想:

显然,这是一场仓促的宴会,项羽没有任何思想准备,项羽的智囊团也没作任何准备,因此,他们对于宴会的议程、宴会的祝酒词、宴会的用餐标准、宴会的白酒档次……没有作任何安排。

然而,客人刘邦的准备却相当充分,他掌握了项羽的底牌,也知道项羽的真实态度。有了这些至关重要的信息,刘邦就知道了该如何应对,该如何说第一句话,酒席之上该如何调节气氛,该如何控制局面……所以,对于宾主双方来说,这是一场信息不对称的宴会。由于有了这样的不对称,才会让双方刚一见面,项羽就出现了不小的社交失误。

3.青梅煮酒——竞争对手的场面交锋

故事:

刘备归附曹操后,每日在许昌的府邸里种菜,以为韬晦。用张飞这个粗人的话讲,就是"行小人事"。刘备乃当时豪杰,虽手下将不过关张,兵不过三千(当时大都已被遣返),但一向"信义著于四海"。《三国志》里说刘备"盖有高祖之风,英雄之器焉",意思是他与刘邦类似,天生就有领袖气概。刘备和刘邦一样,都不是屈居人下的将兵之才,而是领袖群伦的将将之才。曹操何等人物,遍识天下英雄,当然对刘备有很透彻的了解。他知道,一旦羽翼丰满,刘备将是一位非常可怕的对手。

这场酒局，远不是那种你好我好大家都好的欢聚，分明是一场政治试探和政治表态的会面。一见面曹操就问刘备："你在家做的好事！"刘备当时已经暗受衣带诏，当即吓得面如土色。接着曹操拉着刘备的手走到后院，说："玄德学圃不易。"刘备才放下心来。曹操的耳目遍布朝野，刘备每天做些什么他当然清清楚楚。这两位，一个暗地里参加了反曹地下组织，另一个则派人每天监视对方行踪，都是权谋机变之辈。

二人以青梅煮酒，酒正酣时，天边黑云压城，忽卷忽舒，有龙若隐若现。曹操说："龙能大能小，能升能隐；大则兴云吐雾，小则隐介藏形；升则飞腾于宇宙之间，隐则潜伏于波涛之内。方今春深，龙乘时变化，犹人得志而纵横四海。龙之为物，可比世之英雄。玄德久历四方，必知当世英雄。"

曹操实乃不世出的绝顶人物，这一番话，看似描述龙之变化，实则是说"人得志而纵横四海"，以借物咏志。当然他也下了一个套，试探在刘备眼里，什么人能纵横四海，比得上自己。刘备接连指出袁术、袁绍、刘表、孙策和刘璋等地方豪强，都被曹操一一否决。

其实刘备的回答应该得满分，因为当时是个人都会如此回答。

接着曹操给出了当世英雄的标准，他说，"夫英雄者，胸怀大志，腹有良谋，有包藏宇宙之机，吞吐天地之志者也。"刘备继续装傻，问："谁能当之？"曹操指了指刘备，后指了下自己，说："今天下英雄，惟使君与操耳！"当时天雨将至，雷声大作。刘备装作受了惊吓的样子，筷子掉到了地上："一震之威，乃至于此。"曹操笑着说："丈夫亦畏雷乎？"刘备说："圣人迅雷风烈必变，安得不畏？"将内心的惊惶，巧妙地掩饰了过去。

饭局感想：

此次酒局堪称双龙聚会。从曹操"说破英雄惊杀人"到刘备"随机应变信如神"，可谓步步玄机。曹操的睥睨群雄之态，雄霸天下之志于此表露无疑。而刘备随机应变，进退自如，表现出了一代豪杰所应有的技巧和城府。在这一场政治交心中，双方都是赢家。

4.杯酒释兵权——老板和老员工的沟通

故事:

凭借武将的威势和统兵将领的身份当上皇帝的赵匡胤,对武将的潜在威胁体会得更为深刻,所以对武将多了几分戒心和防备。

赵匡胤有十个拜把子兄弟,称为义社十兄弟,是当年在周太祖郭威手下时结拜为兄弟的。他们参与兵变,成为开国功臣,又手握重兵:有的是节度使,掌握一方节镇大权;有的在禁军中担任重要职务,是跺一跺脚四城门便乱颤的人物。因为这些人是当今皇上的结义兄弟,所以谁也不敢得罪他们,于是有些人慢慢狂傲起来,不把朝廷官员放在眼里,有时甚至在皇帝赵匡胤面前没大没小。

起初,赵匡胤对他们睁一只眼,闭一只眼,也没怎么计较。可日子一长,他觉得不管不行了,就想找个机会敲打敲打这几位。

宋建隆二年(961年)三月的一天,赵匡胤把义社十兄弟召进宫来,发给每人一张弓、一把剑,然后骑着马,率领众人来到开封城郊的一片树林里。大家下马后围坐在一起喝酒聊天。

正喝得高兴,赵匡胤突然站起身,吆喝了一声:"各位兄弟,大家静一静! 我有几句话要对你们讲。"

大家一听赶忙放下手中的酒杯,听赵匡胤说些什么。

赵匡胤板着面孔说:"咱们兄弟中有几位最近是越来越不象话! 不光不把朝中大臣放在眼里,连我的话也不听了。这怎么能行?"

众将听了都一愣,你看看我,我看看你,不晓得发生了什么事。

赵匡胤的神情愈发严峻,他接着说:"依我看,你们是不服我当皇上! 既然如此,这个皇上我也不当了! 这样吧,今个儿这儿也没外人,你们谁想当皇上呢,就把我杀了,皇上就由谁去当好了!"

九位将领差点儿没趴地上,吓得个个满头冒汗,纷纷跪地求皇上恕罪。

赵匡胤又问了好几遍，问有没有人要杀自己。看到众将不敢抬头答话,他这才放缓了语气,说:"你们真的拥护我作天下之主?"

众将领异口同声地高呼:"万岁! 万岁!"

赵匡胤又说:"既然你们真心拥护我作天下之主，那你们就要像个臣子的样,不要不知深浅,没大没小。要尽心竭力为朝廷做事,不得再跟大臣们为难作对! 听到没有? "

这些将领头点得跟鸡啄米似的,一再表示再也不敢了。

赵匡胤对将领们的敲打, 一是要警告这些人不要居功自傲、无礼犯上;二是要看看他们对自己敬畏服从的程度如何。通过这次敲打警告,赵匡胤对将领们的心理状态有了进一步的把握。

之后,赵匡胤又对将领们的军职作了必要的调整。

当年四月,赵匡胤免去慕容延钊的殿前都点检职务,改任他为山南东道节度使,免去韩令坤的侍卫亲军马步军都指挥使,改任成德节度使。侍卫亲军马步军都指挥使职务由石守信担任。殿前都点检职务不再设置,因为这个职务位高权重,很容易对皇权造成威胁。

收缴兵权大计是赵匡胤与谋臣赵普二人商定的。按理说,在免去慕容延钊和韩令坤的军职以后,赵匡胤应该趁热打铁,把这件事继续做下去。可真要实施的时候,赵匡胤却有点下不了手了。他有些犹豫,这些人都是自己的结义兄弟或亲信将领,对自己忠心耿耿,因而迟迟没有收缴他们的兵权。

转眼到了七月,赵普看到赵匡胤还没动静,就三番五次地提议说,收缴兵权这件事不能再拖下去,不然夜长梦多,到时候想做可就来不及了。

赵匡胤反而不高兴了,他说:"你老说这个事! 我们这些兄弟们的感情你不会懂的。他们怎么会背叛我呢? "

赵普说:"我也不担心他们会背叛陛下。不过这些人都没有统兵的能力,控制不了自己的部下。万一哪一天他们的手下作乱,把黄袍披在他们身上,那时,恐怕他们身不由己呀! "这些话实际上是在提醒赵匡胤,要他记住陈桥兵变的事。

赵匡胤终于被打动了。几天后的一个傍晚,散了晚朝后,赵匡胤特地把石守信、王审琦、高怀德、张令铎、赵彦徽五位禁军高级将领留下，在皇宫内苑设便宴招待他们。

宴会进行中间，赵匡胤先把侍从打发出去，接着感慨地说："没有你们的支持，也不会有我的今天。我先敬你们一杯。来！干一杯！"

喝了一杯酒后，赵匡胤又说："不过，说句心里话，做这个皇帝也太不容易，还不如当节度使的时候自在痛快。不瞒各位，我现在是每晚都睡不好觉啊！"

大家感到很奇怪，心说：难道当皇帝还有这么难受的吗？于是赶紧问其为何会如此。

赵匡胤说："这不明摆着吗？我这个皇帝宝座谁不想来坐一坐啊？"

石守信等人更糊涂了："陛下怎么这么说呢？如今天命已定，有谁胆大包天，敢打陛下的主意，请陛下告诉我们，我们绝不轻饶于他！"

赵匡胤说："现在还没发现有人这么干，以后就很难说了。比方你们各位兄弟，我对你们是绝对相信的，你们对我也绝不会有二心。但你们的部下就不好说了，万一他们贪图富贵，一旦哪天有了机会，拿件黄袍往你们身上一披，你们推得了吗？"

直到这个时候，将领们才恍然大悟，明白皇上说了半天是在说他们，一个个胆战心惊，扑通扑通跪在地下，说："我们太愚蠢，没有看到这一步。求陛下看在往日的情份上，给我们指一条生路吧！"

这时候，赵匡胤不紧不慢地说："人生在世就像太阳照在缝隙一样，转眼就过去了。大家追求富贵，不过是为了多积些钱财，让自己的日子过得自在一些，并使子孙后代也能过上好日子。这事好办啊！我看，你们不如放弃兵权，当个闲官，再买上一些好田好宅，为子孙们留下一份产业，多买些歌姬舞女，天天饮酒作乐，快快活活地度个晚年，这多好呀？我再和你们结成儿女亲家，我们君臣之间不用互相猜疑了，大家从此安安心心地过日子，这不是一件大好事吗？"

石守信等人一听，心想，皇上为我们想得真周到，还有什么不乐意的呢？赶紧跪下叩头谢恩。

第二天，这五位都上表称病，称自己不适宜领兵征战了，请求交出兵权,辞去军职。赵匡胤一一照准。很快,五位将领的军职都被免去,只保留了节度使这一荣誉虚衔。

后来,赵匡胤又用同样的方式收回了其他一些高级将领的兵权。

饭局感想:

在手法上,赵匡胤实行了利益交换的方式。他与那些将领们相处多年,很了解他们的真实想法。这些人参军打仗,就是为了高官厚禄,过好日子。现在的他们功成名就,地位尊贵,一个普通人一生应该得到的东西,他们差不多都得到了。虽说官位有可能再升,但领兵打仗免不了流血牺牲,如果这时有两种方案摆在他们面前,一种是交出兵权就可以安心享受高官待遇,一种是继续领兵但有可能牺牲生命,这些将领们应该会选择前者。赵匡胤的皇权便稳固了。

从方式方法上来看,赵匡胤很坦然地把问题摆到了桌面上,明确地告诉大家解除兵权这件事的重要性,表明了非做不可的态度。他把问题的必要性和危害性讲得清清楚楚,没有半点遮掩。

为了让大家打消顾虑,他又与那几位将领约为儿女亲家,并许诺君臣互不相扰,态度很诚恳,事后又认真践行诺言。这些做法证明了赵匡胤是以诚待人,说话算话的。正是他的这种态度,使得将领们心甘情愿地交出了兵权,没有任何怨言地服从了皇上的安排。

这种办法已被现代的企业管理所运用,尤其是民营企业老板。企业在二次发展时,一定会碰上这种问题:用吧,那些老人功高盖主,不听话,水平也不行;不用吧,人家也曾为企业立下汗马功劳。对此企业要好好学赵匡胤。